ロッシーニ《セビーリャの理髪師》

ロッシーニ
《セビーリャの理髪師》
名作を究める十の扉

Il barbiere di Siviglia di Gioachino Rossini
Dieci porte per riscoprire un capolavoro

水谷 彰良
Akira Mizutani

水声社

目 次

序 ——— 11

《セビーリャの理髪師》——名作のたどった数奇な運命　11

ロッシーニの略歴　14

スペインの地名「Sevilla」の仮名書き「セビーリャ」について　15

第一の扉　ロッシーニの歌劇《セビーリャの理髪師》概説 ——————— 17

ロッシーニの歌劇《セヴィーリャの理髪師》　19

チェザリーニ公爵との契約　25

題材と決定と完成までの経過　28

ボーマルシェ原作のオペラ化　30

《セビーリャの理髪師》の音楽　31

失敗から大成功に転じた初演　33

最初の再演から現在までの歩み　34

第二の扉　ボーマルシェからロッシーニへの歩み ————————————— 39

ボーマルシェの喜劇『セビーリャの理髪師』　41

パイジエッロまでのオペラ化　46

パイジエッロからロッシーニへ　48

ロッシーニ作品における劇の構成と音楽の変更　51

合唱付きアンサンブルの採用　53

ロジーナ，バルトロ，ベルタのアリアの追加　55

その後のオペラ化　56

第三の扉　《セビーリャの理髪師》を生んだ劇場，検閲，歌手 ——— 61

19世紀初頭までのローマの劇場　63

アルジェンティーナ劇場とローマの劇場検閲　64

1815〜18年のアルジェンティーナ劇場の演目　68

マヌエル・ガルシア（アルマヴィーヴァ伯爵）　70

ルイージ・ザンボーニ（フィガロ）　72

ジェルトルーデ・リゲッティ（ロジーナ）　73

ボッティチェッリ（バルトロ），ヴィタレッリ（バジーリオ），ロワズレ（ベルタ）　75

アルジェンティーナ劇場におけるオペラ上演（1811～21年）　80

第四の扉　パッチワークとしての作曲法とその特殊性 ——————— 85

作曲法の一部をなす転用と主題の再使用　87

楽曲別の考察　89

結論にかえて　102

《テーティとペレーオの結婚》における旧作の転用と主題借用　107

第五の扉　歌のレッスンの場の差し替えアリア ——————— 109

《セビーリャの理髪師》レッスンの場の差し替え　111

1860年までの差し替え曲と同時代の印刷楽譜　118

ゾンタークが挿入したロードの変奏付きアリア　120

第六の扉　《セビーリャの理髪師》初演失敗の真実 ——————— 131

同時代証言にみる初日の失敗と2日目の大成功　133

ジェルトルーデ・リゲッティの証言（『かつて歌手だった女の返書』）　138

スタンダールの語る《セビーリャの理髪師》と初演の顛末　141

ギルランダ氏からの聞き書きとその流布（スタンダール『ローマ散歩』）　146

スタンダール後のロッシーニ伝における《セビーリャの理髪師》　148

ドゥソー『旅の覚書』における初演失敗の顛末　154

ドゥソーとロッシーニの関係，『旅の覚書』の信憑性に関する考察　159

猫騒動の反響と流布：結論にかえて　162

第七の扉　19世紀の上演とロッシーニ歌手の変遷 ——————— 169

19世紀の標準的上演とその問題点　171

作品の普及に貢献したガルシアとフォドール夫人　173

人気を二分したゾンタークとマリブラン　176

フィガロ歌手の系譜（ペッレグリーニからラブラーシュまで）　180

1840〜80年代の《セビーリャの理髪師》歌手　183

アルボーニ（19世紀最後のコントラルトのロジーナ）　187

ロジーナ歌手の頂点アデリーナ・パッティ　190

19世紀の伝統の終焉　193

第八の扉　19世紀《セビーリャの理髪師》のイメージ ——— 197

王立イタリア劇場における受容と歌手の肖像（1819〜29年）　199

フラゴナール（息子）による『セビーリャの理髪師』の一場面　202

1826年パリで創刊された新聞『ル・フィガロ』のロゴ・イラスト　204

ロッシーニ《セビーリャの理髪師》全曲楽譜の表紙絵　206

『オペラとバレエの美』の挿絵（ロンドン／パリ，1845年）　208

ボーマルシェ全集『セビーリャの理髪師』の人物画（1876年）　210

『セビーリャの理髪師』単行本の挿絵（1882年）　211

1884年オペラ・コミック座《セビーリャの理髪師》のカリカチュア　212

シュダン社のピアノ伴奏譜の表紙絵（1898年）　213

シャルル・クレリスによるピアノ伴奏譜の挿絵（1900年頃）　213

第九の扉　日本における《セビーリャの理髪師》の受容
明治元年から昭和43年まで（1868〜1968年） ——— 215

前史（大正6年までのオペラ受容の概略）　217

ローヤル館における最初のロッシーニ上演　222

浅草オペラのロッシーニ上演　225

海外歌劇団の来日による本格的上演　227

大正期の楽譜出版とロッシーニ評価　230

昭和元年から昭和8年までのロッシーニ上演　231

昭和9年から昭和20年8月までの歩み　234

終戦から昭和29年までの歩み　237

昭和30年から昭和42年までの歩み　240

昭和43年（1968年。ロッシーニ没後100周年を迎えて）　245

第十の扉　近現代《セビーリャの理髪師》の名歌手たち ――――― 251

アルマヴィーヴァ歌手：デ・ルチーアからフローレスまで　253
フィガロ歌手：サンマルコからヌッチまで　256
ロジーナ歌手（1）：ゼンブリヒからスペルビアまで　259
ロジーナ歌手（2）：シミオナートからバルトリまで　263
近現代のレッスンの場の差し替えアリアと原曲の復活　267
現代《セビーリャの理髪師》の歌手たち　271
《セビーリャの理髪師》の未来　274

【付録】

1　映像ソフトにみる《セビーリャの理髪師》　279
2　ロッシーニ・オペラ目録　292
3　ロッシーニ略年譜　294

参考文献　297

あとがき　309

序

《セビーリャの理髪師》――名作のたどった数奇な運命

　オペラ愛好家にとって《セビーリャの理髪師》がロッシーニの代表作であることは，あらためて述べるまでもないだろう。モーツァルト《フィガロの結婚》と共に喜歌劇の最高傑作とされるこの作品は，伝説化した逸話の多いことでも知られる。「13日間で作曲した」，「初演はパイジエッロ派の妨害で大失敗した」，「第2幕の舞台に猫が現れ大混乱に陥った」，「作曲した序曲を紛失し，旧作から転用した」といった話がそれだが，すべてが嘘とは言いきれぬ部分があり，なお研究の余地が残されている。

　現在は1816年2月20日で確定している初演日も，19世紀にはスタンダールが『ロッシーニ伝』に記した「12月26日」で広まり，他の伝記では「2月6日」「2月16日」などとされた。20世紀初頭には『グローヴ音楽・音楽家事典』（初版1883年と1908年版）における「2月5日」が信じられ，ニューヨークのメトロポリタン歌劇場もこれを前提に1916年2月5日，初演100周年記念公演を行った。それだけではない。現在の「2月20日」説も2人の人物の日記だけが典拠で，2001年に発見されたロッシーニの母宛の書簡（2月22日付）には，「昨夜ぼくのオペラが上演され，激しく口笛を吹かれました」と書かれているのだ（手紙の日付が事実なら初演は2月21日だが，研究者はロッシーニによる日付の書き間違えと認定）。

　初演失敗の原因についても決定的な判断材料を欠く。初演時の上演回数を最終日（2月27日）までに「5回未満」とするロッシーニ財団全集版（2009年出版）の推定も確たる根拠がなく，厳密には「4回から7回の間」としか言えない。フィガロ役の初演歌手ルイージ・ザンボーニがレチタティーヴォ・セッコを作曲した可能性も指摘されるが，これを裏付ける資料は未発見で，全集版が採用した第1幕フィナーレの登場人物リーザ（Lisa）についてもその採用に関して研究者の意見が割れている（ベーレンライター社の批判校訂版は，ベルタに一元化されたと判断してリーザを採用しない）。このように，《セビーリャの理髪師》に

は現在もなお解けぬ謎が数多く残されているのである。

　今日まで200年に及ぶ上演と受容の歴史もまた，作品に劣らず数奇な運命をたどっている。第三者の改変や歌のレッスンの場のアリアの差し替えが最初の再演（1816年8月10日ボローニャ）でなされ，以後絶えず原曲を歪める形で世界中に流布したからである。それゆえロッシーニのオリジナルどおりの上演は千回に1回あるかないかの頻度で，アルマヴィーヴァ伯爵のアリアを初演歌手マヌエル・ガルシア以外のテノールが歌った確かな記録も20世紀のある時点まで確認されない（日本の上演でも1993年まで歌われなかった）。

　本書はこうした事実をふまえ，日本ロッシーニ協会の紀要『ロッシニアーナ』に寄稿した拙稿に書下ろしの論考を加えて一書にまとめたもので，相互に関連する次の10章（十の扉）からなる。

　第一の扉　ロッシーニの歌劇《セビーリャの理髪師》の概要を，基本情報，楽曲構成，あらすじ，作品解説により提示する。充分な内容を備えたこの作品解説が，続く九つの扉への導入となる。

　第二の扉　ボーマルシェの原作劇がさまざまな作曲家の手でオペラ化された事実を明らかにするとともに，ロッシーニと台本作家ステルビーニがどのようにパイジエッロ作品との差別化を図ったか概説する。

　第三の扉　《セビーリャの理髪師》の初演地ローマの劇場と検閲の特殊性，初演歌手6人のプロフィールを紹介し，末尾にアルジェンティーナ劇場における初演前後5年間（1811〜21年）の上演記録を掲げる。

　第四の扉　《セビーリャの理髪師》における旧作や他作曲家の楽想の転用，借用，異化を，当時のロッシーニに固有な"パッチワークとしての特殊な作曲法"として検証する。

　第五の扉　第2幕歌のレッスンの場でロッシーニの原曲が歌われず，アリアの自由選択とされた経緯を1860年までの差し替え例とともに明らかにし，末尾に名歌手ゾンタークが歌ったロードの変奏曲の楽譜を複製する。

　第六の扉　《セビーリャの理髪師》の初演失敗と2日目の大成功に関する証言と逸話，反響と流布に関する研究。猫騒動に関する逸話が

いつ，どこで，誰によって語られたか探求し，その真偽と背景を考察する。

第七の扉 最初の再演に始まる変更と第三者による改竄の概略を示し，19世紀の変遷を重要歌手のプロフィールと出演歴を基に明らかにする。

第八の扉 ボーマルシェの原作劇とロッシーニ《セビーリャの理髪師》の図像学。登場人物と劇のイメージを19世紀の版画，新聞のロゴ・イラスト，印刷楽譜と書籍から拾い上げ，その複製を提示する。

第九の扉 大正6年（1917年）に始まる我が国のロッシーニ上演の歩みを，前史に当たる洋楽受容も交えて明治元年（1868年。ロッシーニの没年）から1968年（ロッシーニ没後100年）までの100年史として詳述する。

第十の扉 録音や映像でも検証可能な20世紀と21世紀の上演，歌手，差し替えアリアの変遷を明らかにするとともに，批判校訂版の成立とベルカント復興が近現代の演奏を激変させた背景を考察し，本書の締め括りとする。

　このうち第一，第五，第九の扉は『ロッシニアーナ』第34号（2014年），第四の扉は第35号（2015年）に掲載した論考の増補改訂版に当たり，旧稿を改訂した第二の扉を含めてその一端は日本ロッシーニ協会公式ホームページに掲載済みである（http://societarossiniana.jp/）。これに書下ろしの五つの論考（第三，第六〜八，第十の扉。第六の扉のみ『ロッシニアーナ』第36号に前倒しで掲載）を加え，全10章を有機的に結びつけるべく文章を改めた。

　《セビーリャの理髪師》の観劇や上演映像の視聴で満足する音楽愛好家にとって，研究書でもある本書はマニアックすぎるかも知れない。けれども好奇心旺盛なオペラ・ファン，演奏家，音楽研究者には，《セビーリャの理髪師》がたどった数奇な運命に，舞台芸術の特殊性や一筋縄ではいかぬオペラ史の不可思議さをご理解いただけると思う。専門用語の使用は避けがたくても平易な文章を心掛けたので，次頁のロッシーニの略歴を手始めに，各章末の註を無視して本文を通読いただければ幸いである。

ロッシーニの略歴

オペラ作曲家ジョアキーノ・ロッシーニ（Gioachino Rossini,1792-1868）は，1792年2月29日，アドリア海に面したイタリアのペーザロに生まれ，ボローニャの音楽学校で学んだ。《六つの四重奏ソナタ》を作曲して早熟な才能を現し，1810年ヴェネツィアでデビュー作《結婚手形》を発表すると，1幕ファルサ（笑劇）《絹のはしご》《なりゆき泥棒》《ブルスキーノ氏》により喜劇的天分を開花させた。オペラ・ブッファは《試金石》（1812年）と《アルジェのイタリア女》（1813年）が出世作となり，ほどなく《セビーリャの理髪師》（1816年）と《ラ・チェネレントラ》（1817年）の傑作を生み，オペラ・セーリアは《タンクレーディ》（1813年）で最初の成功を得た。

　1815年23歳でナポリの王立劇場音楽監督に就任し，華麗な歌唱を駆使する力強い作風に転じ，定型的序曲やレチタティーヴォ・セッコの廃止，悲劇的フィナーレの採用などの改革を行なう。1822年まで7年間続いたナポリ時代の代表作は，《オテッロ》（1816年），《アルミーダ》（1817年），《エジプトのモゼ》（1818年），《エルミオーネ》《湖の女》（共に1819年）。ヴェネツィア初演《セミラーミデ》（1823年）を最後にイタリアでの活動に終止符を打ち，フランス王家の求めで1824年に活動の場をパリに移し，国王シャルル10世の戴冠を祝う《ランスへの旅》（1825年）を作曲した。続いてフランス語のオペラを連作し，ロマン派歌劇の先駆けをなす《ギヨーム・テル》（1829年）を最後に37歳の若さでオペラの筆を折る。その後非公開の約束で宗教曲《スタバト・マーテル》（1832年／第2稿1841年）を作曲，歌曲・重唱曲集《音楽の夜会》（1835年）を出版したが，フランス政府の終身年金を得て帰国し，引退生活に入った。1855年にはパリに再移住して創作意欲が蘇り，私的演奏の目的で150曲にのぼるピアノ曲と声楽曲，《小ミサ・ソレムニス［小荘厳ミサ曲］》を作曲した。1868年11月13日パリ近郊パシーで死去。歌唱技巧を極限まで追求したロッシーニのベルカント様式は20世紀末に見直され，全39作のオペラも復活を遂げている。

序

スペインの地名「Sevilla」の仮名書き「セビーリャ」について

　ボーマルシェの原作とそのオペラ化作品の題名に含まれるスペインの地名「Sevilla」は，現地発音「セビージャ」が近年サッカーチームの名称として認知されているが，スペイン語学者は通例「-lla」を「ーリャ」と表記し，スペイン語辞典や地名辞典では「セビーリャ」が採用されてきた（例，『西和中辞典』小学館．『コンサイス外国地名事典（改訂版）』三省堂）。筆者もこれに倣い，一貫して《セビーリャの理髪師》と表記するが，日本ではかつて作品名が《セヴィラの理髪師》とされ，現在は《セビリアの理髪師》が広く使われる。「セビリア」は新聞やNHKを含むマスコミの標準表記であるが，発音や原語に即したカナ表記とは言い難く，本書では従来どおり「セビーリャ」とし，第九の扉「日本における《セビーリャの理髪師》の受容」のみ上演や文献ごとに異なる邦題をそのまま転記する。

15

第一の扉

ロッシーニの歌劇《セビーリャの理髪師》概説

「ロッシーニと音楽の霊感」(作者不詳のリトグラフ，1850年代。ロッシーニの頭上に《セビーリャの理髪師》の人物が描かれている)

第一の扉　ロッシーニの歌劇《セビーリャの理髪師》概説

ロッシーニの歌劇《セビーリャの理髪師》

基本情報

題名　セビーリャの理髪師（*Il barbiere di Siviglia*）
（初演時の題名は，《アルマヴィーヴァ，または無益な用心（*Almaviva, o sia L'inutile precauzione*)》）

劇区分　2幕のコンメーディア（commedia in due atti）／2幕のドランマ・コーミコ（dramma comico in due atti）[1]

台本　チェーザレ・ステルビーニ（Cesare Sterbini, 1783-1831）
イタリア語。第1幕：全16景，第2幕：全11景

原作　ボーマルシェ（Beaumarchais［本名ピエール＝オーギュスタン・カロン Pierre-Augustin Caron］, 1732-99）による4幕の散文喜劇『セビーリャの理髪師，または無益な用心（*Le Barbier de Séville ou la Précaution inutile*)』
（1775年2月23日パリ，コメディ・フランセーズ初演［5幕版］）

作曲　1816年1月17日以降〜2月20日以前

初演　1816年2月20日（火曜日），ローマ，アルジェンティーナ劇場（Teatro Argentina）

登場人物　①アルマヴィーヴァ伯爵 Il conte d'Almaviva（テノール，d♭'-b"）……スペイン貴族。ロジーナに対してリンドーロと名乗る
②バルトロ Bartolo（バス，G-f［ N.8a のみg♭'])……年老いた医者。ロジーナの後見人
③ロジーナ Rosina（コントラルトまたはメッゾソプラノ，g♯-b"［ N.14 bisのみd'''])……バルトロの家で暮らす貴族出身の娘
④フィガロ Figaro（バリトン，c♯-g'またはa'）……床屋
＊ 全集版の音域表は最高音をg'，ベーレンライター批判校訂版は注釈付きでa'

とする。a' は N.3 の置き換えとして使われ，N.16 ではファルセットを前提に contraffacendo と付して記譜される。

⑤バジーリオ Basilio（バス，G-f♯'）……ロジーナの音楽教師で偽善者

⑥ベルタ Berta（ソプラノ，b-c'''）……バルトロ家の年増の家政婦

＊ 全集版はベルタとは別にリーザ Lisa（ソプラノ，b-d''）を小間使いの登場人物とする。これは自筆楽譜 N.9 フィナーレの記載に起因するが，初版台本に同役が存在せず，関与した歌手の記録も無いため研究者間に異論が多く，本書では採用しない。

⑦フィオレッロ Fiorello（バリトン，G-e'）……アルマヴィーヴァ伯爵の召使

⑧アンブロージョ Ambrogio（バスまたはバリトン，g-c'）……バルトロの召使

⑨士官 Un ufficiale（バリトン，e-f'）
他に，役人（黙役），公証人（黙役），警官，兵士，楽師たち（男声合唱：テノールI・II，バスI・II）

＊ 初版台本は役人を Un Alcalde o Magistrato，公証人を Un Notaro と掲げて登場人物とするが，全集版に準拠してその他に分類した。

初演者
①マヌエル・ガルシア（Manuel García ［生名 Manuel del Pópulo Vicente Rodriguez García］，1775-1832）
②バルトロメーオ・ボッティチェッリ（Bartolomeo Botticelli, ?-?）
③ジェルトルーデ・リゲッティ＝ジョルジ（Geltrude Righetti-Giorgi, 1793-1862）
④ルイージ・ザンボーニ（Luigi Zamboni, 1767-1837）
⑤ゼノービオ・ヴィタレッリ（Zenobio Vitarelli, ?-?）
⑥エリザベッタ・ロワズレ（Elisabetta Loyselet, ?-?）
⑦パオロ・ビアジェッリ（Paolo Biagelli, ?-?）
⑧不詳（初版台本に記載なし）
⑨不詳（初版台本に記載なし）

管弦楽
2フルート／2ピッコロ，1または2オーボエ[2]，2クラリネット，2ファゴット，2ホルン，2トランペット，ティンパニ[3]，大太鼓，シンバル，シストリ[4]，ピアノフォルテ［フォルテピアノ］[5]，ギター，弦楽5部，レチタティーヴォ・セッコ伴奏楽器

第一の扉　ロッシーニの歌劇《セビーリャの理髪師》概説

| 演奏時間 | 序曲：約7分　第1幕：約90分　第2幕：約55分 |

自筆楽譜　ボローニャ，国際博物館＆音楽図書館（Bologna, Museo internazionale e Biblioteca della musica）

初版楽譜　Pietro Mechetti, Wien, 1820.（ピアノ伴奏譜初版。レチタティーヴォ・セッコ含まず）／ La Lyre Moderne, Paris, 1821.（カスティル＝ブラーズによるフランス語改作の総譜初版）／ Gio.Ricordi, Milano, 1827.（レチタティーヴォ・セッコを含むピアノ伴奏譜初版）／ Ratti e Cencetti, Roma, 1829c.（レチタティーヴォ・セッコを含む全曲総譜初版）

全集版　I ／ 17（Alberto Zedda 校訂。Fondazione Rossini, Pesaro - Ricordi, 2009.）
＊ 最初の批判校訂版はアルベルト・ゼッダが作成（1969年成立。Milano, G.Ricordi & C.）。2008年にベーレンライター社も批判校訂版を出版（Works of Gioachino Rossini, Vol. 2.Edited by Patricia B. Brauner］Kassel etc., Bärenreiter, 2008.）。

楽曲構成

序曲［Sinfonia］：ホ長調，4／4拍子，アンダンテ・マエストーゾ〜ホ短調－ホ長調，アレグロ・コン・ブリオ－ピウ・モッソ
＊ 旧作《パルミラのアウレリアーノ》序曲を転用。

【第1幕】

N.1　第1幕の導入曲〈静かに，喋らずにそっと *Piano, pianissimo senza parlar*〉（フィオレッロ，伯爵，合唱）
＊ 伯爵のソロ〈ごらん，きらめく空に *Ecco ridente in cielo*〉が含まれる。

―― 導入曲の後のレチタティーヴォ〈ぶしつけな奴らだ！ *Gente indiscreta!*〉（伯爵，フィオレッロ）

N.2　フィガロのカヴァティーナ〈ラ・ラン・ラ・レラ，ラ・ラン・ラ・ラ［……町の何でも屋に道を開けろ］ *La ran la lera, la ran la là* ［...*Largo al factotum della città*]〉（フィガロ）
＊ 2種の批判校訂版（上記）は「ラ・ラン・ラ〜」の部分のみをインチピトとするが，本書では「町の何でも屋に道を開けろ」を［ ］付きで追加する。

―― カヴァティーナの後のレチタティーヴォ〈ああ，ああ！ なんて素敵な生活だろう！ *Ah ah! che balla vita!*〉（フィガロ，伯爵，ロジーナ，バルトロ）

21

N.3 　伯爵のカンツォーネ〈もしも私の名を知りたければ *Se il mio nome saper voi bramate*〉（伯爵，ロジーナ，フィガロ）

　　＊全集版の楽曲目次はフィガロをバルトロと誤記。

—— 　カンツォーネの後のレチタティーヴォ〈何事だ！……たぶん部屋の中に *Oh cielo!... Nella stanza convien dir*〉（伯爵，フィガロ）

N.4 　伯爵とフィガロの二重唱〈あの全能の金貨を *All'idea di quel metallo*〉（フィガロ，伯爵）

—— 　二重唱の後のレチタティーヴォ〈立派なご主人さまだ！ *Evviva il mio Padrone!*〉（フィオレッロ）

N.5 　ロジーナのカヴァティーナ〈今しがた一つの声が *Una voce poco fa*〉（ロジーナ）

—— カヴァティーナの後のレチタティーヴォ〈ええ，きっと勝つわ *Sì, sì, la vincerò*〉（ロジーナ，フィガロ，バルトロ，ベルタ，アンブロージョ，バジーリオ）

N.6 　バジーリオのアリア〈中傷はそよ風です *La calunnia è un venticello*〉（バジーリオ）

—— 　アリアの後のレチタティーヴォ〈ああ，いかがですか？ *Ah che ne dite?*〉（バジーリオ，バルトロ，フィガロ，ロジーナ）

N.7 　ロジーナとフィガロの二重唱〈それでは私なのね……嘘じゃないわね？ *Dunque io son...tu non m'inganni?*〉（ロジーナ，フィガロ）

—— 　二重唱の後のレチタティーヴォ〈これでいい気持ちだわ *Ora mi sento meglio*〉（ロジーナ，バルトロ）

N.8 　バルトロのアリア〈私のような医者に向かって *A un Dottor della mia sorte*〉（バルトロ）

—— 　アリアの後のレチタティーヴォ〈勝手に愚痴りなさい *Brontola quanto vuoi*〉（ロジーナ，ベルタ，伯爵）

N.9 　第1幕フィナーレ〈お～い，誰か……親切な人は…… *Ehi di casa...buona gente...*〉（伯爵，バルトロ，ロジーナ，ベルタ［全集版はリーザ／ベルタ］，バジーリオ，フィガロ，士官，合唱）

【第2幕】

レチタティーヴォ〈やっかいなことになった！ *Ma vedi il mio destino!*〉（バルトロ）

N.10 　伯爵とバルトロの二重唱〈平和と喜びがあなたにありますように *Pace*

第一の扉　ロッシーニの歌劇《セビーリャの理髪師》概説

e gioia sia con voi.〉（伯爵，バルトロ）

—— 二重唱の後のレチタティーヴォ〈もういい，あなたは *Insomma, mio Signore*〉（バルトロ，伯爵，ロジーナ）

N.11　ロジーナのアリア〈愛に燃える心に *Contro un cor che accende amore*〉（ロジーナ，伯爵）

—— アリアの後のレチタティーヴォ〈美しい声！ 素晴らしい！ *Bella voce! bravissima!*〉（伯爵，ロジーナ，バルトロ）

N.12　バルトロのアリエッタ〈お前がそばにいると，愛らしいロジーナ…… *Quando mi sei vicina, amabile Rosina...*〉（バルトロ）

—— アリエッタの後のレチタティーヴォ〈見事だ，床屋さん *Bravo, Signor Barbiere*〉（バルトロ，フィガロ，ロジーナ，伯爵）

N.13　五重唱〈ドン・バジーリオ！……（なんてことだ！）*Don Basilio!...*（*Cosa veggo!*）〉（ロジーナ，伯爵，フィガロ，バルトロ，バジーリオ）

—— 五重唱の後のレチタティーヴォ〈ああ！ ひどい目にあった！…… *Ah! disgraziato me!...*〉（バルトロ，ベルタ）

N.14　ベルタのアリア〈年寄りは妻を求め *Il vecchiotto cerca moglie*〉（ベルタ）

—— アリアの後のレチタティーヴォ〈つまり，ドン・アロンソをまるでご存じないと？ *Dunque voi Don Alonso non conoscete affatto?*〉（バルトロ，バジーリオ，ロジーナ）

N.15　嵐［Temporale］

—— 嵐の後のレチタティーヴォ〈やっと着きました *Alfine eccoci qua.*〉（フィガロ，伯爵，ロジーナ）

N.16　三重唱〈ああ！ なんと予期せぬ一撃でしょう！ *Ah! qual colpo inaspettato!*〉（ロジーナ，フィガロ，伯爵）

—— 三重唱の後のレチタティーヴォ〈ああ！ ひどいことになった！ *Ah! disgraziati noi!*〉（フィガロ，伯爵，ロジーナ，バジーリオ，バルトロ，士官）

N.17　レチタティーヴォ・ストゥルメンタート［Recitativo Strumentato 器楽伴奏のレチタティーヴォ］〈伯爵とは！……ああ，なんてことだ！…… *Il Conte!... ah, che mai sento!...*〉（バルトロ，伯爵）と伯爵のアリア〈もう逆らうのをやめろ *Cessa di più resistere*〉（伯爵，合唱）

＊ 2種の批判校訂版で表記法が異なり，ベーレンライター版に準拠。

—— アリアの後のレチタティーヴォ〈結局，わしはすべて間違っていたのか？ *Insomma, io ho tutti i torti?*〉（バルトロ，フィガロ，バジーリオ，伯爵，ロジー

23

ナ）

N.18 　第2幕小フィナーレ［Finaletto II］〈かくも幸せな結びつきを *Di sì felice innesto*〉（フィガロ，ベルタ，バルトロ，バジーリオ，ロジーナ，伯爵，合唱）

あらすじ

【第1幕】

　スペインのセビーリャ。夜明け前。中央に医者バルトロの家がある小さな広場。フィオレッロと楽師たち，続いてアルマヴィーヴァ伯爵が現れ，楽師たちの伴奏で伯爵がバルコニーに向かって歌いかける。だが何の反応もなく，報酬をもらった楽師たちは騒々しく伯爵に礼を述べ，立ち去る（**N.1** 導入曲）。遠くにフィガロの声を聞いた伯爵が身を隠すとフィガロが来て，町の何でも屋で人気者のおれは幸せだ，と歌う（**N.2** フィガロのカヴァティーナ）。

　旧知のフィガロに声をかけた伯爵は，プラドで見初めた娘を追ってここに来たと話す。バルコニーに姿をみせたロジーナはバルトロに手紙を見とがめられ，《無駄な用心》の歌詞とごまかして落とし，伯爵が拾って隠れる。バルトロが家を出ていくのを見届けた伯爵はフィガロに促され，名前をリンドーロと偽ってロジーナへの愛を歌う（**N.3** 伯爵のカンツォーネ）。伯爵から彼女の家に入る方法を尋ねられたフィガロは，金貨の報酬を約束され，兵士に変装して訪問するよう勧める（**N.4** 伯爵とフィガロの二重唱）。

　バルトロの家では先の歌声に胸をときめかせるロジーナが，リンドーロと結ばれようと決意する（**N.5** ロジーナのカヴァティーナ）。ロジーナと明日までに結婚したい，とバルトロに打ち明けられた音楽教師バジーリオは，アルマヴィーヴァ伯爵の到着を教え，中傷を振り撒いて町から追い出そうと提案する（**N.6** バジーリオのアリア）。2人のやりとりを聞いたフィガロは，その企てをロジーナに教える。そして手紙を書くよう促すと，彼女がすでに用意しているので呆れる（**N.7** ロジーナとフィガロの二重唱）。フィガロと入れ替わりに現れたバルトロが，「内緒で手紙を書いただろう」とロジーナを非難する（**N.8** バルトロのアリア）。

　酔っぱらいの兵士（に扮した伯爵）が現れてバルトロを愚弄すると，ロジーナは彼がリンドーロと気づく。そこに騒ぎを聞きつけた士官と兵士たちが来て，暴れた兵士を逮捕しようとするが，伯爵から素性をそっと知らされた士官が敬礼する。それを見たバルトロが呆気にとられ，一同わけが判らず混乱する（**N.9** 第1幕フィナーレ）。

第一の扉　ロッシーニの歌劇《セビーリャの理髪師》概説

【第2幕】

　バルトロ家の一室。先の出来事をふりかえるバルトロのもとに，バジーリオの弟子ドン・アロンソと偽って伯爵が現れる（レチタティーヴォ／ N.10 伯爵とバルトロの二重唱）。師の代わりにレッスンすると言われたバルトロは，ロジーナの手紙を受け取って信用し，ロジーナを連れてくる。ロジーナはアロンソがリンドーロの変装と気づき，2人は歌のレッスンにかこつけて愛を確かめる（ N.11 ロジーナのアリア）。バルトロが昔の歌を歌いながら踊ると（ N.12 バルトロのアリエッタ），フィガロが来て髭を剃ろうとする。フィガロはバルトロの気をそらして鎧戸の鍵を手に入れ，ロジーナとリンドーロ［伯爵］が愛を誓い合っていると不意にバジーリオが現れる。フィガロと伯爵は彼を病人に仕立て，こっそり財布を渡されたバジーリオは退散する。フィガロに髭を剃られるバルトロは，ロジーナと伯爵の会話からアロンソの変装を知って怒り，彼らを部屋から追い出す（ N.13 五重唱）。

　家政婦ベルタが恋の病を嘆く（ N.14 ベルタのアリア）。バジーリオの話でアロンソを伯爵と確信したバルトロは，ロジーナと結婚すべく公証人を呼びに行かせる。そしてアロンソから受け取った手紙をロジーナに渡し，リンドーロはおまえを伯爵に売り渡すつもりだと教える。これを信じたロジーナは，真夜中にリンドーロと駆け落ちする約束をしたとバルトロに伝え，嘆き悲しむ。

　一陣の嵐が通り過ぎ（ N.15 嵐），はしごを使ってフィガロと伯爵が部屋に現れる。ロジーナに非難された伯爵は真実の愛に感動して正体を明かし，フィガロは早く逃げましょうと急かすが（ N.16 三重唱），はしごが外されていて慌てふためく。だが公証人を見つけたフィガロは，バジーリオを立ち合い人に，伯爵とロジーナを結婚させてしまう。伯爵は抗議するバルトロを一喝し，ロジーナに優しく呼びかける（ N.17 レチタティーヴォ・ストゥルメンタートと伯爵のアリア）。伯爵から「ロジーナの持参金は不要」と言われたバルトロは彼女を諦め，2人の結婚を認める（ N.18 第2幕小フィナーレ）。

チェザリーニ公爵との契約

　ナポリ・デビュー作《イングランド女王エリザベッタ》を1815年10月4日にサン・カルロ劇場で初演したロッシーニは，続いてフィオレンティーニ劇場の《幸せな間違い》と《アルジェのイタリア女》の上演に関与すると，10

25

月29日頃にナポリを離れ，ローマに移った。
　10月末もしくは11月初頭にローマ入りしたのはヴァッレ劇場から謝肉祭用の新作を求められたためで（《トルヴァルドとドルリスカ》として成立），11月7日に同劇場で上演する《イタリアのトルコ人》の改作も求められていた[6]。この改作上演で大成功を収めたロッシーニは母への手紙に，3回カーテンコールされ観客の熱狂的な拍手喝采を浴びた，と報告している（11月11日付）[7]。

25歳のロッシーニ

　11月10日頃には，アルジェンティーナ劇場支配人フランチェスコ・スフォルツァ・チェザリーニ公爵（Francesco Sforza Cesarini, 1773-1816）との間に《アルジェのイタリア女》を上演する契約が結ばれた（初日は1816年1月13日）。チェザリーニ家の私設劇場として1732年に開場したアルジェンティーナ劇場は，カプラーニカ家の第二劇場として1727年に開場したヴァッレ劇場と共にローマのオペラ上演の拠点となっていた（ローマの劇場の詳細は第三の扉「《セビーリャの理髪師》を生んだ劇場，検閲，歌手」参照）。
　謝肉祭の公演準備が遅れたチェザリーニは，12月11日，フィレンツェの代理人マティアス・チェッキ（Matthias Cecchi, ?-?）に手紙を送り，歌手の調達を求めた。必要とされたのは優秀なプリマ・ドンナ1名，メッゾ・カラッテレ[中間的キャラクター]のテノール1名，2人のブッフォ歌手（ブッフォ・コーミコとブッフォ・カンタンテ）である[8]。同時にチェザリーニは，ボローニャの劇場関係者でコピステリーア（copisteria 楽譜の写譜や印刷，貸与と販売を行う業種）のフランチェスコ・ザッピ（Francesco Zappi, ?-?）に謝肉祭用のオペラ・ブッファの推薦と楽譜の貸与を求め，ザッピは《抜け目のない小間使い》（後出）とロッシーニの《試金石》を薦めた[9]。
　これに先立ちチェザリーニは，プリマ・ドンナにコントラルトのエリザベッタ・ガッフォリーニ（Elisabetta Gafforini, 1775-?），ブッフォ歌手の一人にバッソ・ブッフォのルイージ・ザンボーニ（Luigi Zamboni, 1767-1837）を想定していた。そしてザンボーニのガッフォリーニ宛の手紙（1815年11月28日／12月1日付）から，チェザリーニが最初にフェルディナンド・パイーニ（Ferdinando Paini, 1773-?）作曲《抜け目のない小間使い，またはマルコ・トンド》（*La cameriera astuta, o sia Marco Tondo*）（初演は前年ボローニャ）[10]，二つ目に《アルジェのイタリア女》，続いてロッシーニの新作初演の順序を考えていたことが判る[11]。これはザンボ

第一の扉　ロッシーニの歌劇《セビーリャの理髪師》概説

ーニがあらかじめ得た情報に基づく話で，12月6日にはロッシーニの紹介でザッピがプリマ・ドンナにジェルトルーデ・リゲッティ＝ジョルジ（Geltrude Righetti-Giorgi, 1793-1862）を推薦した。チェザリーニはさまざまな女性歌手を検討したが（ザッピ宛の手紙，12月13日付）[12]，12月20日の段階でガッフォリーニが契約書に署名しなかったためリゲッティ＝ジョルジが選ばれた。

ジェルトルーデ・リゲッティ

1793年ボローニャ生まれのジェルトルーデ・リゲッティは早くからロッシーニと面識があり，1813年3月にアカデミーの演奏会に出演し，ほどなくコルソ劇場のジュゼッペ・ピノッティ作曲《アンテーノレ（Antenore）》に出演したが，1814年に法律家ルイージ・ジョルジと結婚して舞台をしりぞいていた。それゆえロッシーニの求めなしに復帰はありえず，ローマの《アルジェのイタリア女》で再デビューすると，《セビーリャの理髪師》初演でヒロインを務めることになる（翌年《ラ・チェネレントラ》のアンジェリーナも創唱する）。

マヌエル・ガルシア

ロッシーニが主役のテノールに求めたのは，スペイン人マヌエル・ガルシア（Manuel García [Manuel del Pópulo Vicente Rodriguez García], 1775-1832）である。《イングランド女王エリザベッタ》初演でノルフォルク役を創唱し，卓越した声楽技巧でロッシーニの信頼を得たガルシアは，アルジェンティーナ劇場の《アルジェのイタリア女》への出演も求められ，ロッシーニはローマから彼に必要な楽譜を送るなどコンタクトを取り続けていた（ガルシア宛の手紙，12月22日と26日付）[13]。

12月26日，ロッシーニはローマのヴァッレ劇場で2幕のドランマ・セミセーリオ《トルヴァルドとドルリスカ》を初演したが，ドラマが真面目すぎて充分な成功を得られなかった[14]。チェザリーニと正式な新作契約を結んだのは同日で，契約書では喜歌劇（Dramma Buffo）を歌手たちの資質に合うよう作曲して必要と思われる変更を施すこと，すべての稽古に立ち会い最初の3回の上演をチェンバロ席から監督し，報酬400ローマ・スクードは3回目の公演後に支払われると約束されていた[15]。そこには第1幕の完成楽譜を1816年1月

27

20 日（当初「16 日」と記されたが「20 日」に書き変えられた）までにコピスタ（筆写者）に渡し，第 2 幕を 2 月 5 日（後から「頃」を追加）までに渡すと書かれているが，この段階では題材が未定だった。

《トルヴァルドとドルリスカ》を初演したロッシーニは，最初の 3 回の上演を監督するとただちにナポリに戻り，王の誕生日を祝うカンタータ《畏れおおくも我らがフェルディナンド 4 世国王陛下のめでたき誕生日のために（*Pel faustissimo giorno natalizio di Sua Maestà il re Ferdinando IV, Nostro augusto sovrano*)》（通称《ジュノーネ（*Giunone*)》）を作曲した [16]。そしてこれを 1816 年 1 月 12 日にサン・カルロ劇場で初演し，ローマにとんぼ返りしたものと思われる [17]。アルジェンティーナ劇場は 1 月 13 日に《アルジェのイタリア女》で謝肉祭シーズンの幕を開けたが，同日ロッシーニ《幸せな間違い》を上演したヴァッレ劇場の差し向けたさくらによる妨害があった，とチェザリーニの手紙に書かれている（カルロ・マウーリ宛。1 月 14 日付）[18]。

題材と決定と完成までの経過

チェザリーニが当初ロッシーニの台本作家に予定したのは，ローマの台本詩人ヤーコポ・フェッレッティ（Jacopo Ferretti, 1784-1852）である。けれどもフェッレッティがなんらかの理由で断ったため [19]，1 月 14 日に《トルヴァルドとドルリスカ》の台本作家チェーザレ・ステルビーニ（Cesare Sterbini, 1783-1831）が選ばれた。ステルビーニはローマ生まれのアマチュア詩人で，税務署長と税関局長の第二秘書を兼務する教皇政府の役人であった。題材にボーマルシェの『セビーリャの理髪師，または無益な用心（*Le Barbier de Séville ou la Précaution inutile*)』（1775 年 2 月 23 日パリのコメディ・フランセーズ初演）が選ばれたのは，彼のデビュー作《トルヴァルドとドルリスカ》の失敗も関係するようだ [20]。

前記契約書ではロッシーニがシーズン二つ目の新作を提供すると決められており，ステルビーニと《セビーリャの理髪師》で合意したのは 1 月 17 日だった。同日ステルビーニは誓約書を作成して劇の構成を決定し，第 1 幕の台本を 8 日以内（つまりは 25 日まで），第 2 幕を 12 日以内（つまりは 29 日まで）に完成すると約束している [21]。この構成案で興味深いのは，第 2 幕を「テノールの大アリア（Grand'aria del Tenore）」と「小フィナーレ（Finaletto）」で締め括るとした点で，歌手団の中で格付けが突出して高いガルシアに「大トリ」のアリアを与える約束だったことが判る（誓約書の詳細は第二の扉「ボーマルシェからロッシ

第一の扉　ロッシーニの歌劇《セビーリャの理髪師》概説

ーニへの歩み」参照）。このシーズンの歌手報酬も伯爵役のガルシアが1200，フィガロ役のザンボーニが700，ロジーナ役のリゲッティ＝ジョルジが650，バルトロ役のボッティチェッリが340，ベルタ役のロワズレが112スクードと[22]，ガルシアが突出して高かった。

　最初の契約からスケジュールが大幅に変わったため，アルジェンティーナ劇場は《アルジェのイタリア女》に続いて2月5日にパイーニ《抜け目のない小間使い》を上演したが，観客の受けが悪く，たった1回で演目が《アルジェのイタリア女》に戻された。ロッシーニはステルビーニから楽曲単位で受け取った歌詞に大急ぎで作曲し，書き上げたオーケストレイション前の骨格楽譜（歌唱パートに前奏，間奏，後奏，低音部の一部を記したもの）はただちにコピスタに渡され，稽古に必要な写譜が作られた。ロッシーニは2月6日に第1幕の骨格楽譜を完成し，翌7日に歌手の稽古が開始されたが，初演4日前の2月16日にチェザリーニが42歳の若さで病死し，興業師の役割はニコラ・ラッティ（Nicola Ratti）に引き継がれた。謝肉祭シーズン終了間近とあって，楽曲の一部を旧作からの転用や主題の借用で補うパッチワーク的手法で作られたが，レチタティーヴォ・セッコ以外に協力者の作曲した楽曲はなく，完成度の高いオペラに仕上がっている。

　ステルビーニは2月20日の初演に先立ち題名を《アルマヴィーヴァ，または無益な用心（*Almaviva, o sia L'inutile precauzione*）》とする台本を印刷させ，その緒言（Avvertimento al pubblico）に，「"セビーリャの理髪師，または無益な用心"と題されたボーマルシェ氏の喜劇を"アルマヴィーヴァ，または無益な用心"の題名を持つドランマ・コーミコに変更してローマで上演しますのは，すでにこの題材を原題のままオペラにした大変高名なパエジエッロ［Paesielloと誤記。正しくは Paisiello（パイジエッロ）］に対し，このドラマに生命を与える作曲者［ロッシーニ］が尊敬と崇拝の念を抱くことを皆さまに良くご理解いただくためでございます」と記した。そして，「ロッシーニ氏には自分に先立つ不滅の作者［パイジエッロ］と軽率に張り合うつもりは毛頭ありません」と付記している。

初版台本のタイトル頁

当時ジョヴァンニ・パイジエッロ（Giovanni Paisiello, 1740-1816）は存命しており（75歳。ただしロッシーニ作品の初演3カ月半後の6月5日ナポリで没），巨匠として尊敬を集めていた。リゲッティ＝ジョルジが『かつて歌手だった女の返書』（1823年）[23] の中で初演失敗の原因にこの緒言を挙げたことでも判るように，やぶ蛇というべき「無益な用心」だった。かくして2月20日の初演は，オペラ史に残る大失敗を喫することになる（後述）。

ボーマルシェ原作のオペラ化

　《セビーリャの理髪師》の最大の特色はボーマルシェの原作にある，と言っても過言ではない。快活で機転の効くフィガロ，偽善者でもあるバジーリオなど各人物の性格もボーマルシェによって的確に造型され，観客の笑いを誘うシーン——酔っぱらいの兵士に変装した伯爵の登場で起きるどたばた騒ぎ，歌の稽古の場に続いて現れたバジーリオを病人に仕立てて退散させる一場——もすべて原作に用意されている。それだけではない，そもそも原作劇は唄入り芝居（オペラ・コミック）として書かれ，伯爵がロジーヌ（オペラではロジーナ）に歌いかけるカンツォーネ，歌のレッスンの場におけるロジーヌの歌とバルトロの返歌も歌詞があり，コメディ・フランセーズのオーケストラのコンサートマスター，アントワーヌ＝ロラン・ボードロン（Antoine-Laurent Baudron, 1742-1834）の付曲で歌われ，幕間に嵐の音楽も演奏されたのである [24]。

　それゆえオペラ化も簡単で，ゲオルク・ベンダの息子フリートリヒ・ルートヴィヒ・ベンダ（Friedrich Ludwig Benda, 1752-92）作曲《セビーリャの理髪師（*Der Barbier von Seville*)》（1776年ライプツィヒ初演）を皮切りに，ドイツ語による音楽劇が複数作られた。最初のイタリア・オペラ化はパイジエッロ作曲の4幕のドランマ・ジョコーゾ《セビーリャの理髪師，または無益な用心（*Il barbiere di Siviglia, ovvero La precauzione inutile*)》で，初演は1782年9月26日，サンクト・ペテルブルクのエルミタージュ宮廷劇場で行われた。

　パイジエッロの《セビーリャの理髪師》は，ロッシーニ作品によって駆逐されるまでこの題材による最も人気の高いオペラであった [25]。それゆえロッシーニとステルビーニは，同時代の歌手と聴衆を前提に作曲すれば成功間違いなし，と考えたに違いない。パイジエッロ作品は後期ナポリ派らしい優美さを備えていたが，その音楽は19世紀初頭には時代遅れと見なされていた。後にロッシーニは，「私が若い頃には，［パイジエッロのオペラは］すでにイタリアの舞台か

30

らほとんど消え去っていました。［……］彼の音楽は耳に心地よいけれど，和声的にも旋律的にも並外れたものがなく，私は特別な関心を抱いたことが一度もありません」と述べ（ヒラーによる聞き書き，1855年），最晩年の手紙では，「パパ・パイジエッロの後に，とても優雅なボーマルシェの題材に（12日間）で作曲したとき，私は少しも向こう見ずなことと思いませんでした」と記している（コスタンティーノ・ダッラルジネ宛，1868年8月8日付 [26]）。

　台本作家ステルビーニはボーマルシェの原作とパイジエッロの台本を下敷きにしたが，パイジエッロの台本が原作に比較的忠実であるのに対し，ロッシーニ作品には顕著な構成上の違いがある。それが第1幕フィオレッロと楽師たちを伴う伯爵の導入曲，ロジーナのカヴァティーナ，大規模な第1幕フィナーレ，ベルタのアリア，第2幕フィナーレ前の伯爵の大アリアの存在である。これはロッシーニが身につけていたオペラ・ブッファの基本構成に沿った作劇上の選択でもあった（合唱を伴う導入曲，ヒロインの登場アリア，全員のアンサンブル・フィナーレ，息抜きのための脇役のアリア，フィナーレに先立つ大アリアがこれに当たる。詳細は第二の扉「ボーマルシェからロッシーニへの歩み」参照）。伯爵の大アリアはスター・テノールの起用を前提に設定され，初演時の題名が《アルマヴィーヴァ》とされる一因となっている。

《セビーリャの理髪師》の音楽

　本作は全2幕，別記のように楽曲は序曲（シンフォニーア）と18のナンバーで構成されている。事実上の主役であるアルマヴィーヴァ伯爵は，導入曲で歌う〈ごらん，きらめく空に（*Ecco ridente in cielo*)〉を含めて三つのソロを持つ。〈もしも私の名を知りたければ（*Se il mio nome saper voi bramate*)〉 (N.3) はロッシーニ自身が「カンツォーネ（canzone）」と命名し，ギター伴奏の単純な形式ながら豊かな感情が盛り込まれる。第2幕のアリア〈もう逆らうのをやめろ（*Cessa di più resistere*)〉 (N.17) はガルシアの卓越した技巧を前提に装飾歌唱の粋を凝らし，初版台本に「両シチーリア国王陛下の王の居室及び王宮附属礼拝堂ならびにボローニャ音楽アカデミーの首位テノール」 [27] の肩書を掲げて特別な存在とアピールしている（他の歌手に肩書きの記載なし）。〈もう逆らうのをやめろ〉は，ほどなくカンタータ《テーティとペレーオの結婚》（1816年4月24日ナポリのフォンド劇場初演）チェーレレのアリア〈ああ，彼らは逆らうことができない（*Ah non potrian resistere*)〉に移調してソプラノ用となり，後半部は《ラ・チェネレン

トラ》ロンド・フィナーレにも改作転用される。伯爵役の滑稽な演技が酔っぱらいの兵士に変装した第1幕フィナーレと、バジーリオの弟子ドン・アロンソを装う第2幕バルトロとの二重唱〈平和と喜びがあなたにありますように（*Pace e gioia sia con voi.*）〉（N.10）で発揮されることも特筆したい。

ロジーナは第1幕のカヴァティーナ〈今しがた一つの声が［今の歌声］（*Una voce poco fa*）〉（N.5）が有名だが、伯爵も関与して変化に富む第2幕のアリア〈愛に燃える心に（*Contro un cor che accende amore*）〉（N.11）も魅力的で、フィガロとの二重唱〈それでは私なのね……嘘じゃないわね？（*Dunque io son...tu non m'inganni?*）〉（N.7）でも生気に富む歌唱を繰り広げる。

初演後に主役に躍り出るのがフィガロで、活力あふれる庶民のヒーローとしての存在感は登場のカヴァティーナ〈ラ・ラン・ラ・レラ、ラ・ラン・ラ・ラ［……町の何でも屋に道を開けろ］（*La ran la lera, la ran la là*［*...Largo al factotum della città*］）〉（N.2）で刻印される。医者バルトロが弁護士などの伝統的なブルジョアの「士」族であるのに対し、フィガロは理髪師であると同時に何でも屋、つまりは才知と有能さで本来の職業以上に多彩な能力を備えた市民である。かつて仕えた伯爵とも現在は対等な関係にあり、伯爵のはずむ「金銭」と引き換えに「知恵」を授ける立場になる。フィガロが伯爵を低い身分の兵士や音楽教師に変装もしくは偽装させるのはボーマルシェの設定だが、ロッシーニは歌と演技の滑稽さを誇張し、シリアスな伯爵に滑稽な外観を与えている。

フィガロが狂言回しとなった結果、滑稽役は（変装時の伯爵を別にすれば）バルトロとバジーリオとなる。医師バルトロは誰からもいじられ、コケにされる役柄で、居丈高に歌い始められるアリア〈私のような医者に向かって（*A un Dottor della mia sorte*）〉（N.8）も本質的にブッフォの楽曲である。バジーリオのアリア〈中傷はそよ風です（*La calunnia è un venticello*）〉（N.6）は、そっと囁かれた中傷が次第に力を増し、ついには誹謗された人間に致命的打撃を与える恐怖をリアルに表現する。これは原作劇のボーマルシェが台詞を用いて巧みに構築したクレシェンドを、的確に音楽化したものと理解しうる。アンサンブルは長大な第1幕フィナーレ〈お～い、誰か……親切な人は……（*Ehi di casa...buona gente...*）〉（N.9）が劇の推移に沿って変化に富み、第2幕の五重唱〈ドン・バジーリオ！……（なんてことだ！）（*Don Basilio!... Cosa veggo!*）〉（N.13）もドラマに沿う柔軟な形式を備えている。旧作からの転用や借用素材の詳細は第四の扉「パッチワークとしての作曲法とその特殊性」に譲り、次に簡略表のみ提示する。

簡略表：《セビーリャの理髪師》における旧作からの転用と素材の再使用 [28]

	単純な転用，素材の再使用や改作使用
序曲（シンフォニーア）	《パルミラのアウレリアーノ》（1813 年）序曲 ＊ 《イングランド女王エリザベッタ》（1815 年）序曲でも部分改作して転用。
N.1　導入曲の冒頭主題	《シジスモンド》（1814 年）第 2 幕の導入合唱
——　導入曲の伯爵のソロ	《パルミラのアウレリアーノ》第 1 幕の導入合唱 ＊ カンタータ《畏れおおくも我らがフェルディナンド 4 世国王陛下のめでたき誕生日のために》（通称《ジュノーネ》1816 年）の導入合唱にも使用。
N.5　ロジーナのカヴァティーナのカバレッタ	コンサート・アリア《栄光の声に》（1813 年）のカバレッタ，《パルミラのアウレリアーノ》アルサーチェのグラン・シェーナのカバレッタ及び《イングランド女王エリザベッタ》エリザベッタのカヴァティーナのカバレッタ主題
N.6　バジーリオのアリアのクレシェンド主題	《シジスモンド》アルディミーラとラディスラオの二重唱の第一部分
N.7　ロジーナとフィガロの二重唱のカバレッタ主題	《結婚手形》（1810 年）ファンニのアリアのカバレッタ
N.8　バルトロのアリアの管弦楽の旋律	《ブルスキーノ氏》（1813 年）ソフィーアとガウデンツィオの二重唱の一部
N.15　嵐の音楽の種々の主題	《六つの四重奏ソナタ》第 6 番（1808 年）及び《試金石》（1812 年）の嵐の音楽など
N.16　三重唱の主題の一つ	カンタータ《エーグレとイレーネ》（1814 年）の三重唱
N.18　小フィナーレの主題	カンタータ《アウローラ》（1815 年）のアレグロ

失敗から大成功に転じた初演

　既述のように，1816 年 2 月 20 日にローマのアルジェンティーナ劇場で行われた初演は《アルマヴィーヴァ，または無益な用心》の題名で行われ，大失敗を喫した [29]。けれどもこれに関するドキュメントは失敗の原因を明確に示さ

ず，初演翌日のローマ貴族キージの日記が「[昨夜，初演が]不幸な結果に終わった」，ガッロ伯爵の日記が「ロッシーニの新作に口笛が吹かれた」とするだけで，2月中に書かれた批評も「最初の晩，観客は退屈するといつもの怒りを激しくぶちまけた」（『劇場文庫（Biblioteca Teatrale）』第12巻），「最初の晩，観客に称賛されなかった」（『ローマ日誌（Diario di Roma）』同年3月13日号）とのみ記している[30]。具体的にはリゲッティ゠ジョルジが『かつて歌手だった女の返書』第6章に，パイジェッロと同じ題材をオペラ化したことに反発する人々がおり，ガルシアが舞台上でギターを調弦して冷笑され，曲の途中でロジーナが一言しか発しないのでヒロインのカヴァティーナを期待した客の口笛と野次が巻き起こり，第1幕フィナーレでチェザリーニ公爵の死を当てこする野次が飛んでロッシーニに罵詈雑言が浴びせられた，と書かれている。

　ロッシーニは仮病を使って2日目の上演を監督しなかったが，母への手紙に，「昨晩ぼくのオペラが上演され，激しく口笛を吹かれました。ああ，なんという狂気，なんてひどいことがこの馬鹿げた国で見られるのでしょう。でも音楽がとても美しいので，ぼくは2回目の上演に賭けています。そこでは昨晩起こったみたいに最初から最後までひどい雑音が続くのではなく，音楽が聴かれるでしょう」と記した（1816年2月22日付）[31]。ロッシーニの予想は的中し，前記『劇場文庫』は「第二夜にオペラは甦った。まさに奇跡」，『ローマ日誌』は「[二日目とその後の上演で]長所が吟味されて熱狂を呼び覚まし，マエストロ・ロッシーニ氏に対する歓呼が場内に轟いた」と報じている。

　シーズン最終日の2月27日，ロッシーニは母にこう書き送る——「[前の手紙に]ぼくのオペラが口笛を吹かれたと書きましたが，ここではぼくの作品が第二夜とその後の全ての上演で言葉に尽くせぬほど熱狂的な拍手喝采を博し，とても幸せな結果に終わったとお知らせします。ぼくはまったく新しい仕方で5回も6回も呼び出されて称賛され，ぼくに嬉し涙を流させました。[……]ぼくの《セビーリャの理髪師》は傑作（un capo d'opera）です」（2月27日付）[32]。

最初の再演から現在までの歩み

　最初の再演は同年8月10日，ボローニャのコンタヴァッリ劇場で初演と同じリゲッティ゠ジョルジの主演で行われた。そこでは歌のレッスンの場に作曲者不詳のアリア〈私の平和，私の安らぎ（La mia pace, la mia calma）〉が歌われ，伯爵のアリア〈もう逆らうのをやめろ〉がヘ長調に移調されてロジーナのナン

34

バーとなり，題名も《セビーリャの理髪師 (*Il barbiere di Siviglia*)》となった。同年秋フィレンツェのペルゴラ劇場で行われた再演（ロジーナ役は同じリゲッティ＝ジョルジ）では，バルトロのアリアがピエートロ・ロマーニ (Pietro Romani, 1791-1877) 作曲〈紙が1枚足りないぞ (*Manca un foglio*)〉に差し替えられ，レッスンの場でステーファノ・パヴェージ (Stefano Pavesi, 1779-1850) 作曲のアリア〈なぜ鎮めることができないの (*Perché non puoi calmar le pene*)〉が歌われ，〈もう逆らうのをやめろ〉はカットされた。最初期の再演でレッスンの場のアリアが差し替えられ，伯爵が主役の座から転落して題名が《セビーリャの理髪師》となった結果，以後こうした形の上演が主流となる（第三者による変更と差し替えの詳細は，第五の扉「レッスンの場の差し替えアリア」参照）。

初演年の再演は前記ボローニャとフィレンツェに続いてパレルモでも行われ[33]，翌1817年は謝肉祭にリヴォルノとシエナ，春にジェノヴァ，トリーノ，夏にミラーノ，秋にピザ，ヴェネツィア，パドヴァ，パルマで上演され，1818年は謝肉祭にマントヴァ，ルッカ，ロヴィーゴ，フェッラーラ，モデナ，トリエステ，春にミラーノ，ヴェネツィア，ヴェローナ，フィレンツェ，ピアチェンツァ，夏にペーザロ，リヴォルノ，モンツァ，秋にトリーノ，ヴァレーゼ，フィレンツェ，ナポリ，クレモーナ，トレヴィーゾで上演された[34]。その後も各都市で上演が相次ぎ，ロッシーニは1819年ヴェネツィア再演でロジーナを歌うフォドール夫人 (Joséphine Fodor [-Mainvielle], 1789-1870) のために追加のレチタティーヴォとアリア〈ああ，もし本当なら (*Ah se è ver*)〉（全集版 N.14 bis）を作曲し，ベルタのアリアの後に挿入した。

国外では1818年3月10日のロンドンを皮切りに，同年7月16日バルセロナでも上演され，翌1819年にはミュンヒェン，リスボン，ニューヨーク（英語），グラーツ（独語），ヴィーン（独語），パリ，1820年にはブラウンシュヴァイク，プラハ（独語），ブルノ，1821年にはクロンシュタットとヘルマンシュタット，マドリード，オデッサ，リヨン（仏語），ブリュッセル（仏語），マルセイユ（仏語），1822年にはダブリン（英語），フィラデルフィア（英語），ベルリーン（独語），ロッテルダム（仏語），ストラスブール（仏語），コペンハーゲン（デ

ブライトコプフ＆ヘルテル社のピアノ伴奏譜
（ライプツィヒ，1820-23年。筆者蔵）

マーク語），サンクト・ペテルブルク（露語）と，瞬く間に世界中に流布した[35]。日本初演は大正6年（1917年）11月13日，赤坂のローヤル館にて《シヸルリアの理髪師》の題名で行われた（詳細は第九の扉「日本における《セビーリャの理髪師》の受容」参照）。

このオペラはロッシーニの代表作として世界中で途切れることなく上演され続けたが，その間にオリジナルがいちじるしく歪められてしまった（詳細は第七の扉「19世紀の上演とロッシーニ歌手の変遷」参照）。ロッシーニの自筆楽譜を再検討して誤謬を改める試みは1942年に指揮者ヴィットーリオ・グイが先駆的に行ったが，原典版の復興はアルベルト・ゼッダ校訂版（1969年成立）で決定的となり，2008年にはベーレンライター社から批判校訂版，2009年にはロッシーニ財団の全集版が出版されている。

註

1　初版台本の記載は「ローマ人チェーザレ・ステルビーニによって現代のイタリア音楽劇用に新たに全面的に韻文化され，縮約されたボーマルシェ氏のコンメーディア［喜劇］《アルマヴィーヴァ，または無益な用心》（Almaviva, o sia L'inutile precauzione Commedia del signor Beaumarchais di nuovo interamente versificata, e ridotta ad uso dell' odierno teatro musicale italiano da Cesare Sterbini)」。ここでの「コンメーディア」はボーマルシェの原作を指し，オペラの劇区分名称ではない。ステルビーニは台本の緒言に「ドランマ・コーミコに変更した」と記しており，本稿では批判校訂版に準拠して「コンメーディア」を採用し，緒言の記載「ドランマ・コーミコ」を併記する。

2　第二オーボエは序曲の原曲にのみ使われる。

3　ティンパニは序曲の複数の典拠にのみ存在。

4　金属性の鐘や打楽器の一種。

5　第2幕ロジーナのアリアにおける楽器記載。自筆楽譜では「Pian: Forte」。

6　変更や改作の詳細は全集版《トルヴァルドとドルリスカ》序文 pp. XXVII-XXX. を参照されたい。

7　Gioachino Rossini, *Lettere e documenti, IIIa:Lettere ai genitori.18 febbraio 1812 - 22 giugno 1830*, a cura di Bruno Cagli e Sergio Ragni., Pesaro, Fondazione Rossini, 2004., pp. 108-110.

8　全集版《セビーリャの理髪師》序文 p. XXV.

9　チェザリーニ宛の手紙，1815年12月5日付。Gioachino Rossini, *Lettere e documenti, vol. I: 29 febbraio 1792 - 17 marzo 1822*, a cura di Bruno Cagli e Sergio Ragni, Pesaro Fondazione Rossini, 1992., pp. 116-118. 金額は《抜け目のない小間使い》の楽譜貸与が30ローマ・

第一の扉　ロッシーニの歌劇《セビーリャの理髪師》概説

スクード，購入なら 60 スクード，《試金石》は貸与のみで 10 スクードとある。

10　《抜け目のない小間使い》初演に関する情報（1814 年ボローニャ）は全集版序文に準拠
したが，劇場と初演日は記されていない。なお，Rossini, *Lettere e documenti, vol.I*, p. 113.,
n.4. がその初演を 1814 年春季のヴェネツィア，サン・モイゼ劇場とするのは誤りで，サ
ン・モイゼ劇場での上演は 1815 年春季（初日は 3 月 27 日）。同劇場の上演記録でも初演
を「?」とし，この上演を初演と認定していない。

11　Rossini, *Lettere e documenti, vol. I*, pp. 113-115. なお，この書簡の日付を 12 月 4 日とする
文献もある。

12　Ibid., pp. 116-118. 及び pp. 119-121.

13　Ibid., p. 122. 及び p. 123.

14　詳細は日本ロッシーニ協会ホームページの拙稿「《トルヴァルドとドルリスカ》作品解説」
を参照されたい。http://societarossiniana.jp/torvaldo.pdf

15　契約書の全文は Rossini, *Lettere e documenti, vol. I*, pp. 124-126. に掲載。

16　この作品については日本ロッシーニ協会ホームページ掲載の拙稿「カンタータ《畏れおお
くも我らがフェルディナンド 4 世国王陛下のめでたき誕生日のために》（通称《ジュノー
ネ》）作品解説」参照。http://societarossiniana.jp/cantata_ferdinando.pdf

17　カンタータがロッシーニ不在で初演されたとする説もあり，初演前にナポリを去った可能
性もある。

18　Rossini, *Lettere e documenti, vol. I*, p. 133.

19　リゲッティ＝ジョルジ『かつて歌手だった女の返書』（1823 年。註 23 参照）第 6 章では，
フェッレッティが提案した「一人の将校が宿屋の女主人に恋をし，その最初の恋を弁護士
に反対される」との筋書きをチェザリーニが凡庸としてしりぞけ，台本作家をステルビー
ニに変えたとされる。

20　同前，第 6 章では，《トルヴァルドとドルリスカ》の雪辱を期してステルビーニがロッシ
ーニと相談して『セビーリャの理髪師』を選んだとする。

21　Rossini, *Lettere e documenti, vol. I*., pp. 135-136.

22　Ibid., p. 125., n.7

23　Geltrude Righetti-Giorgi, *Cenni di una donna già cantante sopra il maestro Rossini in risposta a
ciò che nescrisse nella* [*e*] *state dell'anno 1822 il giornalista inglese in Parigi e fu riportato in una
gazzetta di Milano dello stesso anno.*, Bologna, Sassi, 1823. [Luigi Rognoni, *Gioacchino Rossini.*,
Torino, Einaudi, 1977.2-ed, 1981., pp. 339-372.] に掲載。

24　モーツァルトもそのロマンスの旋律を主題に変奏曲を作曲している（K354 [299a]）。

25　例えばミラーノのスカラ座では 1786 年 9 月に初上演され，1788 年，1797 年，1800 年，
1811 年にも再演されたが，ロッシーニ作品の登場後は 1939 年まで 100 年以上上演され
ていない。

26　*Lettere di G. Rossini., Raccolte e annotate per cura di G. Mazzatinti - F. e G. Manis.*, Firenze,
G.Barbera Editore, 1902., pp. 328-329. [lettera 341]

27　Tenore principale della Real Camera, e Cappella Palatina di S.M. il Re delle due Sicilie, e
Accademico Filarmonico di Bologna

28　ベーレンライター版《セビーリャの理髪師》批判校訂版（総譜）序文 p. XXVII. の略述に
一部追加。なお，これに関する全集版《セビーリャの理髪師》序文 p. XXXVI. の記載に

は遺漏や疑問点がある。

29 初版台本には舞台美術にアンジェロ・トゼッリ（Angelo Toselli），衣装監督にフェデリーコ・マルケージ（Federico Marchesi）の名前が記載されているが，管弦楽の指揮者やマエストロ・アル・チェンバロの名前は書かれていない。

30 全集版《セビーリャの理髪師》序文 p. XXXI.

31 Rossini, *Lettere e documenti, IIIa.*, pp. 119-120. 日付は初演 2 日後であるが，ロッシーニの書き間違えと思われる。2 日目の上演がいつ行われたかは不明ながら，リゲッティ＝ジョルジは『かつて歌手だった女の返書』に初演の翌日と記している。

32 Ibid., pp. 121-123.

33 パレルモ上演については Leone Guido, *L'opera a Palermo dal 1653 al 1987 - vol. I - Dal 1653 al 1977 (escluso il Teatro Massimo).*, Palermo, Publisicula, 1988., p. 82 及び p. 172. 参照。記載に若干の混乱があるが，カロリーノ劇場で先に上演され，サン・フェルディナンド劇場は 12 月 8 日からと理解しうる。なお，Rossini, *Lettere e documenti, IIIa.*, p. 212., n.6 はミラーノのレ劇場も挙げているが，確認が取れず採用しなかった。

34 1818 年までの上演は Rossini, *Lettere e documenti, IIIa.*, p. 212., n.6 を基に，欠落を全集版校註書のリブレットや諸文献から筆者が追加して再構成した。劇場は 1816 年パレルモ（カロリーノ劇場とサン・フェルディナンド劇場），1817 年謝肉祭にリヴォルノ（アッヴァロラーティ劇場）とシエナ（？），春にジェノヴァ（ファルコーネ劇場），トリーノ（ダンジェンヌ劇場），ミラーノ（レ劇場），秋にピザ（ラッヴィーヴァティ劇場），ヴェネツィア（サン・モイゼ劇場），パドヴァ（ヌオーヴォ劇場），パルマ（ドゥカーレ劇場），1818 年は謝肉祭にマントヴァ（ヌオーヴォ劇場），ルッカ（パンテラ劇場），ロヴィーゴ（ヴェッキオ劇場），フェッラーラ（コムナーレ劇場），モデナ（コムナーレ劇場），トリエステ（グランデ劇場），春にミラーノ（カルカノ劇場），ヴェネツィア（サン・ベネデット劇場），ヴェローナ（モランド劇場［フィラルモーニコ劇場］），フィレンツェ（パッラコルダ劇場），ピアチェンツァ（ムニチパーレ劇場），夏にペーザロ（ヌオーヴォ劇場），リヴォルノ（フローリディ劇場），モンツァ（？），秋にトリーノ（カリニャーノ劇場），ヴァレーゼ（ソチャーレ劇場），フィレンツェ（パッラコルダ劇場），ナポリ（フェニーチェ劇場），クレモーナ（コンコルディア劇場），トレヴィーゾ（？）。

35 国外での上演データは Alfred Loewenberg, *Annals of Opera 1597-1940.*, 3-ed., London, John Calder, 1978., pp. 643-646. に基づく。

第二の扉
ボーマルシェからロッシーニへの歩み

LE BARBIER DE SÉVILLE,

OU LA

PRÉCAUTION INUTILE,

COMÉDIE

EN QUATRE ACTES;

Par M. DE BEAUMARCHAIS;

REPRÉSENTÉE & tombée sur le Théâtre de la Comédie Françoise aux Tuileries, le 23 de Février 1775.

. . . . . . Et j'étois Père, & je ne pus mourir!
(*Zaïre, Acte 2e.*)

A PARIS,
Chez RUAULT, Libraire, rue de la Harpe.

MDCCLXXV.
AVEC APPROBATION ET PERMISSION.

ボーマルシェ『セビーリャの理髪師』初版台本（パリ, 1775年）

第二の扉　ボーマルシェからロッシーニへの歩み

ボーマルシェの喜劇『セビーリャの理髪師』

　ボーマルシェ（Beaumarchais［本名ピエール＝オーギュスタン・カロン Pierre-Augustin Caron］, 1732-99）は、1732年1月24日に時計職人アンドレ・カロンの第7子としてパリのサン＝ドニ街で生まれた。21歳で時計職人として世に出て王室御用達の職人となり、1756年に大膳部官の未亡人と結婚して名前を貴族風のカロン・ド・ボーマルシェに改めると、妻の死後、文学と音楽の才能を活かして劇作家に転じた。

ボーマルシェ（1755年）

　『セビーリャの理髪師、または無益な用心（*Le Barbier de Séville ou la Précaution inutile*）』は、『ウジェニー（*Eugénie*）』（1767年）、『2人の友、またはリヨンの商人（*Les Deux Amis, ou le Négociant de Lyon*）』（1770年）に続くボーマルシェ3作目の喜劇で、初演は1775年2月23日、コメディ・フランセーズで行われた（会場はサル・デ・マシーン［Salle des machines］）。ボーマルシェは1772年にこれを唄入り芝居（オペラ・コミック）として書き下ろし、イタリア劇団（コメディ・イタリエンヌ）に持ち込んで上演を断られると喜劇用の台本に改作、翌1773年1月、コメディ・フランセーズの上演候補として受理された。しかし、作者の筆禍事件のため上演禁止となり、初演まで2年間お蔵入りを余儀なくされた後、新たな検閲官から上演許可を得る。ところが何の気まぐれか、ボーマルシェは初演直前に作品を4幕から5幕に改作し、1775年2月23日の初日に5幕版で上演して冗長と批判され、元の4幕版に戻して同月26日の再演で大成功を収めた。

　『セビーリャの理髪師』は5人の主要人物に複数の脇役と助演を交えた散文喜劇で、登場する女性はロジーヌただ一人である。次に、登場人物、時と場所、

あらすじを示し，続いて 4 幕決定版から場面ごとのあらましを記しておこう。

ボーマルシェ『セビーリャの理髪師』

登場人物

アルマビーバ伯爵 Le Comte Almaviva……スペインの大貴族。ロジーヌの未知の恋人。ランドール（Lindor）と名乗る

バルトロ Bartholo……医師。ロジーヌの後見人

ロジーヌ Rosine……貴族出身の若い娘。バルトロの養女

フィガロ Figaro……セビーリャの理髪師

ドン・バジール Don Bazile……オルガン弾き（僧衣をまとっている）。ロジーヌの歌の先生

ラ・ジュネス La Jeunesse……バルトロの老僕

＊ラ・ジュネスは「青春」「若者」を意味するが，ボーマルシェは正反対の老僕の役柄とする。

レヴェイエ L'Éveillé……バルトロの下僕。間抜けで寝ぼけた若者

＊レヴェイエは「利発者」や「目覚めている人」を意味するが，ボーマルシェは正反対の「間抜けで寝ぼけた」役柄とする。

他に，公証人，法官，警吏数名，下男たち

時と場所

時の指定なし。場所はスペインのセビーリャ。舞台は第 1 幕が街頭のロジーヌの窓の下。第 2 幕〜第 5 幕はバルトロの家の中。

あらすじ

　見初めた娘ロジーヌを追ってセビーリャに来たアルマビーバ伯爵は，旧知の理髪師フィガロと偶然再会し，恋の取り持ちを頼む。ランドールと名乗る青年（実は伯爵）の求愛の歌を耳にしたロジーヌは心をときめかせ，フィガロからその相手が自分と教えられる。バジールからアルマビーバ伯爵が町に来ていると教えられた後見人バルトロが明日中にロジーヌと結婚しようと考えていると，フィガロの勧めで酔っぱらいの兵士に扮した伯爵が現れ，騒ぎになる。いったん退散した伯爵はバジールの弟子アロンソと偽って再び現れるとロジーヌに歌の稽古をつけ，今夜迎えに来ると話す。だが，バルトロは入手したロジーヌの

42

手紙を証拠に彼女がアルマビーバ伯爵にだまされていると話し，ロジーヌはショックを受ける。だが，ロジーヌを迎えに来た伯爵は身分を明かし，彼女の誤解を解く。バルトロもロジーヌとの結婚を諦める。

構成

【第1幕】

第1景 **伯爵**：見栄や打算で寄ってくる女たちに飽きたアルマビーバ伯爵は，ロジーヌの後を追ってマドリードから400キロ離れたセビーリャに来ている。

第2景 **フィガロ／伯爵**：フィガロが詩を作りながら登場し，「当節は口にするにも当たらないことは，歌にして歌いのめすんだ」と語る。続いて旧知の伯爵との対話。

ヴァルトンによる第1幕の挿絵[1]

第3景 **バルトロ／ロジーヌ**：ロジーヌは喜劇《無益な用心》の歌詞を手にしている。バルトロが喜劇を軽蔑すると，ロジーヌは歌詞を2階から落とし，伯爵がこれを拾う。

第4景 **伯爵／フィガロ**：伯爵からロジーヌに恋した経緯を聞いたフィガロは，兵士に扮してバルトロの家に行くよう勧める。

第5景 **バルトロ**：バルトロがロジーヌを家から出さぬよう命じて外出する。そのやりとりを伯爵とフィガロが聞く。

第6景 **伯爵／フィガロ**：伯爵は，バルコニーに向けて3節からなる求愛の歌をギターの伴奏で歌う。

【第2幕】

第1景 **ロジーヌ**：ランドールに手紙を書く。

第2景 **ロジーヌ／フィガロ**：フィガロがロジーヌに，自分の親戚で貧乏なランドールがあなたに恋をしていると話す。

第3景 **ロジーヌ**：フィガロはいい人，とロジーナが喜ぶ。

第4景 **バルトロ／ロジーヌ**：フィガロが来たかとバルトロから詰問されたロジーヌは反抗的になり，自分の部屋でフィガロと話したと答える。

第5景　**バルトロ**：怒りながら下僕レヴェイエを呼ぶ。

第6景　**バルトロ／レヴェイエ**：バルトロは，あくびをするレヴェイエにフィガロが来たかどうか訊くが，埒があかない。

第7景　**前景の人物とラ・ジュネス**：バルトロは，くしゃみをするラ・ジュネスにも同じことを訊くが，要領を得ない。

ヴァルトンによる第2幕の挿絵

第8景　**バルトロ／ドン・バジール／フィガロ**：バジールはアルマビーバ伯爵がセビーリャに来ているとバルトロに教え，中傷するよう勧める。フィガロは隠れて彼らの話を聞く。

第9景　**フィガロ**：バジールの中傷に耳を貸す人はいない，とフィガロが独語する。

第10景　**ロジーヌ／フィガロ**：フィガロはロジーヌに，バルトロがあなたと明日中に結婚するつもりだと教える。

第11景　**バルトロ／ロジーヌ**：ロジーヌの指にインクがついているのを見たバルトロが，紙が一枚足りないと詰問する。

第12景　**伯爵／バルトロ／ロジーヌ**：酔っぱらいの兵士に変装した伯爵が現れ，ロジーヌに手紙を渡そうとする。

第13景　**伯爵／バルトロ**：伯爵はバルトロの人相書きを読みあげ，さんざん愚弄する。

第14景　**ロジーヌ／伯爵／バルトロ**：伯爵が宿泊許可証を示し，隙をみてロジーヌに手紙を渡そうとするので，バルトロと決闘騒ぎになる。

第15景　**バルトロ／ロジーヌ**：ロジーヌは伯爵の手紙を従兄からの手紙とすり替え，バルトロに謝罪させる。

第16景　**ロジーヌ**：ランドールの手紙を読み，喜びと不安を感じる。

【第3幕】

第1景　**バルトロ**：バジールとの話をなぜロジーヌが知っているのか，と不思議に思う。

第2景　**バルトロ／伯爵**：学生の服を着た伯爵がバジールの弟子アロンソと称して現れ，ロジーヌの手紙を見せて信用させる。

第3景　**伯爵**：隠れてロジーヌとバルトロの会話を聞こうと考える。

第二の扉　ボーマルシェからロッシーニへの歩み

- **第4景**　**伯爵／ロジーヌ／バルトロ**：ロジーヌはアロンソが変装したランドールであると気づき，《無益な用心》の歌の稽古と称してスペイン風のアリエットを歌う。
- **第5景**　**ロジーヌ／バルトロ／伯爵／フィガロ**：居眠りから目覚めたバルトロが古風な歌を歌い，フィガロがやって来る。バルトロは鍵を渡さず，自分で物を取りに行く。

ヴァルトンによる第3幕の挿絵

- **第6景**　**フィガロ／伯爵／ロジーヌ**：よろい戸の鍵を預かりそこなったと悔しがるフィガロに，ロジーヌが鍵の見分け方を教える。
- **第7景**　**バルトロ／フィガロ／伯爵／ロジーヌ**：バルトロが戻り，フィガロに鍵を渡して取りに行かせる。
- **第8景**　**バルトロ／伯爵／ロジーヌ**：大きな音を聞いたバルトロは，フィガロが上等な品を壊したな，と怒って出ていく。
- **第9景**　**伯爵／ロジーヌ**：伯爵は，今夜迎えにくる，とロジーヌに話す。
- **第10景**　**ロジーヌ／バルトロ／フィガロ／伯爵**：フィガロの弁解。
- **第11景**　**前景の人々／ドン・バジール**：突然バジールが現れ，伯爵たちが慌てる。伯爵は彼に財布を握らせ，病人に仕立てて退散させる。
- **第12景**　**バジールを除く前景の人々**：伯爵は，よろい戸の鍵を手に入れたので真夜中に迎えにくる，とロジーヌに囁く。フィガロが眼に何か入ったと言い，バルトロの気をそらす。
- **第13景**　**バルトロ／フィガロ／伯爵**：フィガロと伯爵が去る。
- **第14景**　**バルトロ**：ことの次第を説明できるのはバジールだけだ，とバルトロは混乱する。

――　**暗転し，嵐の音が聞こえ，オーケストラが音楽を演奏する。**

【第4幕】

- **第1景**　**バルトロ／ドン・バジール**：バジールからアロンソを知らないと言われたバルトロは，ロジーヌの手紙を利用して先手を打つべく，公証人を呼ばせる。
- **第2景**　**ロジーヌ**：真夜中なのにランドールが来ない，と不安になる。

第3景　**ロジーヌ／バルトロ**：バルトロはロジーヌの手紙を彼女に見せ，アルマビーバ伯爵にだまされていると言う。ショックを受けたロジーヌはバルトロとの結婚を決意する。

第4景　**ロジーヌ**：絶望するロジーヌ。

第5景　**伯爵／フィガロ**：伯爵とフィガロが窓からロジーヌの部屋に入る。

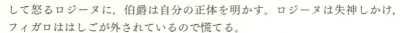

ヴァルトンによる第4幕の挿絵

第6景　**伯爵／ロジーヌ／フィガロ**：手紙を示して怒るロジーヌに，伯爵は自分の正体を明かす。ロジーヌは失神しかけ，フィガロははしごが外されているので慌てる。

第7景　**公証人／ドン・バジール／前景の人々**：公証人とバジールが来る。伯爵はバジールを買収して結婚契約の証人にする。

第8景　**バルトロ／法官／数人の警吏／下男たち／前景の人々**：法官の前で伯爵とロジーヌの結婚が認められ，バルトロもロジーヌを諦める。

パイジエッロまでのオペラ化

　ボーマルシェの『セビーリャの理髪師』は人気を博し，ヨーロッパ各国に流布した。オペラ化もただちになされ，初演翌年にはゲオルク・ベンダの息子フリートリヒ・ルートヴィヒ・ベンダ（Friedrich Ludwig Benda, 1752-92）作曲の4幕のコミシュ・オパー《セビーリャの理髪師，または無益な用心（*Der Barbier von Sevilla oder Die vergebliche vorsicht*）》が現れた。台本はグ

ベンダ《セビーリャの理髪師》
ピアノ伴奏譜（1779年）

スタフ・フリートリヒ・ヴィルヘルム・グロスマン（Gustav Friedrich Wilhelm Grossmann, 1746c-96）によるドイツ語訳で，1776年5月7日，ライプツィヒのランスシュテーター・トーアで初演された[2]。序曲と嵐の音楽，13の歌唱ナンバーから成るこの作品は，アーベル・ザイラー（Abel Seyler, 1730-1801）率いる一座の演目としてドイツ圏で流布した（ドレスデン，ゴータ，フランクフルトでの上演例があり，1779年ライプツィヒでピアノ伴奏譜も

第二の扉　ボーマルシェからロッシーニへの歩み

出版）。

　ベンダ作品の初演から5カ月後の1776年10月2日，ベルリーンにてヨーハン・アンドレ（Johann André, 1741-99）がグロスマンのドイツ語訳に作曲した2幕の唄入り喜劇《セビーリャの理髪師，または無益な用心（*Der Barbier von Sevilien oder Die unnütze Vorsicht*）》，翌1777年8月31日にサミュエル・アーノルド（Samuel Arnold, 1740-1802）作曲のバラード・オペラ《スペインの理髪師（*The Spanish Barber*）》がロンドンのヒズ・マジェスティーズ劇場で初演された（台本はジョージ・コールマン［George Colman, 1732-94］がボーマルシェの原作を基に作成）[3]。他にも1783年ズルツバッハ初演のヨーハン・クリスティアン・ツァヒャリアス・エルスベルガー（Johann Christian Zacharias Elsberger, 1736-90）作曲の4幕のジングシュピール《セビーリャの理髪師（*Der Barbier von Sevilla*）》，1786年ラインスベルク初演のヨハン・アブラハム・ペーター・シュルツ（Johann Abraham Peter Schulz, 1747-1800）作曲《セビーリャの理髪師（*Barbier von Sevilla* または *Le Barbier de Séville*）》が挙げられる[4]。

　この中で最も流布したのはベンダ［息子］の作品であるが，最初のイタリア・オペラ化となるジョヴァンニ・パイジエッロ（Giovanni Paisiello, 1740-1816）作曲の4幕のドランマ・ジョコーゾ・ペル・ムジカ《セビーリャの理髪師，または無益な用心（*Il barbiere di Siviglia, ovvero La precauzione inutile*）》に影響を与えたとは考え難い。その台本は不詳の人物によって作成され（ジュゼッペ・ペトロゼッリーニとする従来説は，近年の研究で否定された）[5]，初演は1782年9月26日（ロシアの旧暦では15日），サンクト・ペテルブルクのエルミタージュ宮廷劇場で行われた。

　パイジエッロは1740年ターラント近郊ロッカフォルツァータに生まれ，1754年から63年まで10年間ナポリのサン・トノーフリオ・ア・カプアーナ音楽院で学び，最初の歌劇を1764

パイジエッロ（1791年）

パイジエッロ
《セビーリャの理髪師》初版台本

47

年ボローニャで発表した。1766 年からの 11 年間は彼の第一次ナポリ時代に相当し、40 にのぼるオペラが生み出された。その 6 割はナポリ、残りはローマ、ミラーノ、ヴェネツィアなどで初演されており、この期間の重要作品に、《中国の偶像（*L'idolo cinese*）》（1767 年）、《決闘（*Il duello*）》《フラスカーティの女（*La frascatana*）》（共に 1774 年）、《ソクラーテ気取り［空想のソクラテス］*Socrate immaginario*）》（1775 年）、《二人の伯爵夫人（*Le due contesse*）》（1776 年）がある。

　1782 年にロシアで初演された《セビーリャの理髪師》は、翌年 8 月から約 5 年間にヴィーン宮廷劇場で 61 回上演され、イタリアでは 1783 年 11 月 22 日のカゼルタ王宮劇場を皮切りに流布し、ミラーノのスカラ座では 1786 年、88 年、97 年、1800 年と 1811 年に上演されている。次に、パイジエッロとロッシーニ両作品の構成を比較しておこう。

パイジエッロからロッシーニへ

　パイジエッロ《セビーリャの理髪師》は不詳の作家がボーマルシェの原作をイタリア語に訳して台本を作成し、登場人物の増減はなく、合唱も使われない。シェーナ（景）ごとの人物と内容も第 2 幕を除いて原作とほぼ一致するが、原作の長い独白や対話を大幅に削り、ボーマルシェならではの社会風刺――貴族、裁判、文壇、風俗に対する批判的言辞や揶揄――が失われている。

　パイジエッロ作品の登場人物と役柄を示し、ボーマルシェ原作とパイジエッロ作品のシェーナ、ロッシーニの楽曲構成を一覧表にまとめおこう。

パイジエッロ《セビーリャの理髪師》

登場人物

ロジーナ Rosina（ソプラノ）……孤児、バルトロの被後見人。リンドーロの恋人

バルトロ Bartolo（バス）……医師。ロジーヌの後見人で、彼女に執着して恋している

アルマビーバ伯爵 Il comte d'Almaviva（テノール）……リンドーロと名乗るスペインの大貴族。ロジーナの恋人

ドン・バジーリオ Don Basilio（バス）……ロジーナに音楽を教えるオルガニスト。バルトロの友人で相談相手

フィガロ Figaro（バリトン）……セビーリャの理髪師

第二の扉　ボーマルシェからロッシーニへの歩み

ジョヴィネット Giovinetto（テノール）……バルトロの老僕
ズヴェリアート Lo Svegliato（バス）……間抜けな若者。バルトロの召使
他に, 市長 un alcade（テノール）, 公証人 un notaro（バス）, 警吏と下男たち（黙役）
＊ 人物名はボーマルシェ原作のイタリア語化だが, 役柄に若干の異同がある。

　次の一覧表から, パイジエッロの台本作家が原作の区分をほぼ踏襲したことが判る。初版台本に「フランス語から自由に翻訳した（tradotto liberamente dal francese）」と明記され, 歌詞は原作から骨子を抽出して再構成し, 台詞のレチタティーヴォ・セッコへの置き換えは劇の繋ぎとして極端に縮約されている。後にパイジエッロは1787年ナポリのフィオレンティーニ劇場の上演に際して改作し, アリアの追加やフィナーレの差し替えを行った[6]。

　パイジエッロとロッシーニの間のオペラ化に, 1794年フィラデルフィアで初演されたアレクサンダー・ロバート・ライナグル（Alexander Robert Reinagle, 1756-1809）作曲《スペインの理髪師, または無益な用心（*The Spanish Barber, or The Fruitless Precaution*)》, 1796年頃マルタ島で初演されたニコロ［またはニコラ］・イズアール（Nicolò［Nicolas］Isouard, 1773-1818）作曲《セビーリャの理髪師（*Il barbiere di Siviglia*)》があるが, ロッシーニと台本作家ステルビーニが知っていたのはパイジエッロ作品のみで, 劇の構成や運びを自由に変更している。

ボーマルシェ劇とパイジェッロ作品の区分とロッシーニ作品の楽曲対照表

原作	パイジエッロ	ロッシーニ《セビーリャの理髪師》の楽曲
【第1幕】	【第1幕】	【第1幕】
第1景	第1景	N.1 導入曲
第2景	第2景	N.2 フィガロのカヴァティーナ
第3景	第3景	（N.2 の後のレチタティーヴォ）
第4景	第4景	［⇒ N.4］
第5景	第5景	（N.2 の後のレチタティーヴォ）
第6景	第6景	N.3 カンツォーネ〜 N.4 フィガロと伯爵の二重唱
【第2幕】	【第2幕】	
第1景	第1景	（N.5 ロジーナの演技）
第2景	第2景	N.7 ロジーナとフィガロの二重唱
第3景	無	

49

第 4 景	→ 第 3 景	
第 5 景	→ 第 4 景	（N.5 の後のレチタティーヴォ）
第 6 景	→ 第 5 景	（途中まで）
第 7 景	→ 第 6 景	
第 8 景	→ 第 7 景	N.6 バジーリオのアリア
第 9 景	無	（N.6 の後のレチタティーヴォ）
第 10 景	→ 第 8 景	
第 11 景	→ 第 9 景	（N.7 の後のレチタティーヴォ）
第 12 景	→ 第 10 景	
第 13 景	無	N.9 第 1 幕 フィナーレ（前半部のみ）
第 14 景	［第 10 景 の続き］	
第 15 景	→ 第 11 景	無
第 16 景	→ 第 12 景	無
【第 3 幕】	【第 3 幕】	【第 2 幕】
第 1 景	第 1 景	（冒頭のレチタティーヴォ）
第 2 景	第 2 景	N.10 伯爵とバルトロの二重唱
第 3 景	第 3 景	（N.10 の後のレチタティーヴォ）
第 4 景	第 4 景〜	N.11 ロジーナのアリア
第 5 景	〜 第 5 景	N.12 バルトロのアリエッタ〜（N.12 の後のレチタティーヴォ）
第 6 景	第 6 景	
第 7 景	第 7 景	
第 8 景	第 8 景	（前記レチタティーヴォの続き）
第 9 景	第 9 景	
第 10 景	第 10 景	
第 11 景	第 11 景	N.13 五重唱
第 12 景		
第 13 景	第 12 景	無
第 14 景		無
嵐の間奏曲	シンフォニーア	N.15 嵐の音楽
【第 4 幕】	【第 4 幕】	（N.14 の後のレチタティーヴォ）
第 1 景	第 1 景	無
第 2 景	第 2 景	（N.14 の後のレチタティーヴォ）
第 3 景	第 3 景	N.14bis フォドール夫人のための追加アリア
第 4 景	第 4 景	（N.15 の後のレチタティーヴォ）

第5景	第5景	レチタティーヴォの続き～ N.16 三重唱
第6景	第6景	（N.16 の後のレチタティーヴォ）
第7景	第7景～	N.17 レチタティーヴォと伯爵のアリア～ N.17 の
第8景	～第8景	後のレチタティーヴォ

* 原作／パイジエッロに対応しないロッシーニの楽曲は，N.5 ロジーナのカヴァティーナ，
N.8 バルトロのアリア，第 1 幕フィナーレ後半部，N.14 ベルタのアリア，N.18 小フィナー
レ

ロッシーニ作品における劇の構成と音楽の変更

　パイジエッロ《セビーリャの理髪師》の楽曲は，エカチェリーナ 2 世が短
いアリアとアンサンブルを好んだことに配慮して初演版のアリアに単一形式を
採用し，アンサンブルも比較的シンプルで合唱を用いない。これに対し，ロッ
シーニの時代には合唱の使用や劇の冒頭アンサンブル，第 1 幕フィナーレに
おける大規模なアンサンブルが不可欠であった。ロッシーニとステルビーニは
台本制作に先立ち劇と音楽の構成を協議し，ステルビーニはその結果を誓約書
の形で次のように文書化している（1816 年 1 月 17 日付）[7]。

ステルビーニがロッシーニと合意して作成した誓約書

= 第 1 幕 =

導入曲

シェーナ I ：= テノール［の］セレナータと合唱付きのカヴァティーナと導入曲

シェーナ II ：フィガロ［の］カヴァティーナ　~~性格の三重唱~~［抹消］

　　　　　　テノールのカヴァティーナ

　　　　　　［プリマ・］ドンナのもう一つの［カヴァティーナ］

　　　　　　［プリマ・］ドンナとフィガロの二重唱 = シェーナで = フィガロが［プ
　　　　　　リマ・］ドンナに伯爵の愛を説明する

　　　フィガロと伯爵の大二重唱

　　　　　　ヴィタレッリ［の］アリア（* ヴィタレッリはバジーリオ役の歌手）

　　　　　　ペルティキーノを伴う後見人［の］アリア

　　　　　　大シェーナとかなりふざけたフィナーレ

= 第 2 幕 =

音楽教師に変装したテノールが［プリマ・］ドンナにレッスンし，ここで同じシー

ンのまま同人のアリアとなる

セ［コン］ダ・ドンナ［の］アリア

四重唱。四重唱の主題。フィガロは後見人の髭をそる準備をし，~~この時に~~［抹消］
　　その間に伯爵が［プリマ・］ドンナと愛の戯れをする。後見人は［バジーリオを］病
　　気と信じ，去らせる

フィガロ，［プリマ・］ドンナ，テノール［の］三重唱

テノールの大アリア

小フィナーレ

　　私は下記のとおり約束し，上記の如くセビーリャの理髪師の台本を改作し，第 1
幕を 8 日以内，そして第 2 幕を本日から 12 ~~15~~［抹消して余白に 12 と追加］日以内
に書き上げ，さらにマエストロと上演の稽古を補佐し，必要に応じて幾ばくか変更
を施し，最大限に劇に役立てる義務を負います。ローマ，1816 年 1 月 17 日
　　　　　　　　　　　　　　　　　　　　　　　　　　　　　　C. ステルビーニ

　　この構成案は完成版に近い内容を持つものの，第 1 幕は二つの二重唱の配
置が完成版と異なり，第 2 幕は五重唱ではなく四重唱とされ，アリアの配置
にも違いがある。実は，時期は不明ながらステルビーニの記した新たな構成プ
ランが現存し[8]，最初の合意からほどなく構成の変更が必要になり，第 1 幕ロ
ジーナとフィガロの二重唱をバジーリオのアリアの後，フィガロと伯爵の二重
唱をロジーナのカヴァティーナの前に移したことが判る（下の新たな構成表参照）。

新たな構成表（日付なし）	
第 1 幕	**第 2 幕**
導入曲	
― カヴァティーナ　テノール	― 二重唱　テノールとボッティチェッリ
カヴァティーナ　フィガロ	― アリア［プリマ・］ドンナ
― カンツォネッタ　テノール	― 五重唱
― 二重唱　テノールとフィガロ	― アリア　セコンダ・ドンナ
― カヴァティーナ　プリマ・ドンナ	― 嵐
― アリア　バジーリオ	― 三重唱
― 二重唱［プリマ・］ドンナとフィガロ	― アリア　テノール
― アリア　ボッティチェッリ	― フィナーレ
― フィナーレ	

第二の扉　ボーマルシェからロッシーニへの歩み

　第2幕も四重唱を五重唱に変え，ベルタのアリアと順序を入れ替えている。五重唱への変更は誓約書に誤記した四重唱の訂正と判断しうるので，劇の進行に関する新たな変更は，二つの二重唱の配置を原作どおりの順序に戻し，ベルタのアリアをアンサンブルの後に移すにとどまっている。

　その結果，パイジエッロ作品とロッシーニ作品の異同は，楽曲の配置，アリア，合唱，アンサンブルの追加に限定される。これはロッシーニ時代のオペラ・ブッファの定型や上演慣習の反映でもあり，原作劇との本質的な違いもこれに起因する。次にこの点を説明しておこう。

合唱付きアンサンブルの採用

　19世紀初頭のオペラ・ブッファでは，導入曲［introduzione］がドラマ冒頭の場面設定として機能し，ロッシーニは合唱を伴う大規模な形式を早くから採用している。初期の典型的形式は《アルジェのイタリア女》導入曲で，「冒頭合唱（副次的人物含む）」～「ムスタファ登場のソロ」～「経過部」～「合唱を伴うアンサンブルのストレッタ」からなる。

　《セビーリャの理髪師》の場合も同時代の約束事に沿って決められ，ボーマルシェ原作とパイジエッロ作品における伯爵一人の独白はありえない選択であった。これがロッシーニの要求であることは，ステルビーニが初版台本の緒言に，自分はロッシーニから《セビーリャの理髪師》を「新たにすべて韻文化」して「楽曲のさまざまなシチュエーションを追加」し，「名高いパイジエッロが彼の音楽を書いた時代から大きく変わった現代の劇の趣味」に合わせるよう求められたと述べ，原作との顕著な違いに「現代の習慣が欲する」「大きな劇場での音楽的効果に不可欠な」合唱の存在を挙げたことでも判る。かくしてバルトロと決闘騒ぎになった伯爵が追い出される原作とは異なる，合唱付きの大規模な第1幕フィナーレが誕生する。これは次の六つのテンポからなる。

　　①マルツィアーレ，ハ長調，4分の4拍子（1-211小節）……酔っぱらいの兵士［伯爵］の登場で始まる三重唱。原作にいないベルタとバジーリオも加わり，五重唱となる。
　　②アレグロ，ホ長調，4分の3拍子（212-358小節）……フィガロが現れ，六重唱となる。

53

③モデラート～ヴィヴァーチェ，ハ長調，4分の4拍子（359-402小節）
……兵士の合唱が加わり，士官と伯爵の短いやりとりで状況が一変する。
④アンダンテ，ホ長調，8分の12拍子（403-434小節）……酔っぱらいの
兵士に士官が敬礼したことへの驚きが，カノンで表現される。
⑤アレグロ，ハ長調，4分の4拍子（435-457小節）……バルトロが抗弁し
ようとし，皆から「黙れ！」と怒られる経過部。
⑥ヴィヴァーチェ（同前。458-685小節）……6人がユニゾンとオクターヴ
で同じ旋律を歌い出す，男声合唱も交えた狂騒的ストレッタの終結部。

　685小節に及ぶこの第1幕フィナーレでパイジエッロ作品と対応するのは，
最初の三重唱の一部のみである。パイジエッロは兵士に変装した伯爵の登場を
レチタティーヴォ・セッコで処理し，アンサンブルは伯爵とロジーナのやりと
りにバルトロが関与する三重唱のみとし，ロジーナのカヴァティーナ〈正しき
神様はご存知です（*Giusto ciel che conoscete*）〉で幕を下ろす。これに対しロッシー
ニは伯爵の登場でフィナーレを開始し，バルトロとの二重唱の途中でロジーナ
が現れ三重唱となり，ベルタとバジーリオを交えて五重唱に発展する。原作と
の関連もここまでで，フィガロの登場以降はすべてロッシーニ／ステルビーニ
の創作となっている。
　ロッシーニの音楽の独創性もフィナーレの随所に発揮され，冒頭の行進曲
［Marziale］に酔っぱらいの千鳥足をトリルで表し，そのずっこけた音型はドニ
ゼッティにも影響を与えている（例，《愛の妙薬》ベルコーレ登場の音楽。これに先
立ち《グラナダのアラホール》の行進曲でも同様の音型を使用）。五重唱には，バジー
リオが音楽教師らしく歌詞ではなく音名のみを，「ソ・ソ・ソ・ソ…ド・レ・
ミ・ファ・レ・ソ・ミ・ラ・ファ・シ・ソ・ド」と歌う部分もある。兵士たち
が現れ，6人が早口で弁解するパルランテのアンサンブル（前記③，ヴィヴァー
チェ）も，無伴奏の部分を含めて天才的な着想と言える。
　続く驚きのカノン「冷たく，動かない，まるで影像のよう（*Fredda ed immobile
come una statua*）」もユニークな音楽で，フィガロによる嘲笑のフレーズ「見てご
覧，ドン・バルトロを！（*Guarda Don Bartolo!*）」が辛辣な性格を際立たせる。6
人がユニゾンとオクターヴで歌い始めるストレッタはアンサンブルによる狂騒
表現の極致で，打楽器を交えたオーケストレイションのモダニズムも特筆に値
する。
　これに対し，第2幕の小フィナーレは合唱を伴う全員参加の華やかなアン

第二の扉　ボーマルシェからロッシーニへの歩み

サンブルで，ヴォードヴィル風の形式は《シジスモンド》（1814年）第2幕フ
ィナーレでも使われる。こうした合唱を伴うアンサンブルの導入曲，第1幕
と第2幕のフィナーレはロッシーニ以前の作曲家も採用しているが，ロッシ
ーニによる定型化が規範となって初期ロマン派に引き継がれることになる。

ロジーナ，バルトロ，ベルタのアリアの追加

　パイジエッロ作品には無い，ロジーナ，バルトロ，ベルタのアリアの追加に
も，ロッシーニの創意が見て取れる。

　ボーマルシェ原作のヒロイン登場は第1幕第3景，2階のよろい戸から顔
を出したロジーヌの台詞，「まあ，そとの空気はなんて気持ちがいいんでしょ
う！……この鎧戸はめったに開けてもらえないんですもの……」で始まり，隣
にいるバルトロの「手にしているその紙切れは何だ？」の問いに，「これは昨
日歌の先生が下さった《無益の用心》の歌詞ですわ」と答える[9]。パイジエッ
ロは原作に沿ってこれを二重唱としたが，二つのテンポに分け，最初にロジー
ナが窓から顔を出してフルートのオブリガートを持つ8分の3拍子，アンダ
ンティーノの実質的カヴァティーナ「天のおかげね（Lode al Ciel）」を歌い，続
いて窓に現れたバルトロが4分の3拍子，アレグロ・ノン・タントで「紙が1
枚？ それは何だ？（Una carta? Cos'è quella?）」と尋ねて二重唱となる。

　これに対しロッシーニはヒロイン登場のカヴァティーナ〈今しがた一つの声
が［今の歌声］〉（**N.5**）を独立して設け，ボーマルシェとパイジエッロとは異な
る機能──自己紹介を兼ねた登場の歌──を与え，配置も原作の第6景（第1
幕最終景に該当）の後に移した。これにより伯爵のカンツォーネ〈もしも私の名
を知りたければ〉（**N.3**）を耳にした胸のときめきで歌が始まり，カバレッタで
彼女のしたたかな性格を表す効果的な楽曲が誕生したのである。

　バルトロのアリア〈わしのような医者に向かって〉（**N.8**）は，原作第2幕第
11景バルトロの最後の台詞から怒りの感情を強調して作られている。パイジ
エッロのアリア〈本当にわしが間違っていた（Veramente ho torto）〉が原作どおり
ロジーナを疑ったことを詫びる歌詞と怒りを表す歌詞が同じ音楽であるのに対
し，ロッシーニは居丈高に叱りつける調子で開始し，後半部に早口言葉を駆使
してブッフォ・パルランテの特質を最大限に活かしている。

　ベルタのアリア〈年寄りは妻を求め〉（**N.14**）はボーマルシェとパイジエッ
ロに存在しない設定の追加曲で，劇と無縁に挿入するシャーベット・アリア

55

(aria del sorbetto)に該当する。その旋律に装飾的パッセージが無い点も異例で，近年の研究でロシアの民衆歌を借用した可能性が指摘されている（第四の扉「パッチワークとしての作曲法とその特殊性」参照）。

楽器編成も 18 世紀とは異なり，パイジエッロ作品の編成（2 フルート，2 オーボエ，2 クラリネット，2 ファゴット，2 ホルン，弦楽 5 部）にないピッコロ，トランペット，打楽器群を用い，チェロとコントラバスのパートも分けられている（パイジエッロはバッソ［低弦］として一括）。レチタティーヴォ・セッコの伴奏も 18 世紀にはチェンバロが使われたが，ロッシーニの時代には基本的にフォルテピアノがチェロとコントラバスを伴って伴奏し，歌のレッスンの場の前奏にもロッシーニ自筆で「ピアノフォルテ」と書かれている[10]。

以上，ボーマルシェの原作やパイジエッロ作品との違いを明らかにしたが，重要なのはロッシーニとステルビーニがパイジエッロの前例を旧時代の趣味として意識的にしりぞけた点にある。その結果，合唱を伴う大規模なアンサンブルを要所に取り入れた，才気に富むオペラ・ブッファの傑作が誕生したのである。そこには劇場の慣習や観客の趣味，ロッシーニ自身の定型的形式も影を落としているが，音楽の独創性も際立っている。ステルビーニの台本も原作の着想を巧みに織り込みつつ，市民階級の活力や自意識に普遍的な性格を付与している。

本章の締め括りに，ロッシーニ後のオペラ化について記しておこう。

その後のオペラ化

ロッシーニ作品の初演（1816 年 2 月 20 日）から 2 カ月後の 1816 年 4 月 27 日，フランチェスコ・モルラッキ（Francesco Morlacchi, 1784-1841）作曲の 4 幕のドランマ・ジョコーゾ《セビーリャの理髪師（*Il barbiere di Siviglia*）》がドレスデンの宮廷劇場で初演された。1815 年 1 月 29 日に作曲を開始し，翌 16 年 4 月 18 日に完成されたこの作品はパイジエッロの台本に若干手を加えて使用し，レチタティーヴォ・セッコの大半がパイジエッロ作品から借用されている。モルラッキは才能豊かな作曲家であるが，彼の《セビーリャの理髪師》は「我々の

モルラッキの肖像

時代の趣味に沿って書かれているものの」「少しばかり古めかしいところがある」と評された（ライプツィヒの『総合音楽新聞（*Allgemeine Musikalische Zeitung*）』1816年6月5日号）[11]。

イギリスでは，1818年3月10日のロッシーニ《セビーリャの理髪師》ロンドン初演から7カ月後の10月13日コヴェント・ガーデン劇場にて，ヘンリー・R. ビショップ（Henry R［owley］Bishop, 1786-1855）が改作した3幕の英語版コミック・オペラ《セビーリャの理髪師（*The Barber of Seville*）》が初演された。これはロッシーニとパイジエッロの

ビショップの肖像

楽曲にビショップ自身のナンバーを加えたパスティッチョ（混成作品）で，台本はジョン・フォーセット（John Fawcett, 1768-1837）とダニエル・テリー（Daniel Terry, 1780?-1829）が作成した。ビショップはパイジエッロ《市の日のジプシーたち（*Zingari in fiera*）》の楽曲も取り入れ，ロッシーニの原曲は，導入曲，伯爵とフィガロの二重唱，ロジーナのカヴァティーナ（ヘ長調に移調），第1幕フィナーレ，三重唱，小フィナーレの合計6曲が使われている。1824年7月3日には，ロッシーニ，モーツァルト，フィオラヴァンティ他の楽曲を使った英語版《セビーリャの理髪師（*The Barber of Seville*）》もロンドンで上演されたが，編作者は不明である。

その後の新作は，ロッシーニが亡くなる2日前の1868年11月11日にボローニャのコムナーレ劇場で初演されたコスタンティーノ・ダッラルジネ（Costantino Dall'Argine, 1842-77）作曲《セビーリャの理髪師（*Il barbiere di Siviglia*）》が最初である。ダッラルジネは事前にロッシーニの許可を得てステルビーニ台本を使用したが，初演は成功せず，数回でお蔵入りとなった[12]。続いて同じステルビーニ台本を用い，「不滅のロッシーニ作品の精神，性格と色調に合致した習作」と副題したアキッレ・グラッフィーニャ（Achille Graffigna, 1816-96）作曲《セビーリャの理髪師（*Il barbiere di Siviglia*）》が1879年5月17日パドヴァのコンコルディ劇場で初演され，みじめな失敗に終わった。

20世紀になると，1922年10月11日トリーノのバルボ劇場でレオポルド・カッソーネ（Leopoldo Cassone, 1878-1935）作曲，ジョヴァンニ・ドロヴェッティ（Giovanni Drovetti, 1879-1958）台本の3幕オペラ《セビーリャの理髪師（*Il barbiere di Siviglia*）》が初演されている。カッソーネはこれをロッシーニよりも優れた作

品と吹聴したが，酷評されて消えた。2年後の1924年6月10日にはジェノ
ヴァ近郊セストリ・ポネンテのヴェルディ劇場で新人作曲家アルベルト・ト
ラッツァ（Alberto Torazza,?-?）の2幕のオペラ《セビーリャの理髪師（*Il barbiere di
Siviglia*)》が初演され，失敗を喫している（ステルビーニ台本を使用）。

　以上がロッシーニ後のオペラ化のすべてであるが[13]，ロッシーニを凌駕する
名作が一つも無いことはあらためて言うまでもない。

註

1　1884年頃パリのA.カンタン社から出版された『セビーリャの理髪師』のヴァルトン
　　（Valton）による挿絵（Paris, Chez A.Quantin, c.1884.）。筆者所蔵本より複製。

2　Franz Stieger, *Opernlexikon I*., Tutzing, Hans Schneider, 1975. が初演を1776年8月ドレス
　　デンとするのは誤り。

3　Claudio Casini, *Iterazione circolarità e metacronia nel Barbiere di Siviglia*., Bollettino del
　　Centro Rossiniani di Studi., Pesaro, Fondazione G.Rossini, Anno 1974, numero 2-3., pp.37-
　　100., p.37, n.2 及び Stieger, op.cit., p.143.

4　他にも作者不詳のジングシュピールが1776年に初演されているが，詳細不明につき除
　　外する。なお，1783年2月23日ヴィーン初演のヨーゼフ・ヴァイグル作《無益な用
　　心（*Die unnütze Vorsicht*)》を挙げる文献もあるが，ボーマルシェを原作としない。

5　パイジエッロ《セビーリャの理髪師》に関する新情報はフランチェスコ・パオロ・ルッソ
　　校訂の批判校訂版を参照されたい（Giovanni Paisiello, *Il barbiere di Siviglia*, edizione critica
　　a cura di Francesco Paolo Russo., Laaber, Laaber-Verlag, 2001.）。

6　変更の詳細は，前記の批判校訂版及びヴェネツィアのフェニーチェ劇場2004年上演のプ
　　ログラムを参照されたい（批判校訂版に基づく台本もプログラムに掲載）。ネット版あり
　　（http://www.teatrolafenice.it/media/libretti/43_2977barbiere_gp.pdf）。

7　ニューヨークのピアポント・モーガン図書館（Pierpont Morgan Library）所蔵。写真複製
　　は *Bollettino del centro rossiniano di studi, anno XLVIII*., Pesaro, Fondazione G. Rossini, 2008,
　　p.80. に掲載。

8　同じくピアポント・モーガン図書館所蔵。写真複製は同前 p.81. に掲載。

9　以下，原作の日本語は小場瀬卓三訳『セビーリャの理髪師』（『マリヴォー／ボーマルシェ
　　名作集』白水社，1977年所収）より引用。

10　19世紀のイタリアではチェンバロの語がドイツ語のクラヴィーアと同義に鍵盤楽器を指
　　して用いられ，マエストロ・アル・チェンバロの職名も使われたが，実際に使われたのは
　　フォルテピアノである。

11　モルラッキ《セビーリャの理髪師》CD解説 p.5. (Bongiovanni GB 2085/86-2., 1990.）。

第二の扉　ボーマルシェからロッシーニへの歩み

詳細は日本ロッシーニ協会ホームページ掲載の拙稿「フランチェスコ・モルラッキ《セビ
ーリャの理髪師》」を参照されたい。http://societarossiniana.jp/Morlacchi.pdf
12　Giuseppe Radiciotti, *Gioachino Rossini: Il barbiere di Siviglia.*, Milano, Bottega di poesia,
1923., pp.74-75.
13　1901年マドリード初演のヘロニモ・ヒメネスほか共作のサルスエラ《セビーリャの理髪
師（*El barbero de Sevilla*）》を挙げる文献もあるが，ボーマルシェを原作としない。

59

第三の扉
《セビーリャの理髪師》を生んだ劇場，検閲，歌手

アルジェンティーナ劇場の舞台（1747年）

第三の扉 《セビーリャの理髪師》を生んだ劇場，検閲，歌手

　国家統一が果たされる 1860 年代初頭までのイタリア・オペラは，初演する都市，劇場，検閲，歌手，観客の趣味や社会環境と深く結びつき，これと無縁に作曲家と台本作家の理想を作品に結実させるのは不可能だった。ロッシーニ《セビーリャの理髪師》も例外ではなく，仮に 20 年早く同じローマで作曲されていれば，ロジーナ役とベルタ役は女装した男性歌手によって演じられたはずである（後述するように，ローマでは 1798 年まで女性の舞台出演が禁じられていた）。このオペラでアルマヴィーヴァ伯爵が主役とされたのも，初演歌手の格の高さが関係する。本章では，《セビーリャの理髪師》が誕生した都市と劇場，作品の性格を決定づけた初演歌手について明らかにしたい。

19 世紀初頭までのローマの劇場

　1598 年にフィレンツェで宮廷演劇として誕生したオペラはエミーリオ・デ・カヴァリエーリによってローマにもたらされ，1600 年 2 月，宗教寓意劇《魂と肉体の劇》が初演された。1620 年には世俗的題材による最初のローマ歌劇，フィリッポ・ヴィターリ作曲《アレトゥーザ》がコルシーニ枢機卿の私邸で初演され，教皇ウルバヌス 8 世を出したバルベリーニ家がクワトロ・フォンターネ通りの宮殿（現在の国立絵画館）に 3000 人を収容する劇場を建設し，本格的なオペラ上演が始まった（1632 年開場）[1]。

　だが，教皇を頂点とする教皇国家では宗教上の理由で女性の舞台出演が禁じられ，男性歌手やカストラート（去勢した男性歌手）が女装して女性役を務めた。ローマ初の商業オペラハウス，トルディノーナ劇場（Teatro Tordinona）は 1671 年に開場したが，これを不道徳の温床と批判する教皇インノケンティウス 12 世（在位 1691-1700）は 1697 年に取り壊しを命じ，2 年後にはローマのすべての劇場が閉鎖された。

　それゆえ 18 世紀のローマ・オペラは，貴族の私設劇場で発達を遂げる。

63

1679年にオペラの上演を始めて1699年に教皇の命令で閉鎖され，1711年に再開場したカプラーニカ劇場（Teatro Capranica）がその先駆けで，1726年から貴婦人たちの劇場（Teatro delle Dame）と称された。1727年にカプラーニカ家の第二劇場としてヴァッレ劇場（Teatro Valle），1732年にチェザリーニ家の私設劇場としてアルジェンティーナ劇場（Teatro Argentina）が開場した。1733年には教皇クレメンス12世の命により国費でトルディノーナ劇場が再建され，1781年に焼失すると1795年に再建されアポッロ劇場（Teatro Apollo）となった。

　以上四つの劇場は19世紀半ばまで存続したが，その間1798年2月にフランス軍がローマを占領してローマ共和国が誕生し，カストラートが追放されて女性の舞台出演が可能になった。1800年にはオーストリア軍による占領で教皇国家が復活したが，1808年2月にフランス軍が教皇領を再占領し，翌年5月に教皇権廃止を宣言してフランス帝国に合併され，ローマはフランス帝国第二の首都となった。

　1814年5月まで5年間続いたこのフランス帝国時代に，モーツァルト《ドン・ジョヴァンニ》が1811年6月11日ヴァッレ劇場，ハイドンのオラトリオ《天地創造》（イタリア語版）が1812年2月23日ルッフィーニ家の宮殿でローマ初演され，巡業一座によるロッシーニの習作《デメートリオとポリービオ》の初演も行われた（1812年5月18日ヴァッレ劇場）。ロッシーニは上演に関与しなかったが，これを機にローマの興業師から新作を求められた。《セビーリャの理髪師》成立の経緯は第一の扉「ロッシーニの歌劇《セビーリャの理髪師》」に記したので省略し，本作が初演されたアルジェンティーナ劇場とローマの劇場検閲から話を始めよう。

アルジェンティーナ劇場とローマの劇場検閲

　アルジェンティーナ劇場は1732年1月13日，ドメーニコ・サッロ作曲《ベレニーチェ（*Berenice*）》で開場したチェザリーニ家の私設劇場である（当時の当主はジュゼッペ・スフォルツァ・チェザリーニ公爵［Giuseppe Sforza Cesarini, 1705-44]）。建築家ジローラモ・テオードリ（Girolamo Teodoli, 1677-1766）設計の形状は一般的な馬蹄形で，内部に6層31のパルコ（ボックス席）を備え，各パルコは最前列に3人座るスペースがあった。実質的な工事責任者をパオロ・カッペッレッティ（Paolo Cappelletti, ?-?）とニコラ・ザバーリア（Nicola Zabaglia, 1674-1755. サン・ピエートロ寺院も手掛けた技術者）が務め，内部装飾は画家ドメーニコ・ヴェ

第三の扉 《セビーリャの理髪師》を生んだ劇場,検閲,歌手

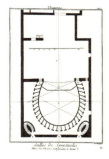
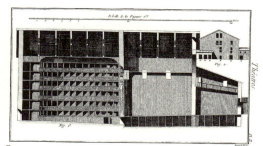

アルジェンティーナ劇場の平面図と断面図
(ディドロ／ダランベール『百科全書』,1772-73)

ッラーニ(Domenico Vellani, ?-?)が制作した。

　平土間には一人用に幅を区切った背もたれ付きベンチが40列並べられ,収容人員は800に満たなかった。天井から吊り下げられた上下可動の巨大シャンデリアは16の腕木を持ち,取り付けられた金メッキの金属やガラスの反射板が照明を補強した[2]。劇場の断面図がディドロ／ダランベールの『百科全書』(パリ,1772年)に掲載されたことでも判るように,当時のイタリアを代表する劇場の一つと理解され,1792年ヴェネツィアに誕生するフェニーチェ劇場を設計したジャンナントーニオ・セルヴァもこの劇場の仕様を参考にしたという。その後アルジェンティーナ劇場は数度の改修を経て,現在もさまざまな催しに使われている(現在の収容人員は696。内訳は平土間344席,5層40のボックスに352席)[3]。

19世紀のアルジェンティーナ劇場内部

　18世紀の重要作曲家の多くがこの劇場で新作を初演し,主な作品にヨンメッリ作曲《ゴート族の王リチメーロ》(1740年),《アスティアナッテ》(1741年),《カイオ・マーリオ》(1746年),《見捨てられたディドーネ》(1747年),《アルタセルセ》(1749年),《イフィジェーニア》(1751

現在のアルジェンティーナ劇場

65

年), 《クレーゾ》(1757年), ガルッピ作曲《ヴォロジェーゾ》(1748年), 《シロエ》(1754年), 《イドメネーオ》(1756年), 《見出されたチーロ》(1759年), グルック作曲《アンティゴノ》(1756年), ピッチンニ作曲《インドのアレッサンドロ》(1758年) と《アルタセルセ》(1762年), パイジエッロ作曲《ダーリオの敗北》(1776年), チマローザ作曲《インドのアレッサンドロ》(1781年) と《トロイア包囲のアキッレ》(1797年) がある[4]。目と鼻の先に位置するヴァッレ劇場との違いは, 年間通しで興行するヴァッレ劇場に対してアルジェンティーナ劇場が謝肉祭シーズンのみ上演を行った点にある (1818年と1821年以降は, 例外的に他シーズンの興行も行われた)。

1790年1月にアルジェンティーナ劇場を訪れたエスパンシャル伯爵 (Joseph Thomas Anne, comte d'Espinchal, 1748-1823) は, 「会場が広く, 美しい形状をし」「上演が始まる前に大きなシャンデリアが場内を完全に照らし出す」と感嘆し, 終演後にシャンデリアが上昇して見えなくなることに驚いている。けれども劇場にロビーや前庭が無く, 廊下や階段が召使で溢れかえり, 「想像を絶するほど不潔である」と日記に記している[5]。ヴァッレ劇場はより小さな劇場であるが, 1816年末にこの劇場を訪れたスタンダールは, 「樅材のみじめな劇場を想像してほしい。ヴァッレ劇場は, 材木が壁紙で覆われてもいないのだ」「幕や天井など, 絵が描かれているところは低級で下手に描かれ, こうした例を私はドイツでも見たことがない」と嘆いている (スタンダール『1817年のローマ, ナポリ, フィレンツェ』1816年12月13日)[6]。

このようにローマの劇場が悲惨な状態にあった原因は, 教皇が劇場の存在を認めず, 保護の対象としなかったことにあった。1819〜20年にこの地を訪問したアイルランド人小説家レディ・シドニー・モーガン (Lady Sydney Morgan, 1776-1859) も, 教皇政府は公式にはローマにたった一つの劇場の存在すら認めず, 木造仮設小屋として無視し続けたのでどこも暗く, 不潔極まりなく, 中でもアルジェンティーナ劇場の廊下の惨状はローマ人のマナーの悪さの見本と批判している。だが, 修復を求めるローマ貴族と市民の請願に対して教皇は, 「ローマは教会のために存在するのであって劇場のためではない。そもそも芝居小屋の如き施設など認めない」と一蹴したのだった (モーガン『イタリー』1821年)[7]。

国家の保護を受けられないローマの劇場には専属オーケストラがなく, 楽員はそれぞれ本業を別に持つアマチュア音楽家が上演ごとに集められた[8]。1817年1月1日にアルジェンティーナ劇場でロッシーニ《タンクレーディ》を観

劇したスタンダールは，演奏に関する感想なしに「オーケストラが歌手たちよりも悪い」と記して桟敷を観察し，所有者が自分の好みのカーテンや幕で桟敷を飾っていることに感心している。合唱団は 20 〜 26 人からなり，それぞれ別に職業を持っていた。

　教皇国家では劇場が不道徳や騒動の温床として当局から常時監視され，検閲を経た作品のみが上演を許された。18 世紀末までのローマは平土間の観客の多くが教皇政府と係わる官吏や食客に占められ，取り締まりや検閲の要綱も教皇政府から領内の各都市に通達されていた。その一つ，1787 年に公布された文書では，「観客の間に良き秩序と静けさを維持し，これを覆す可能性を容易に取り除くため」の規則が示され，政府の選んだ委員たちが監視の責任を負い，問題が起きたら衛兵と協力して秩序回復に努めるよう求めている[9]。そして「場内では何人も騒音をたててはならず，僅かな争論や喧嘩，もしくは度を越した拍手があってはならない」とし，禁止行為に「桟敷からワインや水その他を注ぐ」「紙吹雪，ソネット，手書きや印刷した紙類を撒く」「平土間で火を灯し，桟敷から灯火を掲げる」「歌手に対するアンコールの強要」「刃物や武器になりうる物の持ち込みや携帯」などを挙げ，ユダヤ人の入場も禁じられた。

　1809 年 5 月から 5 年間のフランス帝国時代にはフランスの検閲基準が適用されたが，1814 年 5 月に教皇国家が復活するとそれ以前にも増して厳しい検閲基準が適用され，治安維持の観点から場内での騒ぎや示威活動が厳罰に処せられた。1816 年末〜 17 年初頭にヴァッレ劇場を訪れたスタンダールも，「他人の席を取った観客にはナヴォーナ広場据え付けの処刑台で百叩きの刑を執行する」「劇場の門衛に抗議する者は 5 年のガレー船の刑に処する」との警察の布告に言及している（『1817 年のローマ，ナポリ，フィレンツェ』1817 年 1 月 2 日）[10]。

　台本に対する検閲も厳格に行われたが，教皇国家ではむやみに上演不可とせず，専門の校閲官が不適切な劇の設定，役名，言葉や歌詞を変更することで許可された[11]。1815 年 1 月 14 日にヴァッレ劇場で上演されたロッシーニ《アルジェのイタリア女》が一例で，校閲官によって《幸せな難船（*Il naufragio felice*）》と

《アルジェのイタリア女，またはパンパルーコ》の告知（1816 年 1 月）

改題され，ヒロインのイザベッラがイタリア男を鼓舞するロンド〈祖国のことを考えよ（*Pensa alla patria*）〉の「祖国（patria）」が「妻（sposa）」に変えられるなど勝手な変更が施され，後述する 1816 年 1 月のアルジェンティーナ劇場では《アルジェのイタリア女，またはパンパルーコ（*L'italiana in Algeri, ossia il Pampaluco*）》と改題されている（1819 年 11 月ヴァッレ劇場再演もこれを踏襲したが，その後《パンパルーコ（*Il Pampaluco*）》となる）。ロッシーニが最初のローマ滞在で改作した《イタリアのトルコ人》（1815 年 11 月ヴァッレ劇場）も半年後の再演で《失望した後見人（*Il tutore deluso*）》となり，その後は《矯正されたわがまま女（*La capricciosa corretta*）》の題名で上演された。検閲の介在は教皇国家に限ったことではないが，ローマでは検閲官を務める神父や詩人が台本の書き換えを，出来の悪い台本を修正して作品の質を高める行為として行っていた。

1815 ～ 18 年のアルジェンティーナ劇場の演目

アルジェンティーナ劇場はロッシーニ作品の上演でヴァッレ劇場に後れをとったものの，1815 年謝肉祭の開幕（1 月 10 日）に《タンクレーディ》，1816 年謝肉祭の開幕（1 月 13 日）に《アルジェのイタリア女》，1817 年謝肉祭の開幕（1816 年 12 月 24 日）に《タンクレーディ》を上演，1818 年謝肉祭の開幕（1817 年 12 月 27 日）にも《ブルグントのアデライデ》を初演するなど 4 年連続でシーズン冒頭を飾っている。《セビーリャの理髪師》初演の前後 2 年間（1815 年謝肉祭～ 18 年謝肉祭）に同劇場で上演されたオペラは 11 作あり，うち五つがロッシーニ作品である（次表参照。初演前後 5 年間［1811 ～ 21 年］の演目詳細は本章末尾を参照されたい）。

簡略表：1815 ～ 18 年謝肉祭のアルジェンティーナ劇場のオペラ上演

シーズン：開幕日	作曲家と作品（**ゴチック**は新作初演）
1815 年謝肉祭： 1815 年 1 月 10 日	ロッシーニ《タンクレーディ》（1 月 10 日初日） **アンドレオッツィ《マケドニアのアレッサンドロ大王の勝利》**（1 月 17 日初日） モスカ《乗合馬車》（1 月 30 日初日）
1816 年謝肉祭： 1816 年 1 月 13 日	ロッシーニ《アルジェのイタリア女》（1 月 13 日初日） パイーニ《マルコ・トンド》（2 月 5 日初日）

	ロッシーニ《アルマヴィーヴァ、または無益な用心》（2月20日初日）
1817年謝肉祭： 1816年12月24日	ロッシーニ《タンクレーディ》（1816年12月24日初日） ニコリーニ《クイント・ファビオ》（1月11日初日） **ルティーニ《ポリッセナ》**（2月11日初日）
1818年謝肉祭： 1817年12月27日	**ロッシーニ《ブルグントのアデライデ》**（1817年12月27日初日） **サンピエーリ《エミーリアの勝利》**（1月19日初日）

　個々の作品の上演回数は不明で，1815年1月10日に初日を迎えた《タンクレーディ》の一週間後（17日）にガエターノ・アンドレオッツィ（Gaetano Andreozzi, 1755-1826）作曲《マケドニアのアレッサンドロ［アレクサンドロス］大王の勝利（*Il trionfo di Alessandro Magno Il Macedone*）》が初演され，同月30日から上演されたジュゼッペ・モスカ（Giuseppe Mosca, 1772-1839）の旧作《乗合馬車（*La diligenza*）》は初日を観たキージが日記に「月並みな成功（mediocre successo）」と記している[12]。低調の原因は，ソプラノのマリエッタ・マルケジーニ（Marietta Marchesini, ?-?）とテノールのアルベリーコ・クリオーニ（Alberico Curioni, 1785-?）を中心とする歌手団のレヴェルにもあったようだ。

　翌1816年謝肉祭は前年11月7日ヴァッレ劇場《イタリアのトルコ人》の大成功を受け，1月13日に《アルジェのイタリア女》で幕開けした。けれども2月5日に上演されたシーズン2作目フェルディナンド・パイーニ（Ferdinando Paini, 1773-?）作曲《マルコ・トンド（*Marco Tondo*）》（前年ボローニャで《抜け目のない小間使い，またはマルコ・トンド（*La cameriera astuta, o sia Marco Tondo*）》として初演）は初日のみで《アルジェのイタリア女》に戻される失敗を喫した。これはロッシーニ《セビーリャの理髪師》が《アルマヴィーヴァ，または無益な用心》の題名で初演される15日前の出来事で，2月16日には支配人チェザリーニ公爵が42歳の若さで病死するアクシデントも起きている。

　《セビーリャの理髪師》はフランス支配時代のローマでボーマルシェの原作劇とパイジエッロのオペラが上演された可能性があると推測されてきたが，オペラに関しては否定されている[13]。それでもパイジエッロがオペラ化した事実が知られていたことは，ステルビーニの台本緒言からも明らかである。ステルビーニ台本には検閲による変更の痕跡がなく，ロッシーニとステルビーニが行

った構成上の変更も純粋に演劇・音楽的見地からなされている。これに対し，その後ローマで初演した《ラ・チェネレントラ》(1817年)と《マティルデ・ディ・シャブラン》(1821年)は，どちらもあらかじめロッシーニがナポリで用意した台本がローマの検閲に抵触することから断念し，ローマの座付き作家ヤーコポ・フェッレッティに新たな台本を求めて成立した。

では，初演歌手の顔ぶれは《セビーリャの理髪師》のあり方にどのような影響を及ぼしたのだろうか。各歌手のキャリアと評価を基に，この問題を考えてみよう。

マヌエル・ガルシア（アルマヴィーヴァ伯爵）

《セビーリャの理髪師》のアルマヴィーヴァ伯爵が演劇的にも音楽的にも主役であることは作品解説に記したとおりで，これは初演歌手の中でマヌエル・ガルシアが国際的な知名度と評価において突出した存在だったことも関係する。サルスエラ（zarzuela スペインの音楽劇の一形式）とイタリア・オペラの優れた作曲家でもある彼は，喉頭鏡を発明したマヌエル・ガルシア［2世］，名歌手マリブランとポリーヌ・ヴィアルドの父親としても後世に名を残した[14]。ここではアルマヴィーヴァ歌手としての理解に必要最小限の情報を抽出しておこう。

マヌエル・ガルシア

マヌエル・ガルシア（Manuel García［生名 Manuel del Pópulo Vicente Rodriguez García］, 1775-1832）は1775年1月21日スペインのセビーリャに生まれ，同地の大聖堂聖歌隊で音楽と歌を学んだ。1792年頃カディスでトナディーリャ（tonadilla スペイン語の小規模な大衆歌劇）の歌手としてデビューし，1799年マドリードでパイジエッロ《ニーナ（Nina）》のリンドーロを歌い，作曲家としても頭角を現すと，1807年までの9年間に同地で12作のトナディーリャとサルスエラを作曲して主役を務めた。そして1808年にスペインを去ってフランスに渡り，同年2月11日パリの王立イタリア劇場にパーエル作曲《グリゼルダ（Griselda）》でデビューして成功を収め，以後1811年までパリで活動した。続いてイタリアに移り，1812年1月から4年間ナポリを中心に出演するかたわら1813年9月30日に代表作《バグダッドのカリフ［カリッフォ］（Il califfo di

Bagdad》）をフォンド劇場，1814 年 2 月 9 日にカンタータ《ディアーナとエンディミオーネ（*Diana ed Endimione*）》，同年 11 月 4 日にオペラ《ラアブの娘（*La donzella di Raab*）》[15] をサン・カルロ劇場で初演し，男性の主役（カリッフォ，エンディミオーネ，ダッラトン）を演じている。

　ロッシーニとの関係は《イングランド女王エリザベッタ》（ロッシーニのナポリ・デビュー作。1815 年 10 月 4 日サン・カルロ劇場初演）のノルフォルク役を創唱することから始まった。卓越した歌唱技術を評価したロッシーニは翌 1816 年謝肉祭にアルジェンティーナ劇場で予定された《アルジェのイタリア女》の再演と新作（《セビーリャの理髪師》）の成功を確実なものとするため，ガルシアに出演を依頼した。

　ローマで《セビーリャの理髪師》初演を終えたガルシアは活動の場をフランスとイギリスに定め，パリの王立イタリア劇場に 1817 年 3 月《コジ・ファン・トゥッテ》で再デビューすると，詩人シェリーも列席した 1818 年 3 月 10 日キングズ劇場の《セビーリャの理髪師》イギリス初演でロンドン・デビューを果たし，次のように評された。

　　　新たな歌手ガルシア氏は，彼の芸術の偉大な熟練者であり，その困難を真に驚くべきやり方で克服する。その声は混じりけのないテノールで，やや下り坂にあるものの，素晴らしい柔軟性，強さ，声域を具えている。彼のスタイルは華麗で，[……]歌唱はそのスタイルにおいて完璧である。[……]ガルシア氏がこのオペラで演じるアルマヴィーヴァ伯爵の役柄は，熟練した歌手と同時に良い役者であることが求められるが，彼はその双方に完璧な実力を発揮した。

　　　　　　　　　　　　　　　　　（『タイムズ（*The Times*）』1818 年 3 月 11 日付）[16]

　ロンドンに 1 年 4 カ月滞在し，《イングランド女王エリザベッタ》《アルジェのイタリア女》《幸せな間違い》にも出演したガルシアは，その間にパリ・オペラ座音楽監督ルイ＝リュク・ロワゾー・ペルシュイスの問い（「ロッシーニとパイジエッロのどちらの《セビーリャの理髪師》でロンドン・デビューしたか？」）に対し，「ロッシーニの理髪師と答えました。私にうってつけのオペラ《[バグダッドの]カリフ》でデビューできなかったからです」と答えている（パリの王立イタリア劇場エージェント兼マネージャーのジョーヴァン［ジョヴァンニ］・バッティスタ・ベネッリ宛，1819 年 6 月 15 日または 16 日付 [17]）。続いて 1819 年 10 月 26 日に王立

イタリア劇場で行われた《セビーリャの理髪師》フランス初演に出演し,「アルマヴィーヴァ伯爵の役を完璧に歌った」と評された(『アンデパンダン(L'Indépendant)』紙の初演批評)[18]。以後ガルシアは1825年6月までの約6年間ロンドンとパリの劇場に交互に出演して伯爵役を歌い,パリで観劇したスタンダールは「悲劇役者としての卓越」「安定した声」を高く評価し,王立イタリア劇場最良のテノールと位置づけている(『ロッシーニ伝』)。

ガルシアの書簡
(ベネッリ宛。筆者蔵)

その後一家でオペラ団を組織したガルシアは,1825年秋から3年間アメリカとメキシコを巡業し,1825年11月29日ニューヨークのパーク劇場で《セビーリャの理髪師》をアメリカ初演した(1827年にはメキシコ初演も行う)。そして1829年パリに戻ると同年9月24日《セビーリャの理髪師》で王立イタリア劇場に復帰し,12月の《ドン・ジョヴァンニ》第1幕ドン・ジョヴァンニ役を最後に舞台をしりぞいた(《タンクレーディ》第2幕を併演。12月21日と23日に行われたガルシアのための慈善公演)。

ガルシアは低音をバリトン的な響きと色彩で歌うバリテノーレで,高音はファルセットーネや頭声を駆使してコントラルトの音域まで出すことができた。高度なアジリタと広い音域を具えた声楽的特質は,ガルシア作曲の歌劇とロッシーニがガルシアのために作曲した楽曲が証明する(例,《イングランドの女王エリザベッタ》ノルフォルクのアリア〈ああ! 彼の鎖を断ち切ってください(Deh! Troncate)〉と《セビーリャの理髪師》アルマヴィーヴァ伯爵のアリア〈もう逆らうのをやめろ(Cessa di più resistere)〉)。

ルイージ・ザンボーニ(フィガロ)

フィガロ役の初演歌手ルイージ・ザンボーニ(Luigi Zamboni, 1767-1837)は1767年ボローニャで生まれ,1791年同地でチマローザ作曲《からかわれた狂信者(Il fanatico burlato)》によりデビューした。イタリア各地でバッソ・コーミコ(滑稽バス歌手)として活躍し,1803~04年にはサンクト・ペテルブルクの劇場にプリモ・ブッフォとして出演した[19]。ミラーノのスカラ座には1810年5月9日,フィオラヴァンティ作曲《田舎の女歌手たち(Le cantatrici villane)》ド

ン・ブチェーファロ役でデビューし，同年9月26日初演のパヴェージ作曲《マルカントーニオ殿（Ser Marcantonio）》トビア役で大成功を収めると，1811年秋のシーズンにも出演してパイジエッロ《セビーリャの理髪師》のフィガロを歌った。その後ロッシーニ《セビーリャの理髪師》初演でフィガロを創唱し，1825年フィレンツェで引退したが，1829年にイタリア歌劇団を率いてサンクト・ペテルブルクで2シーズン公演を行い，ロッシーニの19作を含むイタリア・オペラを上演するなど興行師としても活動した。

ザンボーニの肖像
（スカラ座博物館蔵）

ザンボーニはブッフォ（滑稽役）専門のバス歌手で，フランチェスコ・レーリは『1800年から1860年にイタリアで活躍した最も著名なオペラの詩人と歌手……等々の人名辞典』（1860年刊）にザンボーニの項目を設け，「生まれながらの喜劇の天才」，ある老ジャーナリストが彼を「演技における真の喜劇」と呼んでいたと記している[20]。初演でフィガロを演じた年齢は48歳か49歳で，ラディチョッティによれば現在スカラ座博物館所蔵の油彩の肖像画はロッシーニが描かせてザンボーニに贈ったものである[21]。ローマでは同じ建物（パラッツォ・パリエリーニ）に宿泊して親しく交際し，ロッシーニは母宛の手紙に「優秀な友人（bravo amico）」と記している[22]。

キャリアの終わりが近かったためザンボーニの《セビーリャの理髪師》への出演は初演シーズンにとどまり，他のロッシーニ作品への出演も限定的である[23]。けれども，フィガロ役の強烈な個性がザンボーニの資質の反映であるのは間違いなく，早口言葉やパルランテの技術もその音楽から明白で，最高音にファルセットを前提にしたa'も記譜されている。なお，パイジエッロ作品を良く知るザンボーニがロッシーニにボーマルシェの原作を推薦し，レチタティーヴォ・セッコもロッシーニの筆跡を真似て彼が作曲したとする記述が19世紀に見出せ，全集版もその可能性を認めているが，筆跡鑑定の根拠となるザンボーニの自筆楽譜は未発見のままである。

ジェルトルーデ・リゲッティ（ロジーナ）

ロジーナを創唱したジェルトルーデ・リゲッティ［=ジョルジ］（Geltrude

Righetti [- Giorgi], 1793-1862) は，1793 年ボローニャに生まれ，同地で教育を受けた。1 歳年上のロッシーニとは早くから面識があり，学生時代の 1811 年ボローニャのフェリーチニ劇場 (Teatro dei Felicini) にチマローザ作曲《思いあがった約束 (L'impegno superato)》でオペラ・デビューした。1813 年 3 月には同地のアカデミー演奏会でイザベッラ・コルブランと共演，続いてコルソ劇場のジュゼッペ・ピノッティ作曲《アンテーノレ (Antenore)》に出演したが，1814 年に法律家ルイージ・ジョルジ (Luigi Giorgi スタンダールによればフランス支配下で裁判所判事を務めた人物) と結婚して引退した[24]。けれども同年 12 月ロ

ジェルトルーデ・リゲッティ

ッシーニの求めで舞台復帰を決意し，1816 年 1 月 13 日，ローマのアルジェンティーナ劇場に《アルジェのイタリア女》イザベッラで再デビューした。初日はヴァッレ劇場の差し向けたさくらによる妨害もあったが，ロッシーニは母宛の手紙で妨害にふれず，次のように報告している（1 月 17 日付）。

> 土曜日［1 月 13 日］の夜《アルジェのイタリア女》が上演され，いつものように喜ばれました。ラ・ジェルトルーデが驚異的な歌唱と演技をし，彼女が歌ったどの曲でもたくさんの喝采を受けるために呼び出されました。昨晩は彼女のロンド（〈祖国のことを考えなさい〉）にアンコールを求められましたが，ここではアンコールが許されず，観客の中で起きた騒ぎを阻止するため平土間の衛兵を二倍にしなければなりませんでした。ぼくは二つの劇場で毎晩舞台に呼ばれました。[25]

大成功を収めたこの公演は，リンドーロ役をガルシア，ムスタファもしくはタッデーオ役[26]をザンボーニが務め，上演は《セビーリャの理髪師》初演 4 日前の 2 月 16 日まで続いた。リゲッティは卓越したアジリタ技巧と広い声域 (f-b")，コントラルトの美声，知性と教養を備えた歌手としてロッシーニと強いきずなで結ばれ，《ラ・チェネレントラ》(1817 年) のアンジェリーナも創唱している。けれども再デビュー後の活動は限定的で，ローマ (1816 年謝肉祭アルジェンティーナ劇場，同年 6 月と 1816／17 年謝肉祭ヴァッレ劇場)，ボローニャ (1816 年 8 月と 1817 年冬のコンタヴァッリ劇場。1822 年謝肉祭コムナーレ劇場)，フ

ィレンツェ（1816年秋と1818年4月ペルゴラ劇場），ジェノヴァ（1817年春ファルコーネ劇場），シエナ（1817年7月アッヴァロラーティ劇場），ヴェネツィア（1819年サン・ベネデット劇場）への出演が確認されるのみである。ロジーナ役は1816年のローマ初演，同年ボローニャとフィレンツェ，1817年ジェノヴァ，1818年フィレンツェで歌った。彼女は健康上の理由で1822年に完全引退したが，スタンダールのロッシーニ略伝を批判する『かつて歌手だった女の返書（*Cenni di una donna già cantante*）』[27] を1823年に出版し，その中でロッシーニの人物像と《セビーリャの理髪師》初演の模様を生き生きと描いている（詳細は第六の扉「《セビーリャの理髪師》初演失敗の真実」参照）。

ボッティチェッリ（バルトロ），ヴィタレッリ（バジーリオ），ロワズレ（ベルタ）

　他の3役（バルトロ，バジーリオ，ベルタ）の初演歌手は一流とは言い難く，印刷台本から出演歴を確認できるだけで生没年と出身地は不明である。

　バルトロ役を創唱したブッフォ歌手バルトロメーオ・ボッティチェッリ（Bartolomeo Botticelli, ?-?）は，1807 〜 08年ナポリのヌオーヴォ劇場，1810年謝肉祭ジェノヴァのファルコーネ劇場，1814年ボローニャのアルドロヴァンディ劇場，1815 〜 17年ピアチェンツァの劇場で歌い，《セビーリャの理髪師》に先立つアルジェンティーナ劇場の《アルジェのイタリア女》にも出演している[28]。だが，チェザリーニ公爵は彼を公演の足を引っ張る凡庸な歌手と見なし（カルロ・マウリ宛の手紙，1816年1月14日付[29]），ロッシーニのバルトロ役もボーマルシェの原作に比して役柄が弱まっている。その他のロッシーニ作品への出演に，1814年春ミラーノ《アルジェのイタリア女》（レ劇場。タッデーオ役），1819年夏パルマ《アルジェのイタリア女》（ドゥカーレ劇場。ムスタファ役），1822年謝肉祭フェルモ《泥棒かささぎ》（アクィラ劇場。代官役），1826／27年謝肉祭パヴィア《マティルデ・ディ・シャブラン》（コンパドローニ劇場。イジドーロ役）がある。

　バジーリオ役を創唱したゼノービオ・ヴィタレッリ（Zenobio Vitarelli, ?-?）は，ローマの地域歌手と理解しうる。1814／15年謝肉祭ローマの《タンクレーディ》（アポッロ劇場。オルバッツァーノ役）に出演したほか，1812年から1820／21年謝肉祭までヴァッレ劇場に定期出演して1817年の《ラ・チェネレントラ》初演でアリドーロ役を創唱，1818／19年アポッロ劇場《ラ・チェネレントラ》再演と1819年謝肉祭ヴァッレ劇場《泥棒かささぎ》にも出演して

いる[30]。

　ベルタ役を創唱したエリザベッタ・ロワズレ（Elisabetta Loyselet, ?-?）については同役での出演と報酬以外に何一つ知りえないが、興味深い事実を指摘しておこう。それが同時代にローマで活動した女性歌手アニェーゼ・ロワズレ（Agnese Loyselet, ?-?）の存在で、ロッシーニの前作《トルヴァルドとドルリスカ》初演でカルロッタ役を創唱し、ヴィタレッリも出演した1818／19年アポッロ劇場《ラ・チェネレントラ》再演クロリンダ役に続いて1819年1月から11年間ヴァッレ劇場に断続的に出演、《泥棒かささぎ》ルチーア、《エジプトのモゼ》アメノフィ、《セミラーミデ》アゼーマ、《オテッロ》エミーリア、《マティルデ・ディ・シャブラン》アルコ伯爵夫人を歌っている。その出演が《セビーリャの理髪師》初演

初版台本の配役表（1816年2月。ガルシアのみ肩書を記載）

前後にまたがり、印刷台本の記載もフルネームであることから別人と思われるが、Loyselet という名の特殊性を考えればエリザベッタがアニェーゼの親族に当たる可能性は高いだろう（《セビーリャの理髪師》初演のみエリザベッタと称したとは考え難い）。

　このように《セビーリャの理髪師》初演歌手のプロフィールを調べると、超一流はガルシアのみで、イタリア各地で活躍したザンボーニが続き、ロッシーニの求めで復帰したリゲッティが特別なポジションにあり、他のメンバーはローマで一定期間活動した地域歌手と判る。その序列や評価は、シーズンを通じて得た報酬がガルシア1200、ザンボーニ700、リゲッティ500（＋ボーナス150）、ボッティチェッリ340（当初予定の400から減額[31]）、ヴィタレッリ66スクードという点にも表れている。ベルタ役ロワズレ112スクードに対し、ヴィタレッリの66スクードはあまりに安い。その理由は不明だが、印刷台本でベルタの上に位置し、アリア〈中傷はそよ風です〉を歌うバジーリオ役が報酬面で端役扱いであるのは興味深い。

《セビーリャの理髪師》の初演歌手は知名度や能力にばらつきがあるものの，ガルシア，リゲッティ，ザンボーニ，ボッティチェッリの4人は直前にアルジェンティーナ劇場の《アルジェのイタリア女》に出演して大成功を収めていた。にもかかわらず，その最終日から4日後の《セビーリャの理髪師》初演初日に大失敗を喫してしまう。その日なにが起こったのか……これについては第六の扉「《セビーリャの理髪師》初演失敗の真実」で明らかにしよう。

註

1　以下19世紀初頭までのローマの劇場の概略は，水谷彰良「ローマ・オペラの特殊性——外国支配と教皇国家の検閲が変えた十九世紀のオペラ」（『ローマ　外国人芸術家たちの都』［西洋近代の都市と芸術　第1巻］竹林舎，2013年所収。pp. 322-341.）より要約。ローマの諸劇場に関する基本情報は Alessandro Ademollo, *I teatri di Roma nel secolo decimosettimo.*, Roma, L.Pasqualucci, 1888. 及び Stefania Severi, *I teatri di Roma.*, Roma, Newton & Compton, 1989. 続く劇場別の歴史と上演記録は次の文献を参照した。アルジェンティーナ劇場：Mario Rinaldi, *Due secoli di musica al Teatro Argentina.*, Firenze, Leo Olschki, 3-vols., 1978. ヴァッレ劇場：Martina Grempler, *Das Teatro Valle in Rom 1727-1850: Opera buffa im Kontext der Theaterkultur ihrer Zeit.*, Kassel u.a., Bärenreiter, 2012. ［*Chronologie des Teatro Valle (1727–1850)*］他の文献からの引用は個々に註記する。

2　Severi, op. cit., p. 71.

3　現在の劇場詳細は次の資料を参照されたい。http://www.teatrodiroma.net/adon/files/Scheda%20tec%20Argentina%20eng.pdf

4　トラエッタ，サッキーニ，アンフォッシも同劇場で新作を初演している。詳細は Rinaldi, op. cit., vol. 3. 「Le cronologie」p. 1465. 以下を参照されたい。

5　Ernest d'Hauterive, *Journal d'émigration du comte d'Espinchal publié d'après les manuscrits originaux.*, Paris, Perrin et Cie.1912., p. 75

6　Stendhal, *Voyages en Italie.*, Bibliothèque de la Pléiade, Gallimard, 1973., p. 18.

7　Lady Morgan., *Italy.*, vol.2, London, Henry Colburn and Co, 1821., pp. 443-445.

8　全集版《トルヴァルドとドルリスカ》序文 pp. XXII-XXIII.

9　*Regolamento del 1787.* (Giuseppe Radiciotti, *Teatro Musica e musicisti in Sinigaglia.*, Milano, G.Ricordi, 1893., Appendice - Documenti II-A., pp. 190-198.)

10　Stendhal, *Voyages en Italie.*, pp. 21-22.

11　19世紀ローマの検閲概略は前記拙稿「ローマ・オペラの特殊性」及び Ornella Di Tondo, *La censura sui balli teatrali nella Roma dell'ottocento.*, Torino, UTET, 2008. を参照されたい。

12 Rinaldi, op. cit., vol. 1., p. 470.

13 Saverio Lamacchia, *Il vero Figaro o sia il falso factotum. Riesame del "Barbiere" di Rossini*., Torino.EDT, 2008., p. 35., n.86.

14 ガルシアの伝記に次の書がある。James Radomski, *Manuel García (1775-1832), Chronicle of the Life of a bel canto Tenor at the Dawn of Romanticism*., Oxford / New York, Oxford University Press, 2000.

15 《イエッラとダッラトン，またはラアブの娘（*Jella e Dallaton, o sia La donzella di Raab*)》の題名でも知られるが，サン・カルロ劇場上演記録と初版台本に準拠。初版台本の題名は Raab ではなく Rab と表記。

16 Radomski, op. cit., p. 128.

17 書簡の数字が 5 か 6 か判然としないため，このような表記とした。

18 Jean Mongrédien, *Le Théâtre-Italien de Paris 1801-1831 chronologie et documents, Volume IV 1817-1821*., Lyon, Symétrie, 2008., p. 312.

19 ザンボーニに関する情報は *The New Grove Dictionary of Opera*., London, 2-ed., 2001. 項目「Zamboni, Luigi」，Lamacchia, op. cit., pp. 26-28. 及びスカラ座上演記録（Gianpiero Tintori, *Cronologia opere-balletti-concerti, 1778-1977*., Bergamo, Grafica Gutenberg, 1979.)参照。デビューを 1791 年ラヴェンナとする文献もあるが根拠不明。

20 Francesco Regli, *Dizionario biografico: dei più celebri poéti ed artisti melo-drammatici, tragici e comici, maestri, concertisti, coreografi, mimi, ballerini, scenografi, giornalisti, impresarii, ecc. ecc. che fiorirono in Italia dal 1800 al 1860*., Torino, Coi tipi di E. Dalmazzo, 1860. 項目「Zamboni, Luigi」(pp. 574-575.)

21 Giuseppe Radiciotti., *Gioacchino Rossini: Vita documentata, opere ed influen-za su l'arte, vol. I.*, Tivoli, Arti grafiche Majella di A. Chicca, 1927. [Tav.XXVI]

22 1816 年 2 月 27 日 付。Gioachino Rossini, *Lettere e documenti, IIIa: Lettere ai genitori. 18 febbraio 1812 - 22 giugno 1830*, a cura di Bruno Cagli e Sergio Ragni., Pesaro, Fondazione Rossini, 2004., pp. 124-125.

23 印刷台本と史料から筆者が抽出しえたのは，1812 年秋ボローニャの《幸せな間違い》（コルソ劇場。タラボット役），1814 年春フィレンツェの《アルジェのイタリア女》（ペルゴラ劇場。ムスタファ役），1815 年謝肉祭フェッラーラの《アルジェのイタリア女》（コムナーレ劇場。タッデーオ役），1816 年謝肉祭のローマ《アルジェのイタリア女》（アルジェンティーナ劇場。役名不詳），1817 年 2 月ヴェネツィアの《アルジェのイタリア女》（サン・モイゼ劇場。タッデーオ役），1819 年春ヴェローナの《試金石》（モランド劇場。パクーヴィオ役）のみ。

24 ジェルトルーデ・リゲッティの略歴は，Gioachino Rossini, *Lettere e documenti, vol. I: 29 febbraio 1792 - 17 marzo 1822*, a cura di Bruno Cagli e Sergio Ragni., Pesaro, Fondazione Rossini, 1992., pp. 116-117., n.3. 及び Giorgio Appolonia, *Le voci di Rossini*., Torino, Eda, 1992., pp. 195-201. に基づく。

25 Rossini, *Lettere e documenti, IIIa*., pp. 115-116.

26 印刷台本の存在は確認されないが，初日を観劇したキージの同日付の日記に「ブッフォはザンボーニ」と記されている（Rinaldi, op. cit, I., p. 501.）。

27 正式題名は *Cenni di una donna già cantante sopra il maestro Rossini in risposta a ciò che nescrisse*

第三の扉 《セビーリャの理髪師》を生んだ劇場，検閲，歌手

nella [e] state dell'anno 1822 il giornalista inglese in Parigi e fu riportato in una gazzetta di Milano dello stesso anno. (Bologna, 1823.)

28 ボッティチェッリの基本情報は，Rossini, *Lettere e documenti, vol. I.*, p. 133., n.2. 及び Lamacchia, p. 29. に基づく。なお，19 世紀の文献に「システィーナ礼拝堂の高齢歌手」との記述があるが確証はない（第六の扉「《セビーリャの理髪師》初演失敗の真実」参照）。

29 Rossini, *Lettere e documenti, vol. I.*, pp. 133-134.

30 Lamacchia, p. 30. が《マティルデ・ディ・シャブラン》アリプランド役も創唱とするのは誤り。

31 Ibid., p. 24., n.53.

アルジェンティーナ劇場におけるオペラ上演（1811～21年。水谷彰良・編）

　《セビーリャの理髪師》初演前後 5 年間（1811～21 年）にアルジェンティーナ劇場で上演されたオペラの一覧表を次に掲げる。

＊　初演作品を**ゴチック**で示し，再演作は初出のみ ［ ］ 内に初演データを追加した（ジャンルはオペラ・セーリア ［OS と略記］，オペラ・ブッファ ［OB と略記。ファルサ含む］，オラトリオに大別して付し，ロッシーニの名前に下線を付した）。1817 年までは謝肉祭のみの上演で，1818 年と 1821 年以降は例外的に他のシーズンにも上演を行っている。

上演初日	作曲家	作品
1811 年 1 月	ファリネッリ	《エフェソスの儀式（*I riti di Efeso*）》［OS：1802 年 12 月 26 日ヴェネツィア］
2 月 11 日	**ジンガレッリ**	**《バルドヴィーノ（*Baldovino*）》**［OS］
1812 年 1 月	グリエルミ	《本当の恋に遠慮は無用（*Un vero amore non ha riguardi*）》［OB：1811 年 8 月セニガッリア（*Oro non compra amor* の題名で初演）］
1 月 ? 日	ファリネッリ	《宿屋の元気な女主人（*La locandiera vivace*）》［OB：1803 年 1 月 2 日ローマ］
2 月 7 日	**?**	**《トロイア防衛のエットレ（*Ettore alla difesa di Troia*）》**［カンタータ］ *1
2 月 ? 日	パヴェージ	《マルカントーニオ殿（*Ser Marcantonio*）》［OB：1810 年 9 月 26 日ミラーノ］
1813 年 1 月 4 日	**デル・ファンテ**	**《ラングルのティート（*Tito in Langres*）》**［OS］ *2
2 月 3 日	**ライモンディ**	**《アムラッテ 2 世（*Amuratte II*）》**［OS］
1814 年 1 月	ニコリーニ	《ダキアのトライアーノ（*Traiano in Dacia*）》［OS：1807 年 2 月 3 または 7 日ローマ］
1815 年 1 月 10 日	ロッシーニ	《タンクレーディ（*Tancredi*）》［OS：1813 年 2 月 6 日ヴェネツィア］
1 月 17 日	アンドレオッツィ	**《マケドニアのアレッサンドロ［アレクサンドロス］大王の勝利（*Il trionfo di Alessandro Magno Il Macedone*）》**［OS］

80

1月30日*3	モスカ	《乗合馬車（*La diligenza*）》[OB：1813年？月？日ナポリ（*La diligenza a Joigny o sia Il collaterale* の題名で初演）]
1816年1月13日	ロッシーニ	《アルジェのイタリア女（*L'italiana in Algeri*）》[OB：1813年5月22日ヴェネツィア]
2月4日	パイーニ	《マルコ・トンド（*Marco Tondo*）》[OB：1814年？月？日ボローニャ（*La cameriera astuta, o sia Marco Tondo* の題名で初演）]
2月20日	ロッシーニ	《アルマヴィーヴァ，または無益な用心（*Almaviva, o sia L'inutile precauzione*）》[OB：以後 *Il barbiere di Siviglia* の題名で流布]
1817年［1816年12月24日］	ロッシーニ	《タンクレーディ（*Tancredi*）》[OS前記]
1月11日	ニコリーニ	《クイント・ファビオ（*Quinto Fabio*）》[OS：1811年4月24日ヴィーン]
2月11日	ルティーニ	《ポリッセナ（*Polissena*）》[OS?]
1818年［1817年12月27日］	ロッシーニ	《ブルグントのアデライデ（*Adelaide di Borgogna*）》
1月19日	サンピエーリ	《エミーリアの勝利（*Il trionfo di Emilia*）》[OS]
7月5日	ロッシーニ	《ラ・チェネレントラ（*La Cenerentola*）》[OB：1817年1月25日ローマ]
8月4日	トレント	《7人のマッカベーオ（*I sette maccabei*）》[オラトリオ：1818年5月25日ローマ]
8月16日	パヴェージ	《コッラディーノ（*Corradino*）》[OB：1809年2月3日ヴェネツィア（*Il trionfo delle belle, ovvero Corradino Cuor di Ferro* の題名で初演）]
8月29日	グリエルミ	《パオロとヴィルジーニア（*Paolo e Virginia*）》[OS：1817年1月2日ナポリ]
1819年［1818年12月26日］	マイール	《ダナオ（*Danao*）》[OS：*Le danaide* の題名も使用]
1月17日	ニコリーニ	《ガリアのジューリオ・チェーザレ（*Giulio Cesare nelle gallie*）》[OS]

2月9日	ロッシーニ	《パルミラのアウレリアーノ（*Aureliano in Palmira*)》［OS：1813年12月26日ミラーノ］
1820年［1819年12月26日］ 1月29日	ロッシーニ バジーリ	《オテッロ（*Otello*)》［OS：1816年12月4日ナポリ］ 《イザウラとリッチャルド（*Isaura e Ricciardo*)》［OS：1819年1月29日ローマ］
1821年［1820年12月26日］ 1月29日 4月23日 5月6日 5月19日 6月13日 6月30日 7月4日 9月8日 9月15日 9月29日 11月3日	メルカダンテ マイール パチーニ マイール ロッシーニ プチッタ アンブロジーニ ロッシーニ カプラーニカ ロッシーニ コルデッラ ロッシーニ	《カルタゴのシピオーネ（*Scipione in Cartagine*)》［OS］ 《友情の勝利，または白薔薇と赤薔薇（*Il trionfo dell'amicizia, o sia La rosa Bianca e la rosa rossa*)》［OS：1813年2月21日ジェノヴァ（*La rosa Bianca e la rosa rossa* の題名で初演)］ 《ドルシェイム男爵（*Barone di Dolsheim*)》［OS：1818年9月23日ミラーノ］ 《エリーザ（*Elisa*)》［OS：1804年8月（または7月）5日ヴェネツィア初演］ 《セビーリャの理髪師（*Il barbiere di Siviglia*)》［OB→初演1816年前記。以下略］ 《2人の囚人（*I due prigionieri*)》［OB：1804年4月9日ヴェネツィア。*La burla fortunate, ossia I due prigionieri* の題名で初演］ 《幸せな認知（*Il riconoscimento felice*)》［OB］* 4 《セビーリャの理髪師（*Il barbiere di Siviglia*)》 《ロシアのオランダ人（*L'olandese in Russia*)》［OB］ 《幸せな間違い（*L'inganno felice*)》［OB：1812年1月8日ヴェネツィア］ 《田舎の花婿（*Lo sposo di provincia*)》［OB］ 《イタリアのトルコ人（*Il turco in Italia*)》［OB：1814年8月14日ミラーノ］

11 月 24 日	ロッシーニ	《セビーリャの理髪師(*Il barbiere di Siviglia*)》

* 1　Mario Rinaldi, *Due secoli di musica al Teatro Argentina.*, Firenze, Leo Olschki, Vol. 3., 1978. の Le cronologie はオペラの初演としたが，Ibid., vol. 1., p. 448. はカンタータ（合唱付きシェーナ・リーリカ）とする。作曲者不詳のため初演か否かも不明だが，Rinaldi の記述から「カンタータ」「初演」とした。
* 2　Ibid., Vol. 3, Le cronologie は 1812 年 12 月 26 日上演とし，初演の位置づけもしないが，Dario Ascarelli, *DEL FANTE, Antonio*（Dizionario Biografico degli Italiani, Vol. 36., 1988.）における 1813 年 1 月 4 日（または 1812 年 12 月 26 日）の初演データを採用した。
* 3　Rinaldi, Vol. 3, Le cronologie の 1815 年 10 月 6 日 S. マイール《エレウシスの秘儀（*I misteri eleusini*)》は，コンサートにおける演奏のため採用しない。
* 4　アンブロジーニ，カプラーニカ，コルデッラ作品の初演日は Rinaldi に準拠。

第四の扉
パッチワークとしての作曲法とその特殊性

ロッシーニのカリカチュア（イポリート・メリ画，1850年代。フランス国立図書館蔵）

第四の扉　パッチワークとしての作曲法とその特殊性

　ロッシーニの作曲法の特異性の理解に《セビーリャの理髪師》はうってつけのテキストである，と筆者は考える。その理由は，短期間の作曲を余儀なくされたこの作品には若き天才の霊感のほとばしりを即座に感得しうる名曲があるだけでなく，旧作の楽曲や着想を素材として活用する創作の特色——ロッシーニに固有でなくても，彼の作品に顕著な用法——が読み取れるからである。旧作からの転用や借用については2種の批判校訂版で明らかにされているが，解釈は研究者ごとに分かれる[1]。他作曲家の楽曲との関連は言及されず，これに関する研究も端緒についたばかりである[2]。

　本論の目的は，《セビーリャの理髪師》の音楽を他作曲家の影響や音楽素材の借用も含めて再検証することにあり，これを通じて自作と同じレヴェルで他者の素材を扱うロッシーニの特殊性に新たな光を当ててみたい。

作曲法の一部をなす転用と主題の再使用

　ロッシーニの作曲法の一端に「旧作の楽曲転用」や「主題の再使用」があることは，広く知られている。彼以前のオペラ作曲家も，ヘンデルやヴィヴァルディの例を挙げるまでもなくしばしば旧作の楽曲転用を行ったが，ロッシーニほど頻繁かつあからさまにした者は少なく，その点でも異色の存在と言えよう。だが，旧作の転用は「手抜き」や「創造性の欠如」と見なされる危険性があり，独創性を重んじる芸術観に反することから批判の対象にもなる。近代の作曲家は本能的にそれを避けようとするが，ロッシーニにその姿勢が乏しいことは，転用や再使用を批判されながら晩年までそれを続けたことからも明らかである（近年の研究で，《小ミサ・ソレムニス》[1862-63年]の〈クリステ・エレイソン〉がニデルメイエール作曲《ミサ・ソレムニス》[1849年]の〈エト・インカルナトゥス〉の借用と判明）[3]。

　この事実をどう理解すれば良いのだろう。筆者は単純明快に，それもまたロ

ッシーニの特殊な作曲法の一部なのだと考える。「締め切りに追われた窮余の策」や「手抜き」の視点でこの問題を捉えるのではなく——確かにそうした理由での転用や再使用もあるが，それがすべてではない——作曲におけるロッシーニの方法論やメカニズム（仕組み）と捉えることが重要なのである。そのためには転用や再使用の個別分析に先立ち，ロッシーニの特殊な記憶力に対する理解も不可欠と思われる。なぜなら旧作を写譜させる直接的転用とは別に，主題やパッセージの再使用の多くはロッシーニが素材を無意識のうちに，もしくは作曲の手掛かりとして意識的に記憶から引き出し，使用した可能性が高いからである。

　ロッシーニが特殊な音楽の記憶力を持っていたことは，後年若い頃を振り返り，「当時の私のたくましい音楽の記憶力は本当に自慢に値する」と語ったことでも判る[4]。その意味で若き日の彼は，フェルディナンド・ヒラーがメンデルスゾーンについて述べた「頭の中に図書館をそっくり持つ音楽家」[5]の一人と言っても間違いではないだろう。この特殊な記憶力は，耳にした他者の音楽にも適用しうる。筆者がロッシーニの知りうるすべての音楽を分析の対象とするのも，そこに問題の核心があると考えるからである。

　《セビーリャの理髪師》の楽曲は，おおよそ次の4種に区分できる。

　　①旧作からの完全な転用曲
　　②旧作の旋律や主題の明確な再使用と改作を含む楽曲
　　③旧作の着想の再使用や素材を新たな展開させた楽曲
　　④完全な新曲

　この区分は筆者が便宜的に設けたものだが，②と③については素材や着想の使用法からより多層的な分類が可能である。例えば「転用」「借用」「引用」「ヴァリエーション」「編曲」「異化」「パロディ」がそれで，完全な創作とされる楽曲もすべてが新曲とは限らず，無意識のうちに他の素材が混入したケースや，新曲に意図的に他の素材を混入させることもありうる。また直接的には旧作の改作転用であっても，その旋律が外国の民衆歌に基づくケースや，他の作曲家の音楽のパロディとして用いる事例もある（後述）。次の分析ではそうした点に焦点を当て，ロッシーニの創作がさまざまな要素を意識的・無意識的に織り交ぜて行われたことを明らかにしたい（レチタティーヴォ・セッコは大半が協力者の作曲であることから考察の対象外とする）。

楽曲別の考察

序曲［シンフォニーア］（ホ長調，4分の4拍子，アンダンテ・マエストーゾ～ホ短調－ホ長調，アレグロ・コン・ブリオ－ピウ・モッソ）

《セビーリャの理髪師》序曲が旧作《パルミラのアウレリアーノ》（1813年12月26日ミラーノのスカラ座初演）序曲の転用であることは，広く知られている。ロッシーニは原本となる《パルミラのアウレリアーノ》の自筆楽譜（後に消失），もしくはその写譜をあらかじめナポリから持参した可能性が高く，ローマのオーケストラ編成に沿った楽器の変更も行った（これに先立ち，わずかに手を加えて《イングランド女王エリザベッタ》［1815年ナポリ］序曲にも使用）。《セビーリャの理髪師》の自筆総譜では，序曲に当たる部分に筆写者の手でチェロとコントラバスのパートのみが書かれており（**譜例1**），《新聞》序曲を転用した《ラ・チェネレントラ》序曲も同様である。

譜例1《セビーリャの理髪師》自筆総譜の序曲

ミラーノで初演したオペラがまだナポリやローマで知られていないことも転用する際の判断材料と思われるが，その選択が劇のジャンル（オペラ・セーリアかオペラ・ブッファか）を無視している点に留意する必要がある。ちなみに《パルミラのアウレリアーノ》序曲はその第2幕アルサーチェのシェーナと第1幕フィナーレの音楽で構成されており，これはモーツァルトが《ドン・ジョヴァンニ》で行ったのと同じ手法である。こうした場合は本編のオペラを作曲した後に，そのモティーフを使って序曲を作曲したと判断しうる（最初に序曲を作曲し，その主題や動機を用いてオペラの楽曲を作曲するわけではない）。★**作曲法の特色：旧作序曲の単純な転用**

ロッシーニのオペラ序曲（Sinfonia, Ouverture などと称される）は，その有無も含めて次のカテゴリーに区分しうる。

1. 序曲なし。オペラ改革の視点で独立した序曲を不要とする場合と（例，《エジプトのモゼ》《マオメット2世》），なんらかの理由で作曲しなかった作品（例，《アディーナ》）に分けられる。

２．旧作の完全な（もしくはほぼ完全な）転用（例：学生時代のシンフォニーアを転用した《結婚手形》序曲，《新聞》序曲を転用した《ラ・チェネレントラ》序曲）。

３．旧作の旋律や主題を再使用して構成した序曲（さまざまなレヴェルがある。例，《イタリアのトルコ人》序曲の素材を用いた《シジスモンド》序曲とその改作を含む《オテッロ》序曲）。

４．複数の旧作の素材を合成した序曲（例，《リッチャルドとゾライデ》と《エルミオーネ》の素材を合成した《エドゥアルドとクリスティーナ》序曲）。

５．当該オペラの素材を含む書き下ろしの序曲（例，《パルミラのアウレリアーノ》序曲，《泥棒かささぎ》序曲）。

６．完全な（もしくはほぼ完全な）新曲として書かれた序曲（例：《セミラーミデ》序曲，《ギョーム・テル》序曲）。

　以上の区分は，楽曲形式に基づく細分化も可能である。例えば《なりゆき泥棒》は序曲と導入曲を一体化して N.1 とし，《エルミオーネ》序曲には合唱が使われる。また多くの序曲は序奏と主部もしくは緩〜急の二部形式であるのに対し，《ギョーム・テル》は四つの部分で構成される。

　しかしながら，序曲の有無は契約時の取り決めや上演する劇場の慣例にも左右され，ロッシーニの意思がすべてでないことを理解する必要がある。例えば《マオメット 2 世》は序曲を持たない改革オペラとして作られたが，ヴェネツィア再演（1823 年謝肉祭）ではフェニーチェ劇場の慣例に従って新たに序曲を追加した。なお，ラディチョッティはロッシーニ伝の中で《セビーリャの理髪師》序曲のアンダンテの旋律を「スポンティーニ《ヴェスタの巫女》序曲のフレーズの明らかな回想」と記し，譜例も比較に掲げているが[6]，その解釈は受け容れがたい。

　ロッシーニの序曲における転用や借用，改作の諸段階の概略を表にすると，次のようになる。

1	2	3	4	5	6
未作曲または不要として作曲せず	旧作の完全またはほぼ完全な転用	一つの旧作序曲の改作転用	二つの序曲の序奏と主部から構成	複数の序曲や楽曲の素材から構成	新曲として書き下ろし

【第1幕】

N.1 **導入曲**〈静かに，喋らずにそっと *Piano, pianissimo senza parlar*〉（フィオレッロ／伯爵／合唱）

開始部は，《シジスモンド》（1814年）第2幕の導入合唱〈なぜ我らを密かに呼んだのか？（*In segreto a che ci chiama?*）〉の主題を転用して改作した。続く伯爵のソロ〈ごらん，きらめく空に（*Ecco ridente in cielo*）〉は，《パルミラのアウレリアーノ》第1幕の導入曲〈偉大なオシリスの妻（*Sposa del grande Osiride*）〉に起源を持つ。同じ音楽は《セビーリャの理髪師》の直前に作曲したカンタータ《畏れおおくも我らがフェルディナンド4世国王陛下のめでたき誕生日のために（*Pel faustissimo giorno natalizio di Sua Maestà il re Ferdinando IV, Nostro augusto sovrano*）》（通称《ジュノーネ（*Giunone*）》。1816年1月12日ナポリ初演）の冒頭合唱〈新床の女神は（*Dea, cui d'intorno ai talami*）〉に見出せるが，内容的に拡大されている。それゆえ《畏れおおくも～》ヴァージョンの記憶を基に改作したと理解でき，繋ぎの部分やストレッタは新たに作曲されている。★**作曲法の特色：旧作の音楽を記憶から導いて再構成**（特殊な記憶のメカニズム）

N.2 **フィガロのカヴァティーナ**〈ラ・ラン・ラ・レラ，ラ・ラン・ラ・ラ［……町の何でも屋に道を開けろ］*La ran la lera, la ran la là*［*...Largo al factotum della città*］〉（フィガロ）

ロッシーニの音楽の中でもとりわけ活力を高く評価されるカヴァティーナ。独創性は疑うべくもなく，完全な創作とされるが，音楽に二つの素材が影を落とすことを指摘したい。その一つが着想の原点としてのモーツァルト《魔笛》（1791年）第2幕モノスタトスのアリア〈誰でも恋の喜びを知っている（*Alles fühlt der Liebe Freuden*）〉で，ロッシーニが《魔笛》を知っていた事実をふまえて耳を傾ければ音楽の近親性に気づくだろう。モーツァルトはハ長調，4分の2拍子，アレグロ，ロッシーニは同じ調性で8分の6拍子，アレグロ・ヴィヴァーチェ。モーツァルトの前奏「常にピアニッシモ（Sempre pianissimo）」に対してロッシーニの前奏がホルンとトランペット各2を含む「フォルティッシモ」である違いはあっても，ピッコロを含む音楽の感触は似ている。歌い始めの伴奏は弦楽合奏のみで「*pp*」。フィガロが明るく華やかな性格を弾けるように歌い，モノスタトスが抑圧された欲情にかられて歌う違いはあっても音楽のツボは同じである。後述するように，ロッシーニが音楽の着想の根をしばしば記憶に求め，これを出発点に新たな音楽を紡ぎ出すことを考えれば，モノスタトスのアリアに触発されても不思議はなく，《魔笛》の素材は他の楽曲にも聴

き取れる（後述）。

　もう一つの音楽素材は8分音符や三連音を連続するパターンで，同様の用法はロッシーニ初期の器楽変奏曲に見出せる（例，フルート，クラリネット，ホルン，ファゴットのための《アンダンテと変奏付きの主題》1812年）。これとは別に，タランテッラ（Tarantella）の民族的素材に三つの8分音符を連続させ，「la ta-ran-tel-la」「la la la, la la la」などと歌う音楽が挙げられる（タランテッラはナポリの民衆音楽や古舞踏に起源を持つ[7]）。

　ここでの三連音はフィガロの活力や陽気さの音楽表現と理解でき，伯爵との二重唱（ N.4 ）の活気もこれが基盤をなし，タランテッラの用法は五重唱にも使われる（後述， N.13 ）。これとは別に，後半の特徴的な音型の連続に，《トルヴァルドとドルリスカ》（1815年）導入曲ストレッタのアンサンブルの着想が聴き取れる（全集版での言及はない。**譜例2**）。

譜例2　フィガロのカヴァティーナの音型（上）と《トルヴァルドとドルリスカ》のストレッタ（下）

　フィガロのカヴァティーナが一気呵成の書下ろしであることは，ロッシーニの筆の勢いと逸脱（前奏の最初の着想のカット。**譜例3**）からも明白である。それが湧き出る霊感の反映であることは，骨格楽譜に続くオーケストレイション段階の修正やカットからも読み取れ，ロジーナのカヴァティーナも同様である（後述， N.5 ）。こうしたオーケ

譜例3　フィガロのカヴァティーナ前奏のカット（自筆楽譜）

第四の扉　パッチワークとしての作曲法とその特殊性

ストレイション前の修正やカットは批判校訂版の校註書において明らかにされるが，正規の印刷楽譜や演奏譜には反映されない。それゆえ自筆楽譜からのみ最初の着想や作曲時の勢いが読み取れる，と言っても過言ではない。なお，フィガロ役はその滑稽な性格からブッフォ・カンタンテと位置づけられる。★**作曲法の特色：他者の音楽の記憶や旧作に着想を得た一気呵成の作曲**

N.3　**伯爵のカンツォーネ**〈もしも私の名を知りたければ Se il mio nome saper voi bramate〉（伯爵／ロジーナ／フィガロ）

　この短いカンツォーネは，マヌエル・ガルシア自身の作曲したものが初演で歌われた後にロッシーニが作曲したとする説もあったが，自筆楽譜の研究で否定されている。興味深いのは，カンタータ《エーグレとイレーネ（Egle ed Irene）》（1813／14年）の校訂者グイド・ヨハネス・イェルクが伯爵のカンツォーネ旋律冒頭をエーグレのカヴァティーナ〈ああ，神よ，耐えられません（Non posso oh Dio resistere）〉の旋律を長調から短調にしたもの，と指摘した点である[8]。《セビーリャの理髪師》批判校訂版の校訂者はその解釈を認めないが，筆者はこれに関してイェルクに賛同する。なぜなら長調から短調への変換に納得し難い人がいても，順序を逆にして伯爵のカンツォーネを短調から長調に変換し，最高音を三度高く置き換えれば，二つの旋律の関連が明白だからである（**譜例4**）。

　ここでの長調から短調への変換は意識的な作業ではなく，ロッシーニが脳内で自動変換するヴァリアツィオーネ（旋律の自由な変奏）の一種と見なしうる。旋律を長調から短調，もしくは短調から長調に変換することは一般的手法のみならず，旋律の要をなす三つの音（冒頭音，中間部分の最も高い，もしくは最も低い音，最後の音）が一致すればその間の経過的な音の流れを変えても変奏として成立する，との経験則があり，中間の最高音をさらに三度上もしくは三度下に変える手法も歌の変奏の常套だからである。その後エーグレのカヴァティーナは，

譜例4　伯爵のカンツォーネ（上）とエーグレのカヴァティーナ（下）

長調のまま《ラ・チェネレントラ》第2幕の六重唱の中の〈これが絡まった結び目（*Questo è un nodo avviluppato*）〉の主題冒頭にも姿を変えている（筆者による指摘。譜例5）。★作曲法の特色：旧作の旋律のヴァリアツィオーネと異化

譜例5 《ラ・チェネレントラ》六重唱の主題

N.4 伯爵とフィガロの二重唱〈あの全能の金貨を *All' idea di quel metallo*〉（フィガロ／伯爵）

完全な創作。ただし，後半部の長調の三連音のパッセージをフィガロのカヴァティーナと関連づけることもできる（他の楽曲との関連もさまざまなレヴェルで存在する）。

N.5 ロジーナのカヴァティーナ〈今しがた一つの声が［今の歌声］*Una voce poco fa*〉（ロジーナ）

ユニークな前奏を持つカヴァティーナ。後半部の転用部分を除いて完全な創作とされる。「私は素直で（*Io sono docile*）」の旋律は旧作の転用改作で，初出はバスのためのコンサート・アリア〈賛美の声に（*Alle voci della gloria*）〉（1813年）に遡る。その改作が《パルミラのアウレリアーノ》アルサーチェのグラン・シェーナ末尾のカバレッタ「このような時に，私を見捨てないでくれ（*Non lasciarmi in tal momento*）」で，《イングランド女王エリザベッタ》第1幕エリザベッタのカヴァティーナのカバレッタ「この心は良く判っています（*Questo cor ben lo comprende*）」を経て，ロジーナのカヴァティーナで改作の打ち止めとなる。こうした場合は，ロッシーニ自身がこれを完成品と見なしたと理解しうる（同様の例は，転用改作を重ねた歌曲にも見出せる）。

後半部の前奏でヴァイオリンが奏する音型と「私は素直で」のフルート独奏の音型を《魔笛》パパゲーノの音型と関連付ける者もおり，パロディの一種とするが[9]，その解釈には無理がある。しかし，間奏部分の伴奏音型が《シジスモンド》第1幕シジスモンドのカヴァティーナ〈私に付きまとうな……消え失せろ（*Non seguirmi... omai t'invola*）〉の伴奏に起因することは一目瞭然であろう（譜例6）。

第四の扉　パッチワークとしての作曲法とその特殊性

譜例6　シジスモンドのカバレッタ伴奏

この楽曲で転用以上に重要なのがカヴァティーナ前半部の破格さで，伴奏付きレチタティーヴォと二部形式のアリアのプリモ・テンポを融合した斬新なスタイルで書かれている（「私は素直で」からセコンド・テンポ＝カバレッタとなる）。カバレッタが一気呵成の書下ろしであることも，自筆楽譜における勢いと逸脱（最初の着想の修正）から明白である（譜例7）。★**作曲法の特色：新たな着想と旧作の音楽の融合。転用と改作の積み重ねと完成版**

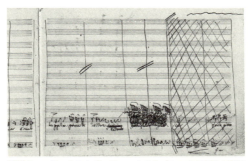

譜例7　ロジーナのカヴァティーナのカバレッタの修正と削除

N.6　バジーリオのアリア〈中傷はそよ風です *La calunnia è un venticello*〉（バジーリオ）

クレシェンドの主題を除いてほぼ完全な創作。アリアの主題を《パルミラのアウレリアーノ》第1幕フィナーレのアルサーチェとゼノービアの二重唱〈行ってください，私を捨てて，そして守るのです（*Va' m'abbandona, e serba*）〉の前奏を関連づける者もいるが[10]，ロッシーニの記憶にパイジエッロ《セビーリャの理髪師》フィガロのアリア〈すでにたくさんの国を巡りました（*Scorsi già molti paesi*）〉の前奏があれば，アルサーチェとゼノービアの二重唱の前奏とバジーリオのアリアの前奏の着想に結びついた可能性がある（筆者説。ロッシーニのフィガロを創唱したザンボーニは，これに先立ち1811年にミラーノのスカラ座でパイジエッロのフィガロを演じている）。パイジエッロの前奏，《パルミラのアウレリアーノ》二重唱の前奏，バジーリオのアリアの前奏を比較されたい（譜例8）。

95

譜面8　上から順に，パイジェッロ，《パルミラのアウレリアーノ》，バジーリオのアリア

　管弦楽の伴奏音型主題は《シジスモンド》第1幕ラディズラオとアルディミーラの二重唱の第一部分〈なぜ従うのを嫌がるのか？（*Perché obbedir disdegni?*）〉と同じだが，バジーリオのアリアではクレシェンドの用法を追加している（歌詞にヒントを得た用法と思われる）。興味深いのは，この主題が《タンクレーディ》第2幕アメナイーデとタンクレーディの二重唱〈ほっといてくれ：聞く耳は持たぬ（*Lasciami: non t'ascolto*）〉の旋律から派生していることで，女声の流麗なハーモニーの上昇～下降のパッセージを規則的な音型に置き換えると《シジスモンド》の伴奏音型になり，それにクレシェンドの用法を加えるとバジーリオのアリアの伴奏になる（筆者説。譜例9）。★**作曲法の特色：他作曲家の音楽や旧作の記憶に基づく着想の転用，変形と異化**

譜面9　上から順に《タンクレーディ》，《シジスモンド》，《セビーリャの理髪師》

N.7　ロジーナとフィガロの二重唱〈それでは私なのね……嘘じゃないわね？ *Dunque io son...tu non m'inganni?*〉（ロジーナ／フィガロ）

　カバレッタの一部を除いて完全な創作。カバレッタの主題が《結婚手形》フ

ァンニのアリア〈この喜びを貴方に伝えたいのです（*Vorrei spiegarvi*）〉に起源を持つことは広く知られ，そのパッセージの変形が《幸せな間違い》バトーネのアリア〈あの声が私を打った（*Una voce m'ha colpito*）〉に現れる。しかし，《結婚手形》と《セビーリャの理髪師》の関係はより直接的で，ロッシーニが記憶から引き出したことが判る。★**作曲法の特色：新たな着想と旧作のパッセージの連結**

N.8 **バルトロのアリア〈私のような医者に向かって *A un Dottor della mia sorte*〉**（バルトロ）

完全な創作（4小節の伴奏音型の引用を除く）。前曲の二重唱と同様，前奏無しに歌が始まるパルランテのアリアで，バルトロ役はブッフォ・パルランテと理解しうる。ただし，管弦楽の旋律は《ブルスキーノ氏》のソフィーアとガウデンツィオの二重唱〈それは美しい絆（*È un bel nodo*）〉に前例があり，記憶から導かれたと理解しうる。★**作曲法の特色：新曲に紛れ込む旧作の記憶**

N.9 **フィナーレ［I］〈お〜い，誰か……親切な人は…… *Ehi di casa...buona gente...*〉**（伯爵／バルトロ／ロジーナ／ベルタ／バジーリオ／フィガロ／士官／合唱）

完全な創作。ロッシーニのフィナーレの傑作で，奇抜な着想が次々に湧き出たことが判る。音楽は次の六つのテンポからなる——マルツィアーレ（ハ長調，4分の4拍子）〜アレグロ（ホ長調，4分の3拍子）〜モデラート［〜ヴィヴァーチェ］（ハ長調，4分の4拍子）〜アンダンテ（ホ長調，8分の12拍子）〜アレグロ（ハ長調，4分の4拍子）〜ヴィヴァーチェ（同前）。

酔っぱらいの兵士に扮した伯爵が登場する音楽の着想は《パルミラのアウレリアーノ》第1幕フィナーレに原型が見出せるが，借用や改作に該当しない。フランチェスコ・フローリモはストレッタと同じフレーズがニコラ・マンフローーチェ（Nicola Manfroce, 1791-1813）作曲《エークバ（*Ecuba*）》（1812年12月13日ナポリのサン・カルロ劇場初演）にあるとし[11]，ラディチョッティは同じフレーズがスポンティーニ《ヴェスタの巫女》にあり，マンフローチェとロッシーニが同じ素材を利用した可能性があるとする[12]。だが，それぞれの音楽を比較すれば容認しがたいことが判る[13]。★**作曲法の特色：湧き出る着想に導かれた斬新な書き下ろしのフィナーレ**

【第2幕】

N.10 伯爵とバルトロの二重唱〈平和と喜びがあなたにありますように *Pace e gioia sia con voi.*〉（伯爵／バルトロ）

完全な創作。パルランテによる音楽の冗談の一種で、単純な旋律は歌詞を朗読しながら行の最後の単語のアクセントを音楽的に強調する手法で作られ、早口言葉も挟まれる。★作曲法の特色：パルランテによる音楽の冗談

N.11 ロジーナのアリア〈愛に燃える心に *Contro un cor che accende amore*〉（ロジーナ／伯爵）

完全な創作。事実上の「歌のレッスンの場」。比較的規模の大きな楽曲で、プリマ・ドンナの技巧を聴かせるべく書かれている。台本と劇に沿った音楽作りも重要で、伯爵の歌唱と重唱部分を含み、三つのテンポからなる——マエストーゾ（*Contro un cor*）〜ヴィヴァーチェ（*Ah Lindoro...mio Tesoro...*）〜モデラート（*Cara imagine ridente*）。冒頭の編成に「ピアノフォルテ（Pian: Forte）」と指示され、チェンバロではなくフォルテピアノを用いたことが判る（フォルテピアノの使用は18世紀と19世紀を隔てる指標でもあり、このオペラのレチタティーヴォ伴奏にチェンバロを用いるのは不適切）。

アリアの末尾にオーケストレイション前の4小節の低音部カットがあり、現在の後奏を思いついてすぐ書き変えたことが判る（譜例10）。なお、ロッシーニが歌手によるアリアの差し替えを想定した可能性があることは、第五の扉「レッスンの場の差し替えアリア」を参照されたい。★作曲法の特色：歌手の差し替えを想定したアリアの作曲

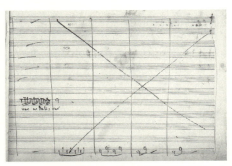

譜例10　ロジーナのアリア後奏のカット

N.12 バルトロのアリエッタ〈お前がそばにいると、愛らしいロジーナ……*Quando mi sei vicina, amabile Rosina...*〉（バルトロ）

返歌の一種。レチタティーヴォを挟んだ単一テンポで曲として完結しない。

第四の扉　パッチワークとしての作曲法とその特殊性

バルトロはこれに先立つレチタティーヴォでロジーナの歌ったアリアを「とても退屈だ」とけなし，「わしの時代の音楽は別物だった。ああ！　例えばカッファリエッロが歌ったあの驚嘆すべきアリア……」と前置きしてこのアリエッタを歌う。その音楽は 18 世紀の宮廷メヌエット風で，ロッシーニが古風な音楽をパロディとして用いたのはこれが唯一と思われ，完全な創作とされるが，18 世紀の原曲が発見される可能性もある（筆者による推測）。言及されるカッファリエッロ（Caffariello）は著名なカストラート，カッファレッリ（Caffarelli〔本名ガエターノ・マヨラーノ Gaetano Majorano〕，1710-83）を指すが，自筆総譜に挿入されたレチタティーヴォの楽譜は当初名前の部分が空白にされており，第三者がバルトロ役の歌手の意見を基に後で名前を書き足した，と推測されている[14]。
★作曲法の特色：18 世紀の宮廷メヌエットのパロディ

N.13　五重唱〈ドン・バジーリオ！……（なんてことだ！）*Don Basilio!...*（*Cosa veggo!*）〉（ロジーナ／伯爵／フィガロ／バルトロ／バジーリオ）

完全な創作。複合的な構成で，アンダンティーノ～モデラート（「おやすみなさい，貴方さま（*Buone sera, mio Signo*re）」）～アレグロ（4 分の 3 拍子。「締めてくれ（*Stringi*）」）～アレグロ（8 分の 3 拍子）からなる。ラマッキアは最初のアンダンテのヴァイオリン主題と《魔笛》序曲のアレグロ主題を関連づけ[15]，同じ音型はモーツァルトの交響曲第 38 番（K.504. 通称《プラハ》）の第 1 楽章にも使われている。しかし，これを引用や影響と考えるのは無理があり，モーツァルトとロッシーニ双方にさまざまな用例がある[16]。むしろ五重唱後半部の三連音符の連続にタランテッラの使用を認めるべきであろう（譜例 11）。★作曲法の特色：タランテッラのパロディ

譜例 11　五重唱の後半部より（タランテッラのパロディに該当）

N.14　ベルタのアリア〈年寄りは妻を求め *Il vecchiotto cerca moglie*〉（ベルタ）

シャーベット・アリア（aria del sorbetto）と呼ばれる脇役のアリアの一種。カスティル＝ブラーズは「当時ローマに住んでいた美しいモスクワ女性を喜ばせるため，ロッシーニがロシアのコントラダンスから取り入れたようだ」と記

99

している[17]。あながち作り話でないことは，アリアの旋律の最初の六つの音と
ロシアの民衆歌〈*Ty podi moja korovuška domoj*〉の一致が研究者によって指摘され
たことでも判る[18]。小フィナーレの旋律がロシア音楽に基づくことを考え合わ
せれば，カンタータ《アウローラ》（後述）を作曲する際に参考にしたロシア民
衆歌から旋律の一部を借用した可能性が考えられる。★**作曲法の特色：ロシア
の民衆歌から導かれた旋律**

N.15　**嵐**［Temporale］

　旧作の転用改作。嵐の音楽の初出は《六つの四重奏ソナタ》（1808年）第6
番第3楽章に遡り，《バビロニアのチーロ》（1812年）にも用いたが，《セビー
リャの理髪師》では序奏部分の34小節を新たに作曲し（部分的には《六つの四重
奏ソナタ》に原型あり），《試金石》（1812年）第2幕〈嵐（temporale）〉の音楽と合
成している。自然描写はバロック音楽に由来する伝統的用法で，特定の概念
を連想させる機能を持つ。ロッシーニは1年後の《ラ・チェネレントラ》に
も嵐の音楽を取り入れたが，《セビーリャの理髪師》までの転用や改作とは趣
が異なる（パリ時代の《モイーズ》《オリー伯爵》《ギョーム・テル》の嵐の音楽も同様）。
それゆえ《六つの四重奏ソナタ》に始まる嵐の音楽の用法は，《セビーリャの
理髪師》のそれが完成品となる。★**作曲法の特色：転用と改作の積み重ねと完
成品**

N.16　**三重唱**〈**ああ！ なんと予期せぬ一撃でしょう！ Ah! qual colpo inaspettato!**〉
（ロジーナ／フィガロ／伯爵）

　冒頭部分のみ創作で，プリモ・テンポの途中に出てくる「甘い絆（*Dolce
nodo*）」の旋律は前記《エーグレとイレーネ》終曲二重唱の後半部「愛する人
よ，同情してください（*Voi che amate, compiangete*）」からの借用である（おそらく
イェルクが最初に指摘[19]）。続くカバレッタ（「黙って，黙って，そっと，そっと（*Zitti,
zitti, piano, piano*）」）がハイドンのオラトリオ《四季》（1801年）第4曲ジモンの
アリア〈農夫は喜び勇んで（*Schon eilet froh der Akkermann*）〉と同じ主題であること
は，19世紀から知られている[20]（**譜例12**）。ロッシーニが続いて初演したカン
タータ《テーティとペレーオの結婚》（1816年）の合唱曲〈ああ，お出でくだ
さい：イメーネの祭壇には（*Deh venite: Sull'ara d'Imene*）〉にも使われており，明確
な借用と理解されるはずである。★**作曲法の特色：旧作や他作曲家の音楽の借
用と改作**

第四の扉　パッチワークとしての作曲法とその特殊性

譜例12　ハイドン《四季》ジモンのアリア（上）と《セビーリャの理髪師》の三重唱（下）

N.17　**レチタティーヴォ・ストゥルメンタートと伯爵のアリア〈もう逆らうのをやめろ *Cessa di più resistere*〉**（バルトロ／フィガロ／バジーリオ／伯爵／ロジーナ）

完全な創作。次の四つのテンポからなる。
1) テンポ・ダッタッコ：変ロ長調，4分の4拍子，マエストーゾ
2) プリモ・テンポ／カンタービレ：変ニ長調，4分の2拍子，アンダンテ
3) テンポ・ディ・メッゾ：変ロ長調，4分の4拍子，アレグロ
4) セコンド・テンポ／ロンドのカバレッタ：同前，モデラート

　カンタービレ部にはオーケストレイション前の4小節のカットがあり、モティーフの反復を想定したロッシーニの最初の着想が読み取れる（**譜例13**）。装飾歌唱の用法や特徴あるパッセージ 〔譜例〕 は初演歌手マヌエル・ガルシアが自作に好んで用い、ロッシーニが彼のために書いた《イングランド女王エリザベッタ》ノルフォルクのアリアにも使われている（**譜例14**）。★**作曲法の特色：初演歌手の技巧の適用**

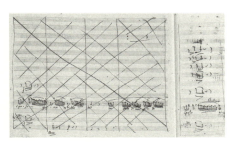

譜例13　伯爵のアリアのカンタービレ部のカット

譜例14　ガルシア作曲のパッセージ（《El criado fingido》1804年より）[21]

IOI

N.18　第 2 幕小フィナーレ［Finaletto Secondo］〈かくも幸せな結びつきを *Di sì felice innesto*〉（フィガロ／ベルタ／バルトロ／バジーリオ／ロジーナ／伯爵／合唱）

　合唱を挟んで各人物が同じ旋律を歌い継ぐフランスのヴォードヴィル形式をアレンジし，人物ごとの旋律変奏を取り入れた華やかな終曲。主題は《トルヴァルドとドルリスカ》に先立ちローマで作曲したピアノ伴奏カンタータ《アウローラ》（1815 年 11 月）終曲三重唱のアレグロ部を改作している。このカンタータはロシアの将軍クツーゾフ（Kutuzov）の妻に献呈され，手稿譜が 1942 年にモスクワで発見されたことから主題がロシア民衆歌〈*Na čto bylo ogorod gorodit'*〉に基づくと判明した[22]。★ 作曲法の特色：ロシアの民衆歌からの主題借用

結論にかえて

　以上，《セビーリャの理髪師》における素材借用を軸にロッシーニの特殊な創作法の一端を明らかにしたが，旧作の転用は 19 世紀初頭までのイタリア人作曲家にとって当然の手法であった。多くの音楽は一回性のものと考えられ，楽譜出版で流布する作品はむしろ例外的だったからである。オペラも初演が失敗すれば，再演の可能性が失われる。不評の原因が台本や劇の内容，歌手に対する観客の不満など音楽以外の部分にあるなら，作曲家が自分の音楽を別な作品に再使用しても不思議はない。

　これに関してロッシーニは，1854 年にフィレンツェの自宅を訪れた建築家シャルル・ドゥソーにこう語った——「人々の眼に私の全部のオペラを集めて晒すこの出版［リコルディ社が開始したロッシーニ作品の系統的な楽譜出版を指す］に対し，私は常に怒りまくっている。人はそこに同じ曲を幾つも見つけるが，私がとても良いと思うオペラが野次られたらそれを引っ込め，私がしたように新たな作品の中にそれを使って失敗を挽回する権利が私にはある，と思ったのだ。野次られた一個のオペラは私にとって死んだも同然で，こうして生き返らせたのだよ！[23]」

　だが，《セビーリャの理髪師》における旧作の楽曲転用や主題の再使用は，失敗作にとどまらない。自筆楽譜には他作曲家の着想や断片，旧作のモティーフが記憶から瞬時に引き出され，シュルレアリストの自動筆記のように猛烈なスピードで音符が書かれた痕跡も見て取れるからである。ロジーナとチェネレントラを創唱したリゲッティ＝ジョルジは，ロッシーニがひどい喧騒の中で猛烈な速さで作曲し，「友人たちが周囲で笑い，喋り，歌っていないと霊感が

第四の扉　パッチワークとしての作曲法とその特殊性

湧かない」と言った，と『かつて歌手だった女の返書』に記している[24]。《セビーリャの理髪師》の奇想天外な着想も，そうした喧騒が刺激となって生み出されたに相違なく，旧作の音楽とは別にモーツァルト，ハイドン，タランテッラなどの素材が不意に顔を覗かせるのも，無意識のなせる技のように思えてならない。

《セビーリャの理髪師》の借用素材をまとめると，次のようになる。

他の作曲家の着想や音楽素材……パイジエッロ《セビーリャの理髪師》（1782 年），モーツァルト《魔笛》（1791 年），ハイドン《四季》（1801 年），器楽の変奏曲における三連音の用法やタランテッラ，ロシアの民衆歌，マヌエル・ガルシアの声楽用法（以上，批判校訂版に言及なし）。

ロッシーニ自身の旧作の素材と着想……《結婚手形》（1810 年），《試金石》（1812 年），《ブルスキーノ氏》（1813 年），《パルミラのアウレリアーノ》（1813 年），〈賛美の声に〉（コンサート・アリア，1813 年），《エーグレとイレーネ》（カンタータ，1813 ／ 14 年），《シジスモンド》（1814 年），《アウローラ》（カンタータ，1815 年），《畏れおおくも我らがフェルディナンド 4 世国王陛下のめでたき誕生日のために》（カンタータ，1816 年）。

旧作をパッチワークのように組み合わせる手法は，《セビーリャの理髪師》の 2 カ月後にナポリで初演したカンタータ《テーティとペレーオの結婚》において顕著に表れている。なぜならこの作品は，第 1 曲合唱以外のすべてに旧作の素材が使われているからである（本章末尾の一覧表参照）。ただしナポリ初演《イングランド女王エリザベッタ》の使用を避け（半年前の初演ゆえ当然であろう），直近の二つのローマ初演作（《トルヴァルドとドルリスカ》と《セビーリャの理髪師》）とそれに先立つ 3 作（《パルミラのアウレリアーノ》《イタリアのトルコ人》《シジスモンド》）から選んで活用しており，当時ロッシーニがこうした作曲法を自家薬篭中の物としていたことがうかがえる[25]。

しかしながら，《セビーリャの理髪師》は書き下ろしの楽曲が傑出しており，これには 2 カ月前の《トルヴァルドとドルリスカ》失敗を挽回したいとの思いもあったはずである（このオペラは 2 年後に最初の再演が行われるまで，事実上お蔵入りだった）。レチタティーヴォ・セッコ以外に協力者の作曲した楽曲がなく（後のオペラ・ブッファ《新聞》《ラ・チェネレントラ》では，協力者にアリアや合唱曲を作曲させている），旧作の着想や主題を完成形に導くロッシーニの方法論も見て取

103

れる[26]。その結果，直接転用した《パルミラのアウレリアーノ》序曲も《セビーリャの理髪師》序曲として世界中で人気を博したのである。

　こうした作曲法が，旧作の楽曲に合わせた詩句を台本作家に書かせ，歌詞のアダプトを第三者に委ねるパスティッチョと本質的に異なるのは言うまでもない。あらためて強調したいのは，記憶から膨大な旋律やモティーフを自在に引き出し，瞬時にこれを異化して新たな音楽を生み出す手法のユニークさである。斬新な開始部で書き始めたロジーナのカヴァティーナになぜ《魔笛》の片鱗が現れ，カバレッタの途中で旧作の旋律に移行して新たな旋律を導きながら，伴奏にシジスモンドのカヴァティーナを使う理由を理屈で説明するのは難しい。フィガロのカヴァティーナや第1幕フィナーレの創意も同様で，「天才の霊感の噴出」と理解できても，霊感が湧き出るメカニズムは不明である。

　批判校訂版は旧作からの再使用や転用のみ言及し，ロッシーニ以外の素材を事実上無視しているが，筆者がかつて明らかにした《タンクレーディ》初演版フィナーレに対するパーエルのアリアの影響[27]，《エルミオーネ》序曲と導入曲冒頭の下降旋律とハイドン《四季》の冒頭4小節との一致[28]，本章に記した他者の音楽との類似はロッシーニの音楽の成り立ちを理解する上で不可欠と思われ，今後はそうした点にも研究者の目が向けられねばならない。

註

1　旧作からの借用や転用は全集版序文の項目「Autoimprestiti（自作の借用）」に示されるが，解釈は一元的でない。

2　ハイドンの影響は古くから指摘されているが（例，ラディチョッティによるロッシーニ伝，1927-29），本格的研究は次のフェデリーコ・ゴンの学位論文が最初と思われる。Federico Gon, *Le influenze su Rossini della musica di Haydn.*, Tesi di dottorato, 2013.

3　ベーレンライター社の《小ミサ・ソレムニス》批判校訂版（Rossini, *Petite Messe solennelle*, Edited by Patricia B. Brauner and Philip Gossett, Kassel, etc, Bärenreiter, 2010.）参照。

4　ヒラーへの述懐。Ferdinand Hiller, *Plaudereien mit Rossini.*, 16., 1855., in Bollettino del Centro rossiniano di studi., Anno XXXII, Pesaro, Fondazione Rossini, 1992., p. 83.

5　Ibid. メンデルスゾーンがバッハ《マタイ受難曲》を全曲暗譜で伴奏したことに関して語った言葉。

6　Giuseppe Radiciotti, *Gioacchino Rossini. Vita documentata. Opere ed influenza su l'arte, vol.I.*,

第四の扉　パッチワークとしての作曲法とその特殊性

Tivoli, Arti Grafiche Majella, 1927., p. 211.

7　名称の起源を毒蜘蛛のタランチュラ（イタリア語で tarantola）に求め，この蜘蛛に咬まれて舞踏病になって激しく踊ることが由来であるとする説とは別に，ダンサーがタランチュラよる舞踏病を模したナポリの古舞踏「ntandarandere」を起源とする説がある（A cura di Riccardo Allorto e Francesca Seller, *Canti popolari e popolareschi nelle trascrizioni dell'Ottocento.*, Milano, Casa Ricordi, 2001., p. 103 参照）

8　次の CD ブックレットにおける《エーグレとイレーネ》の解説（Guido Johannes Joerg 筆）を参照されたい（ebs records gmbb ebs 6080）。

9　例，Saverio Lamacchia, *Il vero Figaro o sia il falso factotum. Riesame del "Barbiere" di Rossini.*, Torino, EDT, 2008., p. 212. ロッシーニが《魔笛》を熟知していたのは事実だが，この音型は《パルミラのアウレリアーノ》が初出。

10　例，Herbert Weinstock, *Rossini A Biography.* , New York, Alfred, A.Knopf, 1968., p. 57.

11　Francesco Florimo, *La scuola musicale di Napoli e i suoi conservatorii, vol. III.*, Napoli, 1882., p. 104., n.2.

12　Radiciotti, op. cit., p. 228.

13　こうした 19 世紀の指摘には，今日的基準で受け容れがたいものが少なくない。

14　全集版の校註書 Commento critico, Apparato, p. 158.

15　Lamacchia, op. cit., p. 249.

16　その一つはマイールのオラトリオ《ラバンからのヤコブの逃走（*Jacob a Labano fugiens*）》（1791 年）のシンフォニーアに見出せる。ただし，マイールは明らかにモーツァルトの音楽の影響を受けている。

17　Radiciotti, op. cit., p. 235., n.1.

18　Mario Corti, *L' "Inno russo" del Viaggio a Reims…* Philomusica on-line 9/I (2010) – Saggi., pp. 22-23. に譜例と共に示されている。

19　前記 CD ブックレット解説（ebs records gmbb ebs 6080）

20　1883 年刊『グローヴ音楽・音楽家事典』初版の項目「ROSSINI」にも特記されている（*Dictionary of Music and Musicians (A.D.1450-1883), vol.III.*, London, Macmillan and Co., 1883., p. 167.）。

21　James Radomski, *Manuel Garcia : 1775-1832 : chronicle of the life of a bel canto tenor at the dawn of romanticism.*, Oxford-New York, Oxford University Press, 2000., p. 335.

22　前記 CD ブックレット解説及び Corti, op. cit. を参照されたい。

23　Charles Doussault, *Rossini, Notes de Voyage d'un artiste.* (*Revue de Paris*, 1 mars 1856., pp. 457-464.), p. 458.

24　Geltrude Righetti-Giorgi, *Cenni di una donna già cantante sopra il maestro Rossini in risposta a ciò che nescrisse nella [e] state dell'anno 1822 il giornalista inglese in Parigi e fu riportato in una gazzetta di Milano dello stesso anno.*, Sassi, Bologna, 1823. [Luigi Rognoni, *Gioacchino Rossini.*, Torino, Einaudi, 1977.2-ed, 1981., pp. 339-372. に掲載] なお，ロッシーニ自身も 1962 年に画家デ・サンクティスに対し，「《セビーリャの理髪師》は友人たちが騒いでいる中，13 日間で作曲した」と述べている（Guglielmo De Sanctis, *Gioacchino Rossini – Appunti di viaggio.*, Roma, E.Sinimberghi, 1878., p. 9.

25　これに対し 1 年後の《ラ・チェネレントラ》では，序曲と嵐の音楽，第 2 幕フィナーレ

に含まれるチェネレントラのロンドを除いて旧作からの転用や再使用は無きに等しい。作曲期間が短く，あらかじめ他の台本を前提に作曲した音楽を使用した可能性が指摘されている。

26　完成度の高い伯爵のアリアが同じローマ初演の次作《ラ・チェネレントラ》のロンドに改作転用されたのは，初演歌手リゲッティ＝ジョルジが《セビーリャの理髪師》最初の再演で伯爵のアリアを移調して歌ったことも関係する。

27　日本ロッシーニ協会ホームページ掲載の拙稿「ロッシーニのポラッカとパエールのアリア」参照。http://societarossiniana.jp/polacca.2010OCT.pdf

28　日本ロッシーニ協会ホームページ掲載の拙稿「《エルミオーネ》作品解説」参照。http://societarossiniana.jp/ermione.pdf

第四の扉　パッチワークとしての作曲法とその特殊性

《テーティとペレーオの結婚》における旧作の転用と主題借用[*1]

［→］内は後の作品への転用

前奏曲　アレグレット主題──《試金石》（1812年）第2幕導入曲の主題〈*Io del credito in sostanza*〉

N.1　合唱の主部［→《泥棒かささぎ》（1817年）の合唱とジャンネットのカヴァティーナ〈*Ma quel suono!*〉］

合唱の後のレチタティーヴォとN.2　ペレーオのカヴァティーナ──《シジスモンド》（1814年）ラディスラオのシェーナとカヴァティーナ〈*Misero me!*〉〈*Giusto ciel che i mali miei*〉［→《アディーナ》（1818年）のレチタティーヴォ〈*S'alza la notte*〉とマエストーゾ〈*Giusto ciel che i dubbi miei*〉。ただし《アディーナ》は《シジスモンド》から直接転用］

N.3　二重唱の重唱部分──《トルヴァルドとドルリスカ》（1815年）の小二重唱〈*Quest' ultimo addio*〉及び室内二重唱曲〈*Amore mi assisti*〉（1815年頃）

N.4　小合唱の主題──テノールのためのアリア〈*Dolci aurette che spirate*〉導入曲の器楽伴奏部，《ひどい誤解》（1811年）の合唱〈*Oh come tacita*〉，《バビロニアのチーロ》（1812年）の合唱〈*Veh come pallido*〉，《トルヴァルドとドルリスカ》シェーナとトルヴァルドのカヴァティーナ導入部分の器楽伴奏部

N.5　合唱の開始部主題──《セビーリャの理髪師》（1816年）の三重唱終結部〈*Zitti, zitti, piano, pian*〉［合唱の終結部→《ラ・チェネレントラ》（1817年）第2幕フィナーレ前の合唱〈*Della Fortuna instabile*〉］

N.6　三重唱のアンダンティーノ開始部──《試金石》の三重唱〈*Prima fra voi coll'armi*〉，同カノン，《トルヴァルドとドルリスカ》の三重唱〈*Ah qual raggio di speranza*〉，同カバレッタ主題，《パルミラのアウレリアーノ》（1813年）の三重唱〈*Mille sospiri e lagrime*〉［カバレッタ主題→《アルミーダ》（1817年）の三重唱カバレッタ〈*Unitevi a gara*〉，《銀行家アグアドの子息の洗礼式のためのカンタータ》（1827年）終結部〈*Congiunti ed amici*〉］

N.7　合唱── **N.5**の転写

N.8　二重唱の第一部分──《トルヴァルドとドルリスカ》第1幕導入曲の公爵登場の歌〈*Dunque invano i perigli*〉［→《泥棒かささぎ》ペーザロ再演（1818年）のための追加カヴァティーナ。《トルヴァルドとドルリスカ》からの直接転用］

N.9　チェーレレのアリア──《セビーリャの理髪師》第2幕の伯爵のアリア

〈*Cessa di più resistere*〉［アレグロ部→《ラ・チェネレントラ》ロンド・フィナーレのアレグロ〈*Non più mesta*〉］

N.10 合唱の主要素材──《イタリアのトルコ人》(1814年) 導入曲〈*Nostra patria è il mondo intero*〉。主題は《バビロニアのチーロ》第2幕導入曲と《絹のはしご》(1812年) ルチッラのアリアに遡る。

N.11 フィナーレのマエストーゾ主題──《セビーリャの理髪師》第1幕フィナーレのアンダンテ〈*Freddo ed immobile*〉，アレグロ主題──《絹のはしご》四重唱のアレグロ〈*I voti unanimi*〉，《トルヴァルドとドルリスカ》第2幕フィナーレのブリッランテ〈*Ah dal contento*〉

＊1　全集版《テーティとペレーオの》序文 p. XXXV. の二つの表の内容を要約して合成した。このカンタータはナポリ王フェルディナンド4世の孫娘にあたるマリーア・カロリーナとベリー公シャルル＝フェルディナンの結婚祝賀用に作られた。

第五の扉
歌のレッスンの場の差し替えアリア

ロッシーニ《セビーリャの理髪師》第2幕，歌のレッスンの場のアリア
（自筆楽譜の冒頭頁。ボローニャ，国際博物館＆音楽図書館蔵）

第五の扉　歌のレッスンの場の差し替えアリア

《セビーリャの理髪師》レッスンの場の差し替え

　《セビーリャの理髪師》歌のレッスンの場でアリアの差し替えが行われたことは第一の扉の解説にも記したが，そうした行為はロッシーニ作品が最初ではなく，パイジエッロ《セビーリャの理髪師》の諸再演においてもレッスンの場で差し替えアリアが歌われていた（例，1785 年パドヴァと 1808 年ヴェローナ）[1]。他のオペラも同様で，レッスンの場があるシモーネ・マイール（Giovanni Simone Mayr［Simon Mayr］, 1763-1845）の歌劇《なんたる奇人！（*Che originali!*）》（1798 年ヴェネツィア初演。《音楽狂（*Il fanatico per la musica*）》の題名で流布）においても 1810 年と 1824 年のロンドン上演でアンジェーリカ・カタラーニ（Angelica Catalani, 1780-1849）がパイジエッロ《反対された愛（*L'amor contrastato*）》（1788 年ナポリ初演。《水車小屋の娘（*La molinara*）》の題名で流布）のアリア〈もう心に感じられない（*Nel cor più non mi sento*）〉の主題による変奏曲を歌ったことが二つの印刷楽譜で確かめられる[2]。

　こうした歌手によるアリアの差し替えや挿入は，「鞄のアリア（aria di baule）」——歌手が自分の得意曲を旅行鞄に入れて持ち運び，行く先々でオペラに挿入する楽曲——によって容易になされた。ロッシーニ《セビーリャの理髪師》の自筆楽譜にも，意図が明確でないもののレッスンの場で他のアリアが歌わ

《セビーリャの理髪師》レッスンの場の自筆楽譜におけるロッシーニの添え書き

III

れる可能性を示唆する次の添え書きがあり，初期段階でアリアの差し替えを容認していたと推測しうる[3]——「× Segue Aria Rosina // Ovunque si dasse quest'Opera è pregato il Sig.e copista dopo _s'incominciamo_ segnare il se × gno sopra indicato. Rossini（× ロジーナのアリアに続く。このオペラが上演される際には，上に示した×印を「始めましょう」の後に付けるよう筆耕者にお願いする）」。

　1816 年 2 月 20 日ローマで行われた初演は《アルマヴィーヴァ，または無益な用心（_Almaviva, o sia L'inutile precauzione_)》と題され，ロジーナ役を創唱したジェルトルーデ・リゲッティが第 2 幕歌のレッスンの場でロッシーニの原曲〈愛に燃える心に（_Contro un cor che accende amore_)〉を歌った。だが，同年 8 月 10 日ボローニャのコンタヴァッリ劇場で行われた最初の再演では，差し替えアリア〈私の平和，私の安らぎ（_La mia pace, la mia calma_)〉が歌われた。作曲者は不詳で，ロッシーニの原曲の一部も使われている。この再演では伯爵のアリア〈もう逆らうのをやめろ（_Cessa di più resistere_)〉を変ロ長調からヘ長調に移調し，歌詞も変更してロジーナの楽曲とされ，題名も《セビーリャの理髪師（_Il barbiere di Siviglia_)》に変わっている。

　〈私の平和，私の安らぎ〉の楽譜は全集版《セビーリャの理髪師》の付録（Appendice III）に掲載され，マリリン・ホーンの録音もあるが[4]，原曲に比して魅力が乏しく，音域も c'-g" と狭い（原曲は a-a"）。それゆえレッスンの場でロジーナの存在感を増すことよりも，リンドーロの関与しないソロのアリアへの差し替えが目的と思われる。重要なのは最初の再演からレッスンの場のアリアの自由選択が始まり，伯爵が主役の座から転落して題名が《セビーリャの理髪師》となった点である。

　同年秋にフィレンツェのペルゴラ劇場で行われた再演（ロジーナ役は同じリゲッティ＝ジョルジ）では，バルトロのアリアがピエートロ・ロマーニ作曲〈紙が 1 枚足りないぞ（_Manca un foglio_)〉に差し替えられ，レッスンの場にステーファノ・パヴェージ（Stefano Pavesi, 1779-1850）作曲のアリア〈なぜ鎮めることができないの（_Perché non puoi calmar le pene_)〉が歌われ，〈もう逆らうのをやめろ〉はカットされた。パヴェージのアリアは 1811 年にオペラ《ダヴィド［ダヴィデ］の勝利（_Il trionfo di David_)》のカヴァティーナとして楽譜が出版されたが[5]，パヴェージ作品目録に同じ題名の歌劇がなく，詳細不明である。

　その後の差し替えアリアについては，ヒラリー・ポリス（Hilary Poriss）の論文「何を歌いたい？《セビーリャの理髪師》のレッスンの場（_Che vuol cantare? The Lesson Scene of Il barbiere di Siviglia_)」から多くの情報を得ることができる[6]。次に，

第五の扉　歌のレッスンの場の差し替えアリア

同論文から抽出した 1818 ～ 60 年の差し替え例を一覧表にしてみよう。

　これはポリスが注記した出典から筆者がデータを拾い上げ，表組にしたものであるが，上演時期が明確でない情報を除外し，ポリスが言及しない八つの重要な事例を独自に追加した（典拠を示し，not in Poriss と付記）。下限を 1860 年としたのは，その後ソプラノのアデリーナ・パッティ（Adelina Patti, 1843-1919）が歌のレッスンの場をミニ・コンサート化し，それ以前とは別種の扱いを始めたためである。それゆえポリス論文も記述をパッティ前の伝統とパッティ後に大別し，筆者作成の一覧表もパッティ以前に限定しておいた。

表：1818 ～ 60 年の《セビーリャの理髪師》レッスンの場の差し替えアリア

略号：HM= Her Majesty's　T= Teatro　Th= Théâtre　R= Royal　［A］= Autunno（秋季）

時，都市（劇場）	歌手	差し替えアリア
1818 ［C］Lucca (T. del Giglio)	Anna Parlamagni アンナ・パルラマーニ	Generali: *Deh consola i voti miei*, Poriss, p. 146.
1818 Varese (?)	Adelaide Cresotti アデライデ・クレゾッティ	Bonfichi: *Dolenti e care immagini*, Poriss, p. 148-150.
1819.10.26 Paris (Th. Italien)	Giuseppina Ronzi de Begnis ジュゼッピーナ・ロンツィ゠デ・ベニス	un air d'une mélodie commune, mais varié avec habileté. ［Paër: *Variations sur l'air la Biondina in Gondoletta*］, Journal des débats, 28 Octobre 1819. ［not in Poriss］
1820 ［A］Milano (T. alla Scala)	Carolina Pellegrini カロリーナ・ペッレグリーニ	R o s s i n i : *Oggetto amabile* (《Sigismondo》), Poriss, p. 146.
1821 Paris (Th. Italien)	Joséphine Fodor-Mainvielle ジョゼフィーヌ・フォドール゠マンヴィエル	R o s s i n i : *Di tanti palpiti* (《Tancredi》), Poriss, p. 146.
1826.3.11 London King's Theatre	Maria Caradori-Allan マリーア・カラドーリ゠アッラン	Rossini: *Vincesti iniqua sorte - Alma invitta* (《Sigismondo》), libretto a stampa. ［not in Poriss］
1826.6.15 Paris (Th. Italien)	Henriette Sontag ヘンリエッテ・ゾンターク	Rossini: le grand air de Sigismond 《Sigismondo》), *L'Étoile*, 17 Juin 1826. ［not in Poriss］
1826.7.4 Paris (Th. Italien)	Henriette Sontag ヘンリエッテ・ゾンターク	*Rode's variations, Pandore*, 6 Juillet 1826. ［not in Poriss］

1828.5.	Maria Malibran マリーア・マリブラン	García: ?, Poriss, p.139.
1828.7. London (King's Theatre)	Henriette Sontag ヘンリエッテ・ゾンターク	*Rode's variations,* Poriss, p. 151 & 155.
1829 [A] Torino (T. Carignano)	Fanny Corri-Paltoni ファンニ・コッリ＝パル トーニ	? [Catalani?] : Variazioni *Nel cor più non mi sento*, Poriss, p. 152.
1830 [C] Trieste (T. Grande)	Amalia Schütz アマーリア・シュッツ	*Rode's variations,* Poriss, p.151.
1830 [C] Lugo (T. Comunale)	Giuditta Saglio ジュディッタ・サーリオ	Rossini: *Oggetto amabile* (《Sigismondo》) , libretto a stampa. [not in Poriss]
1830.10.31 Venezia (T. San Samuele)	Teresa Croce Zacchielli テレーザ・クローチェ・ ザッキエッリ	Rossini: [probably: *Tanti affetti in tal momento*] (《La donna del lago》), Poriss, p. 137.
1830 [A] Padova	Elisa Lipparini エリーザ・リッパリーニ	Donizetti: Aria (?), Poriss, p. 147.
1831 [C] Ravenna (T. Comunale)	Margherita Venturi マルゲリータ・ヴェントゥーリ	Rossini: *Quel dirmi, oh Dio!* (《La pietra del paragone》), Poriss, p. 146.
1831 以前 (Th. Italien)	Maria Malibran マリーア・マリブラン	Amédée de Beauplan: *La Leçon Tyrolienne, La Mode* (A3, T7) [not in Poriss]
1832 [C] Lugo (T. Comunale)	Chiara Gualdi キアーラ・グアルディ	Pacini: *Ah sì di nuova speme*, Poriss, p. 137.
1834 Bologna (T. Comunale)	Gualdi Zinghari グアルディ・ジンガーリ	Pacini: Rondo finale (《Gli arabi nelle Gallie》), Poriss., pp. 146-7.
1834 [E] Seniga- glia (T. Comunale)	Maria Malibran マリーア・マリブラン	Rossini: *Nacqui all'affanno e al pianto* (《La Cenerentola》), Poriss, p. 146.
1834 [E] Perugia (T. Civico)	Henriette Méric-Lalande ヘンリエッテ・メリク＝ ラランド	*Rode's variations,* Poriss, p. 151.
1834 [A] Paris (Th. Italien)	Fanny Tacchinardi-Persiani ファンニ・タッキナルデ ィ＝ペルシアーニ	Donizetti: *Forse un destin che intendere* (《Parisina》) , Poriss, p. 147.

第五の扉　歌のレッスンの場の差し替えアリア

1835 [A] Milano (T. alla Scala)	Maria Malibran マリーア・マリブラン	Rossini: *Di tanti palpiti* (《Tancredi》), Poriss, p. 142.
1837-38 [C] Milano (T. Re)	Ferlotti Santina Sangiorgi フェルロッティ・サンティーナ・サンジョルジ	Rossini: *Di tanti palpiti* (《Tancredi》), libretto a stampa. [not in Poriss]
1837 [E] Milano (T. Re)	Rita Gabussi リータ・ガブッシ	Rossini: *Di tanti palpiti* (《Tancredi》), Poriss, p. 146.（シーズンを追加）
1841.9 Dublin (Theatre Royal)	Giulia Grisi ジューリア・グリージ	*Rode's variations*, Poriss, p. 151.
1842.10.24 Paris (Th. Italien)	Fanny Tacchinardi-Persiani ファンニ・タッキナルディ＝ペルシアーニ	? : Variazioni *Nel cor più non mi sento*, La Mélodie, 29 Octobre 1842. * Poriss, p. 152. は他書からの不完全な引用
1843 [P] Venezia (T. La Fenice)	Emilia Tosi エミーリア・トージ	Donizetti: *Se contro lui mi parlano*, (《Sancia di Castiglia》) [not in Poriss]
1844 Vienna (Hofoper)	Giuseppina Ruiz-Garcia ジュゼッピーナ・ルイス＝ガルシア	Rossini: *Di tanti palpiti* (《Tancredi》), Poriss, p. 146.
1845 [P] Milano (T. Re)	Elena Angri エーレナ・アングリ	Rossini: *Nacqui all'affanno e al pianto* (《La Cenerentola》), Poriss, p. 147.
1846 [C] Trieste (T. Grande)	Anna De Lagrange アンナ・デ・ラグランジェ	*Rode's variations*, Poriss, p. 151.
1846 [E] Milano (T. alla Scala) & Vienna (Hofoper)	Elena Angri エーレナ・アングリ	Rossini: *Nacqui all'affanno e al pianto*, (《La Cenerentola》), Poriss, p. 146.
1847.6. London (R. Italian Opera)	Marietta Alboni マリエッタ・アルボーニ	Pacini: *Il soave e bel contento*, Poriss, p. 148.
1847.6. London (R. Italian Opera)	Marietta Alboni マリエッタ・アルボーニ	Rossini: *Una voce poco fa* (《Il barbiere di Siviglia》), Poriss, p. 146.（第2幕のみ上演）
1848 [C] Venezia (T. La Fenice)	Anna De Lagrange アンナ・デ・ラグランジェ	*Rode's variations*, Poriss, p. 151.
1848 [C] Modena (T. Comunitativo)	Marietta Armandi マリエッタ・アルマンディ	Donizetti: *Come'è bello* (《Lucrezia Borgia》), Poriss., pp. 137-138.

115

1848.3. Modena (T. Comunitativo)	Marietta Armandi マリエッタ・アルマンディ	Verdi: *Ernani!...Ernani involami*, (《Ernani》), Poriss, p. 147.
1848	Pauline Viardot ポリーヌ・ヴィアルド	? [Selection of Spanish Songs] Chopin mazurkas, Poriss, p. 158.
1850 [C] Milano (T. alla Scala)	Sophie Cruvelli ゾフィー・クルヴェッリ	*Rode's variations*, Poriss, p. 151.
1850.12. Paris (Th. Italien)	Henriette Sontag ヘンリエッテ・ゾンターク	*Rode's variations,* Poriss, p. 151.
1851 New York (Astor Place)	Teresa Parodi テレーザ・パローディ	Rossini: *Di tanti palpiti* (《Tancredi》), Poriss, p. 146.
1851 [P] Milano (T. Re)	Elisa Lipparini エリーザ・リッパリーニ	Bellini: *Ah! Non giunge* (《La sonnambula》), Poriss, p. 147.
1851.8. London (HM Theatre)	Henriette Sontag ヘンリエッテ・ゾンターク	*Rode's variations,* Poriss, p. 151.
1852 [E] London (HM Theatre)	Anna De Lagrange アンナ・デ・ラグランジェ	*Rode's variations,* Poriss, p. 151.
1853.1. New York (Niblo's Garden)	Henriette Sontag ヘンリエッテ・ゾンターク	Adam: *Ah! Vous dirai-je maman* (《Le toréador》), Poriss, p. 152.
1853.4. London (R. Italian Opera)	Angiolina Bosio アンジョリーナ・ボジオ	Vaccaj: Aria con variazioni [probably: aria nel 《Pietro il grande》 (1824)], Poriss, p. 137.
1853.10. New York (Niblo's Garden)	Bertucca-Maretzek ベルトゥッカ＝マレチェク	Verdi：[probably: *Vieni, t'affretta* (《Macbeth》), Poriss, p. 147.
1854.2. Paris (Th.Italien)	Marietta Alboni マリエッタ・アルボーニ	Hummel: *Carina senti un poco* [Air à la Tyrolienne], Poriss, p. 148.
1856 [P] London (HM Theatre)	Marietta Alboni マリエッタ・アルボーニ	Hummel: *Carina senti un poco* [Air à la Tyrolienne], Poriss, p. 148.
1856 [P] Genova (T. Carlo Felice)	Elisa Lipparini エリーザ・リッパリーニ	Rossini: *Della rosa il bel vermiglio* (《Bianca e Falliero》), Poriss, p. 147.
1857.2. Mexico (?)	Elisa Taccani エリーザ・タッカーニ	*Rode's variations,* Poriss, p. 151.

第五の扉　歌のレッスンの場の差し替えアリア

　スタンダールが『ロッシーニ伝』第 16 章に，「きちんとした劇場なら，ロ
ジーナはレッスンの歌を 2，3 回の上演ごとに変えるはずだ」と書いたこと
でも判るように，レッスンの場のアリアの差し替えは慣習と理解された。そ
れゆえ前表に含まれない事例も少なからずあり，例えばマリーア・マリブラ
ン（Maria Malibran, 1808-36）に関して，ポリスは父ガルシアの曲名不詳の楽曲，
《ラ・チェネレントラ》のロンド，《タンクレーディ》の〈ディ・タンティ・パ
ルピティ〉の三つを挙げているが，チェチーリア・バルトリの CD《マリーア
（Maria）》のブックレットでは父ガルシア作曲の歌劇《計算づくの詩人（El poeta
calculista）》（1805 年）のカバリョ〈我こそ華の密輸業者（Yo que soy contra-bandista）〉
がマリブランのお気に入りとされ，その妹ポリーヌ・ヴィアルド（Pauline
Viardot, 1821-1910）がこれをレッスンの場で歌ったと断言している[7]。
　ラディチョッティによる浩瀚な伝記『ジョアッキーノ・ロッシーニ——資料
に基づく生涯，作品と影響』第 1 巻（1927 年）は，これに関して次のようにま
とめている。

　　　1819 年までロンツィ・デ・ベニスは，このシーンの中で変奏付きのヴ
　　ェネツィアのバルカローラ［舟唄］〈ゴンドレッタのブロンド娘（La biondina
　　in gondoletta）〉を歌い，もっと後にはラ・ゾンタークがロードの変奏曲，
　　ラ・フォドールが〈ディ・タンティ・パルピティ〉を，ポリーヌ・ガルシ
　　アはある時はマリブランのロマンツァ〈山賊の婚約者（La fiancée du bandit）〉，
　　またある時は父［ガルシア］の作曲したスペイン語ロンドの一つ，ラ・ボ
　　ルギ＝マーモはアルディーティのワルツであまりに有名な〈接吻（Bacio）〉，
　　ラ・パッティはある時はワルツ〈めったにない喜び（Di gioia insolita）〉，あ
　　る時は〈ラ・カレッセラ（La Calessera）〉[8] と題されたスペインのカンツォー
　　ネ，またある時はオベール《マノン》のロンドを歌い，他の歌手たちはそ
　　こにプロッホの変奏曲を挿入する，等々！[9]

　そもそもポリス論文は同時代の史料や上演批評から差し替えの事実が確認で
きるものを採用しており，筆者の追加した 8 例以外にも上演批評や印刷台本
に基づく追加が可能である。しかしながら，ここでは前掲一覧表の事例を簡潔
に分析しつつ，同時代の印刷楽譜から得られる情報を補足しておこう。

117

1860年までの差し替え曲と同時代の印刷楽譜

一覧表にある最初の2例のうち，1818年ルッカで歌われたピエートロ・ジェネラーリ（Pietro Generali, 1773-1832）作曲〈ああ，慰めてください，もしも私の願いが（*Deh consola i voti miei*）〉については《ポリベーテ（*Polibete*）》のシェーナとアリアとする筆写譜が現存するものの，ジェネラーリ作品に該当するオペラがなく，原曲の特定は困難である。その楽譜を見ると装飾的なスタイルで書かれており，歌の技巧を披露するアリアと判る[10]。同年ヴァレーゼで歌われたパオロ・ボンフィーキ（Paolo Bonfichi, 1769-1840）作曲〈愛しく，悲しげな肖像（*Dolenti e care immagini*）〉は《青銅の頭像（*Testa di bronzo*）》（初演年と初演地不詳）のカヴァティーナとされ，複数の筆写譜がナポリに現存するが，ジェネラーリのアリア同様，地方劇場での特殊な事例と言える。

その結果，差し替えアリアの主流は1820年代にミラーノのスカラ座やパリの王立イタリア劇場で歌われたロッシーニのアリアやロンド，コンサート・アリアとして人気を博したロードの変奏曲となる。ロッシーニの楽曲で目立つのが，〈ディ・タンティ・パルピティ〉と〈苦しみと涙のうちに生まれ〉である。〈ディ・タンティ・パルピティ（*Di tanti palpiti*）〉は《タンクレーディ》第1幕タンクレーディのカヴァティーナ〈君はわが心を燃え上がらせ（*Tu che accendi questo core*）〉のカバレッタであるが，前記ポリスとラディチョッティがこれを曲名として挙げるのは不適切で，実際はレチタティーヴォ〈おお，祖国よ！（*Oh patria!*）〉も含めて歌われたことが印刷台本や印刷楽譜によって確認しうる。〈苦しみと涙のうちに生まれ（*Nacqui all'affanno, e al pianto*）〉は《ラ・チェネレントラ》のロンドで，ロジーナ歌手の多くがチェネレントラも演じたことから合理的な選択と言える。これに対し，《ロードの変奏曲（*Rode's variations*）》はピエール・ロード（Pierre Rode, 1774-1830）作曲のヴァイオリンのための変奏エール（Air varié）を原曲とし，最初に記した名歌手カタラーニがヨーロッパ各地の演奏会で歌って人気を博した。そしてこれをロッシーニ《セビーリャの理髪師》に初めて挿入したのが20歳のドイツ人ソプラノ，ゾンタークである（後述）。

こうした歌手の差し替え例とは別に，《セビーリャの理髪師》の差し替え曲や挿入曲が，1820年代にドイツ語圏とフランスで出版された全曲譜に見出せる。例えばドイツ初版となるブライトコプフ＆ヘルテル版（ライプツィヒ，1821年頃）のレッスンの場には，ボレロのリズムによるアリアがN.12として掲載されている（テキストはドイツ語のみ。**譜例1**）。作曲者はヨーハン・クリストフ・

グリュンバウム (Johann Christoph Grünbaum, 1785-1870) である[11]。

譜例1：ボレロのリズムによるアリア

同版は，バルトロのアリエッタ〈お前がそばにいると，愛らしいロジーナ〉に続く N.14 にも，新たなロジーナのアリアを掲載している（**譜例2**）。これはジョヴァンニ・パチーニ（Giovanni Pacini, 1796-1867）作曲《ドルシェイム男爵（*Il barone di Dolsheim*）》第1幕のレチタティーヴォ〈幸せなライヴァル（*Fortunata rivale*)〉とカヴァティーナ〈敬愛する人のいとしい面影（*Cara adorata immagine*）〉で，レッスンの場をより豊かにするための追加と理解でき，ヴィーンのメケッティ版（Mechetti）やパリのボワエルデュー版（Boieldieu）とその後継エディションにも同じアリアが掲載されている[12]。

譜例2：パチーニ作曲のレチタティーヴォとアリア（冒頭部分）

全曲楽譜に掲載された差し替えアリアや追加アリアは範例にすぎず，誰もが歌うわけではない。それゆえ実際の上演で歌われ，評価されたアリアは，歌手の名前を伴うピースの形で別途出版された。主な印刷譜に次の4種がある。

①ゾンターク嬢によって歌われたロードの変奏付きアリア（*Rode's Air with Variations as Sung by Mad.lle Sontag*）

②カラドーリ夫人によって《セビーリャの理髪師》の中でアレンジして歌われたパチーニ《バグダッドの女奴隷》のアリア（*Air de la Schiava di Bagdad de Pacini arrangé et Chanté dans le Barbier de Séville par Madame Caradori*）

③フンメルがマリブランのために作曲した《ティロル風アリア，変奏付き（*Air à la Tirolienne avec variations / Tyroler Lied mit Variationen*)》

④フェルディナンド・パーエル氏がカタラーニ夫人のために作曲し，ロッシーニ《セビーリャの理髪師》に挿入された〈ゴンドレッタのブロンド娘〉による変奏アリア（*Variations sur l'air La biondina in gondoletta, musique de Mr. Ferd. Paër [...] composées pour Mme.Catalani, intercallées dans Le barbier de Seville de Rossini*）

　その中から，ゾンタークによって歌われた《ロードの変奏付きアリア》を紹介し，楽譜も掲載しておこう（他の3曲を含む筆者蔵の楽譜は日本ロッシーニ協会ホームページに掲載済み[13])。

ゾンタークが挿入したロードの変奏付きアリア

　《セビーリャの理髪師》の差し替えアリア《ロードの変奏曲（*Rode's variations*)》は前記ピエール・ロードの《ヴァイオリンのための変奏エール（*Air verié pour le Violon*)》（作品10）[14] に基づく歌の変奏曲で，アンジェーリカ・カタラーニが1810〜20年代にヨーロッパ各地の演奏会で歌い，高い評価を得た。彼女がこの変奏曲をヴォカリーズで歌ったことは，1818年の次の文章からも明らかである。

　　いまやラ・カタラーニにとって声楽におけるいかなる困難もなく，難しすぎもしないのは確かである。[……] 彼女はロードの変奏曲を歌詞なしに歌い，グリッサンド，半音階での上昇と下降のパッセージ，[……] 音階のどの音にも付けるトリルによってフランスの新たな流派の特殊性を巧みに真似ることができたので，国王がすぐにでもラ・カタラーニを王の第一ヴァイオリンに任命するのでは，との幻想さえ抱かせる[15]。

　カタラーニの歌ったヴァージョンが主題と二つの変奏のみであったことは，1822年に英国で出版されたこのヴァージョンの楽譜が示唆する（題名は，

第五の扉　歌のレッスンの場の差し替えアリア

Rode's celebrated Air ... For the piano forte ... with Madame Catalani's variations ... Arranged by Pio. Cianchettini, etc.[16]）。ピーオ・チャンケッティーニ（Pio Cianchettini, 1799-1851）は編曲者で，歌詞はカタラーニ自身によって付され，ポリス論文の引用からインチピトが「*Al dolce incanto del dio d'amore*（愛の神の甘美な魅力に）」と判る[17]。だが，カタラーニが《セビーリャの理髪師》の中でこれを歌った記録や証言は存在しない。それゆえ記録で確認しうる《ロードの変奏曲》の挿入は，1826年7月4日パリの王立イタリア劇場におけるヘンリエッテ・ゾンターク（Henriette Sontag, 1806-54）が最初となる。

25歳頃のゾンターク

ゾンタークは当時20歳であったが，15歳でオペラ歌手としてデビューし，16歳でヴィーンにデビューして《湖の女》で大成功を収め，17歳でヴェーバー《オイリアンテ》のタイトルロールを創唱，18歳でベートーヴェンの第九交響曲初演のソプラノ独唱を務めるなど豊富なキャリアを持っていた[18]。パリの王立イタリア劇場には1826年6月15日《セビーリャの理髪師》ロジーナでデビューし，「彼女の勝利は完璧だった」と評された（『ル・コルセール（*Le Corsaire*）』6月16日付[19]）。この時彼女がレッスンの場で《シジスモンド》のアリアを歌ったことが，次の新聞批評で確かめられる――「とりわけ注目されたのが，第2幕音楽レッスンの場で彼女がロッシーニ《シジスモンド》の大アリアを歌ったことで，パスタ夫人は通例《ロメーオ》（ジンガレッリ《ジュリエッタとロメーオ》）のアリアを歌う」（『エトワール（*L'Étoile*）』6月17日付[20]）。該当曲は不明で，《シジスモンド》はパリでまだ上演されていなかった。

ゾンタークはその後も歌のレッスンの場で《シジスモンド》のアリアを歌ったが，7月4日の上演で新たな挿入曲を披露する。それがカタラーニに由来するロードの変奏曲である――「一昨日，レッスンの場で彼女［ゾンターク］は《シジスモンド》のアリアをカタラーニ夫人の歌ったロードの変奏曲と入れ替えた。［……］彼女はとてつもなく困難なその変奏において，非常に柔軟な喉の能力，音の繊細さと安定性において無類の声の能力を発揮した」（『パンドール（*Pandore*）』7月6日付[21]）。

ゾンタークが挿入したロードの変奏曲の楽譜は，翌年ロンドンで出版されたジョン・フレックルトン・バロウズ（John Freckleton Burrowes, 1787-1852）による

フルートのオブリガート付きピアノ編曲《セビーリャの理髪師》アリア集に収められ，「ゾンタークの歌った変奏付きアリアを含む（Including Rode's Air with Variations as Sung by Mad.lle Sontag)」と付記されている[22]。

　これは4分冊による独立した楽譜の第2集で，ロードの変奏曲は6～9頁に掲載されている。プレート番号はないが，ロンドンの音楽雑誌『ハーモニコン（*The Harmonicon, A Journal of Music*)』1827年11月号ほかに出版広告と新刊紹介が掲載されており，1827年末の出版であるのは間違いない。内容は主題と二つの変奏からなり，テキストを持たないのはかつてカタラーニがそうだったようにヴォカリーズで歌ったことを示唆する。興味深いのはこの出版がゾンタークのロンドン・デビューに先立つことで，パリでの彼女の成功がただちにロンドンに伝わったことが判る。

　その後ゾンタークは，1828年4月15日キングズ劇場《セビーリャの理髪師》でロンドン・デビューを果たした。ロードの変奏曲を歌ったことが批評で確認できるのは同年7月であるが[23]，演奏会でもしばしば歌い，1830年6月にワルシャワのコンサートを聴いたショパンは友人への手紙に，「彼女［ゾンターク］はとても，とても，とても魅力的なメルカダンテのアリアとロードの変奏曲を歌い，とりわけ最後の変奏のルラードが素晴らしかった」と記している（ティテウス・ヴォイチェホフスキ宛，6月5日付）[24]。このとき彼女はオペラの舞台を退いていたが，後に復帰して《セビーリャの理髪師》レッスンの場にあらためて挿入した（前表に示したように，1851年ロンドン，1853年ニューヨークでもロードの変奏曲を歌ったことが批評で確かめられる）。

　次に，ゾンタークの歌ったヴァージョンの初版楽譜（ロンドン，1827年）を複製する。歌詞がないのはヴォカリーズで歌われたためで，フルートによる任意の伴奏も想定されているが，このアレンジがピアノ編曲の体裁をとりながらも歌唱旋律を完全な形で取り込んでいることは，ロード原曲のヴァイオリン・パートとの比較で確かめられる。なお，パッティによる歌のレッスンの場の差し替え例は第七の扉「19世紀の上演とロッシーニ歌手の変遷」，1880年代から20世紀末までの差し替え例は第十の扉「近現代《セビーリャの理髪師》の名歌手たち」で明らかにしたい。

第五の扉　歌のレッスンの場の差し替えアリア

ロードの変奏曲（作品10）の主題（ヴァイオリン・パート）

楽譜複製：ゾンタークが挿入したロードの変奏付きアリア（ロンドン，1827年。筆者蔵）
Rode's Air with Variations Introdused by Mad.lle Sontag（London, [1827]）

註

1 Hilary Poriss, *Changing The Score, Arias, Prima Donnas, and the Authority of Per- formance.*, New York, Oxford University Press., 2009., p.140.

2 Nel cor più non mi sento. The much admired Air of Paisiello's / As sung in the Opera of IL FANATICO PER LA MUSICA BY Made Catalani with her own Variations, Arranged by G.G. FERRARI. London Published at M.Kelly's Opera Saloon Pall Mall., s.d.（〈もはや心に感じられない〉。カタラーニ夫人によって自身による変奏付きでオペラ《音楽狂》の中で歌われ，大変賞賛されたパイジエッロのアリア。G.G. フェッラーリ編曲。ロンドン，M. ケリーのオペラ・サロン・モール［1810 年頃］）OCLC No. 498141769 及び，Nel cor più non mi sento. Cavatina […] as introduced and sung in […] Il Fanatico per la Musica by Madame Catalani, with her own Variations. London, R. Birchall., s.d.（〈もはや心に感じられない〉。カタラーニ夫人によって自身による変奏付きで《音楽狂》の中に［……］挿入されて歌われた［……］カヴァティーナ。ロンドン，R. バーチャル社［1824 年］）OCLC No. 498141833

3 Gioachino Rossini, *Il barbiere di Siviglia*, ed. Philip Gossett, 2-vols., Roma, LIM, 1994. introduzione, p. 42. 及び同書の楽譜複製。

4 Warner Fonit 8573 82247-5.

5 *Perché non puoi calmar : cavatina nell'opera Il trionfo di David con orchestra* / Stefano Pavesi., Roma, C.Martorelli, s.d.[1811]（ICCU 目録 Codice identificativo: IT/ICCU/MUS/0239386）

6 Poriss, op. cit., Chapter 5. ［pp. 135-168.］

7 CD：Maria Cecilia Bartoli（Decca 475 9077）他の文献にもマリブランがレッスンの場で父ガルシアの〈密輸業者〉のアリアを歌ったとの記述が見出せる（例，Patricia Adkins Chiti, *Almanacco delle virtuose, primedonne, compositrici e musiciste d'Italia.*, Novara, De Agostini, 1991., p. 180.）.

8 スペインで御者が歌うアンダルシア民謡〈ラ・カレセラ（*La Calesera*）〉と思われる。

9 Giuseppe Radiciotti, *Gioacchino Rossini: Vita documentata, opere ed influenza su l'arte, vol. I.*, Tivoli, Arti grafiche Majella di A.Chicca, 1927., p. 232.

10 デジタル化された複製は次を参照されたい。http://www.internetculturale.it/opencms/opencms/it/viewItemMag.jsp?id=oai%3Awww.internetculturale.sbn.it%2FTeca%3A20%3ANT0000%3ACB0007_MSM_0178000&teca=mag+iccu

11 全集版《セビーリャの理髪師》の校註書（Commento critico - Apparato）p.153. が F.C. Grünbaum とするのは J.C.Grünbaum の誤り。

12 これに対し，1821 年パリで出版されたカスティル＝ブラーズ（Castil-Blaze［本名フランソワ＝アンリ＝ジョゼフ・ブラーズ François-Henri-Joseph Blaze］，1784-1857）訳編のフランス語版《セビーリャの理髪師（*Le Barbier de Séville*）》はレッスンの場のアリアにタンクレーディのレチタティーヴォとカヴァティーナを編曲し，歌詞にメユール作曲の 1 幕のオペラ《ビオン（*Bion*）》（1800 年 12 月 27 日パリ，オペラ・コミック座初演）の〈*Tout se tait tout est calme* ［…］ *Je sens naître dans mon âme, de l'amour*〉を借用して当て嵌めている。

13 次の URL の楽譜複製を参照されたい。http://societarossiniana.jp/others.html

14 Air varié pour le violon. avec accompagnement d'un second violin, alto et basse. / dédié à Monsieur Henri Simons par P. Rode ... Œuvre X., A Paris, chez Cherubini, Méhul, Kreutzer,

第五の扉　歌のレッスンの場の差し替えアリア

Rode, N. Isouard et Boieldieu., Pl.no. II［1802?］続いて 1803 年頃ヨーハン・アンドレ・オッフェンバック社から出版（Air verié pour le Violon avec accompagnement d'un second Violon, Alto et Basse : Oeuvre 10 / par P. Rode premier Violon de la musique particulièr du premier Consul　Offenbach J. André, Pl. no.1808［1803］

15　『総合音楽新聞（アルゲマイネ・ムジカーリシェ・ツァイトゥング）』1818 年 2 月号所収の Georg Ludwig Peter Sievers, *Miscellanea musicale parigina, fine del dicembre 1817.*

16　次 の URL を 参 照。http://www.worldcat.org/title/rodes-celebrated-air-for-the-piano-forte-with-madame-catalanis-variations-arranged-by-pio-cianchettini-etc-ltthe-words-adapted-by-madame-catalanigt/oclc/497230222

17　Poriss, p.155.

18　ゾンタークの略歴は，水谷彰良『プリマ・ドンナの歴史　II』（東京書籍，1998 年），322 ～ 332 頁を参照されたい。

19　Jean Mongrédien, *Le Théâtre-Italien de Paris 1801-1831 chronologie et documents., Volume VI 1825-1826.*, Lyon, Symétrie, 2008., p.510.

20　Ibid., p.513. この事実はポリス論文に書かれていない。なお，ジュディッタ・パスタのレパートリーにロッシーニ《セビーリャの理髪師》は無きに等しいので，他のオペラに挿入した可能性もある。

21　Ibid., p.551.

22　筆者所蔵のタイトル記載は次のとおり―― IN FOUR BOOKS. / SELECT AIRS / from / Rossini's "IL BARBIERE DI SIVIGLIA" / Including Rode's Air with Variations / as Sung by / Mad.lle SONTAG, / Arranged for the / Piano Forte, / with an Accompaniment (ad lib.) / for the FLUTE, / BY / I.F. BURROWES. / Ent. Sta.Hall. ― BOOK 2 ― Pr. 4.S / LONDON / Published by Goulding & D'Almaine［以下略］

23　Poriss., p.155.

24　*Corresondance de Frédéric Chopin, vol.I. L'aube 1816-1831., Recueillie, révisée, annotée et traduite par Bronislas Édouard Sydow, en collaboration avec Suzanne et Denise Chainaye, , Édition definitive, Revue et Corrigée.*, Paris, Richard Masse, 1981., pp.170-171.（lettre 56 フランス語訳より）

129

第六の扉

《セビーリャの理髪師》初演失敗の真実

旅装の姿を描いたと推測されるロッシーニの肖像
（油彩，「ロッシーニの家」蔵）

第六の扉　《セビーリャの理髪師》初演失敗の真実

　1816 年 2 月 20 日，ローマのアルジェンティーナ劇場で《アルマヴィーヴ
ァ，または無益な用心》と題された《セビーリャの理髪師》が初演されて大失
敗を喫し，2 日目の上演で成功に転じたエピソードは，オペラ・ファンの誰も
が知るところとなっている。その顛末は第一の扉の解説に略述したが，そこで
は各証言の詳細や広く流布した「猫が舞台を駆けて大混乱に陥った」との逸話
を省略した。逸話には後世の作り話が紛れ込む余地があり，研究的視点では信
用のおけない話として排除すべきだからである（それゆえ批判校訂版は猫騒動に言
及しない）。

　だが，《セビーリャの理髪師》の初演大失敗は事実であり，これがさまざま
な形で語り継がれて伝説化するにはそれなりの原因や背景があったはずである。
本章では初演に関する証言とドキュメントから話を起こし，最初の 50 年間に
世に出た新聞，雑誌，ロッシーニ伝の記述を順次検討してこの問題の真実に迫
ってみたい。なお，本論がこの問題に関する世界初のまとまった研究となるこ
とをお断りしておきたい[1]。

同時代証言にみる初日の失敗と 2 日目の大成功

　初演直後のドキュメントは《セビーリャの理髪師》の二つの批判校訂版（ベ
ーレンライター版とロッシーニ財団の全集版[2]）の序文に概要が述べられ，初日に
ついてはローマ貴族アゴスティーノ・キージ（principe Agostino Chigi, 1771-1855）の
2 月 21 日付の日記に「昨夜，《セビーリャの理髪師》と題されたマエストロ・
ロッシーニの新作ブルレッタがアルジェンティーナ［劇場］で上演され，不幸
な結果に終わった」，ガッロ伯爵（conte Cesare Gallo di Osimo, 1776-1851）の日記
に「1816 年 2 月 20 日，《セビーリャの理髪師》と題されたロッシーニの新作
がアルジェンティーナ［劇場］で口笛を吹かれた」と書かれている。どちらの
日記も未出版で，キージの記述はエンリーコ・チェラーニが 1915 年に発表し

た論文「ローマの音楽と音楽家（1750-1850）」[3] が初出で全集版もこれを典拠とする。ガッロ伯爵の日記はブルーノ・カーリの論文（2005年[4]）における引用が典拠とされるが，1923年刊のジュゼッペ・ラディチョッティ『ジョアキーノ・ロッシーニ《セビーリャの理髪師》』に見出せる[5]。

　上演評は，2月中に執筆された『劇場文庫（*Biblioteca Teatrale*）』第12巻（ローマ刊）が「最初の晩，観客は退屈するといつもの怒りを激しくぶちまけた」と記し，3月13日発行の『ローマ日誌（*Diario di Roma*）』に「最初の晩は観客に称賛されなかった」とある。「無益な用心（La Cautela inutile）」と題された『劇場文庫』第12巻の文章を，原本から訳出してみよう（［ ］内は訳者による補足または注記。以下同）。

無益な用心（LA CAUTELA INUTILE）

　　マエストロ・ロッシーニと彼の仲間たちの用心は，本当に無益だった。最初の晩，観客は退屈するといつものように怒りをぶちまけたからである。第二夜にオペラは甦った。それはまさに奇跡だった。アルジェンティーナ劇場は満員で，チケット売り場はほとんど空だった。魔法の神秘が成就したのだ。確かなのはそこに，三重唱，中傷のアリアの音楽，導入曲のストレッタ等々のように幾つかの素晴らしい一節があること。ジョルジ夫人はとても美しいコントラルトの声を披露し，彼女に対する最も確かな期待を心に抱かせた。だが，もしもガルツィア［ガルシア］氏がたくさんの装飾で好まれず，過剰に飾り立て過ぎなければ，たぶん二倍の熱狂を呼び覚ましていただろう。けれども彼は優美さの中にとても美しい声と，他のどんなテノールにも見出せない優れた技量を具えていたので，ローマ人の観客も彼を公平に評価したのだった。
　　　　　　　　　　　　　　　　　　　　　　　　（『劇場文庫』第12巻より[6]）

『劇場文庫』第12巻の題字と，
「無益な用心」と題された上演評

第六の扉　《セビーリャの理髪師》初演失敗の真実

　この記述で興味深いのは，斬新な第1幕フィナーレや伯爵のアリア〈もう逆らうのをやめろ〉に言及せず，ガルシアを評価しながら過剰な装飾が好まれなかったとする点である。伯爵のアリアに関する言及がないことから全集版の校訂者アルベルト・ゼッダは第2幕のアリアが初日に歌われなかったと推測するが，「たくさんの装飾」と過剰な「飾り立て」もこのアリアの特色であることから，それをもって初日で歌われず2日目以降に歌われたとする根拠にはなりえないのではないか。
　これに対し，『ローマ日誌』の批評は成功に転じた後の出来事にもふれている。こちらも原本から該当部分を訳しておこう。

　　　この卓越したプロフェッソーレ［ロッシーニを指す］は，趣味の良さと斬新さに富む彼の輝かしい作品によって有名である。トッレ・アルジェンティーナ劇場のために彼が付曲した最新のオペラ・ブッファは《セビーリャの理髪師》と題され，最初の晩は観客に称賛されなかったが，次の晩とそれに続く再演で長所が吟味されて熱狂を呼び覚まし，マエストロ・ロッシーニ氏に対する歓呼が場内に轟いた。観客は何度も舞台上に彼を見たいと望み，劇場から彼の住居まで松明を手に送り届けることすらした。著名なマエストロ・ロッシーニ氏の霊感と生気に満ちたこの最新作は，かくして好評を得たのだった。
　　　　　　　　　　　　　　　　　　　　（『ローマ日誌』1816年3月13日付より[7]）

『ローマ日誌』1816年3月
13日号の表紙と，《セビーリャの理髪師》
に関する記事（部分）

　松明を手にした観客がロッシーニを宿まで送り届けた話はこれが初出だが，2日目以降の上演で作曲者が何度もカーテンコールされ喝采を浴びたことは，ロッシーニが母アンナに宛てた手紙にも書かれている（後述）。初演後に書かれた二通の書簡を次に全訳しておこう。最初は初演翌日に書かれた手紙である[8]。

135

愛しい母上（Carissima Madre）

ローマ，2月22日

　昨晩ぼくのオペラが上演され，激しく口笛を吹かれました。ああ，なんという狂気，なんてひどいことがこの馬鹿げた国で見られるのでしょう。でも音楽がとても美しいので，ぼくは2回目の上演に賭けています。そこでは昨晩起こったみたいに最初から最後までひどい雑音が続くのではなく，音楽を聴いてもらえるでしょう。ぼくの父に18スクード渡してください，それをボローニャのリゲッティ家に持って行き，次のように分けてもらうためです……12［スクード。以下同］をジェルトルーデの父に，3を［ジェルトルーデの］母に，それ以外の3をルイージャ［ジェルトルーデの姉妹］に。ぼくは急いでナポリに発ちます。あなたはすぐに350スクード受け取るでしょう。その中から［一語判読不明］に利子をつけて貸してください。

　ぼくの父によろしく伝え，あなたの息子をずっと信頼してください。

G. ロッシーニ

　初演日は前記キージとガッロの日記から20日で確定しており，手紙の日付（22日）は初演翌日（21日）の間違いと判断しうる（ロッシーニが手紙の日付を書き間違えるケースは他にもある）。ロッシーニはこの手紙で初日の観客の反応を嘆きながらも冷静さを失わず，「2回目の上演に賭けています」と前向きな姿勢を見せ，ロジーナ役のジェルトルーデ・リゲッティ（＝ジョルジ）から依頼された彼女の実家への18スクードの配達を父ジュゼッペに頼んでいる。

　第二夜以降の模様は，ロッシーニが母に宛てたもう一通の手紙から明らかになる（2月27日付）[9]。

　愛しい母上（Carissima Madre）

　［前の手紙で］ぼくのオペラに口笛が吹かれたと書きましたが，ここではぼくの作品が第二夜とその後の全ての上演で言葉に尽くせぬほどの熱狂的喝采を博し，とても幸せな結果に終わったことをお知らせします。ぼくはまったく新しい仕方で5回も6回も［舞台に］呼び出されて称賛され，ぼくに嬉し涙を流させました。

　ただちにお金を受け取り，利益を出してください［前の手紙で送金する報酬の一部に利子をつけて貸し付けるよう求めたことと関連する言葉］。

第六の扉　《セビーリャの理髪師》初演失敗の真実

　　ぼくは明後日ナポリに向けて立ち，すでに契約した次の謝肉祭のためロ
　ーマに戻ります。ぼくの《セビーリャの理髪師》は傑作です。お聴きいた
　だければ，あなたに気に入ってもらえると確信しています。これは音楽が
　自然で，［テキストを］良く模倣しているからです。ぼくにキスしてくださ
　い。そしてぼくの父に，ぼくが託したさまざまな品物の入った箱をザンボ
　ーニから受け取るでしょうと伝えてください。ぼくを愛し，ナポリにお便
　りをください。そして心からぼくを信頼してください。

　　　　　　　　　　　　　　　　　　　　　　　　　あなたの息子
　ローマ，27 日　　　　　　　　　　　　　　　ジョアキーノ・ロッシーニ

　ロッシーニはこの手紙で「嬉し涙を流した」と告白し，《セビーリャの理髪
師》を傑作（un capo d'opera）と断言するなど，それ以前の手紙にはなかった感
情と自信を吐露している。ちなみにこの手紙が書かれた 2 月 27 日が謝肉祭シ
ーズン最終日であることから，上演回数は 20 日から 27 日までの 8 日間に 5
回未満だったと推測されている[10]。その間の証言は以上であるが，筆者は過
去のロッシーニ文献（批判校訂版含む）に言及されない重要な新聞記事を発見し
たので追加しておきたい。それが 1816 年 3 月 28 日付パリの『ジュルナル・
デ・デバ（Journal des débats）』に掲載された短信で，3 月 7 日サントマールで 107
歳の高齢で亡くなった人物の消息記事に続いて次の記述が見出せる。

　　──著名な音楽のマエストロ，ロッシーニ氏は，パエジエッロ［Paësiello と表
　記。以下同］が《セビーリャの理髪師》の詩句に付けた美しい音楽に不満を
　抱き，作り直すのが賢明と判断した。その作品がローマで演じられた。初演
　では新たな音楽が口笛で野次られた。だが，これによってパエジエッロに敬
　意を表したローマ人たちは，ロッシーニ氏にその埋め合わせをした。2 回目
　の上演で彼の音楽が拍手喝
采に包まれたのだ。作曲者
は舞台に呼ばれ，観客たち
は松明を手に彼を会場から
彼の住居まで送り届けた。
（『ジュルナル・デ・デバ』1816
年 3 月 28 日付より[11]）

— Le célèbre *maestro di musica*, il signore *Rossini*, mécontent de la belle musique que Paësiello a faite sur les paroles du *Barbier de Séville*, a jugé à propos de la refaire; cette composition vient d'être exécutée à Rome. A la première représentation, la nouvelle musique a été sifflée ; mais les Romains, après cet hommage rendu à Paësiello, ont dédommagé le signor Rossini : à la seconde représentation, sa musique a été couverte d'applaudissemens, l'auteur appelé sur le théâtre, et les spectateurs l'ont reconduit aux flambeaux, de la salle jusqu'à sa demeure.

『ジュルナル・デ・デバ』の短信（1816 年 3 月 28 日付）

ローマ初演のわずか38日後にパリで報じられたのは，驚くべきことと言わねばならない。情報源は前記『劇場文庫』もしくは『ローマ日誌』と思われるが，そこには観客がパイジエッロに敬意を払って初日に野次り，その埋め合わせに2日目に絶賛した，との記述がない。それゆえ失敗の原因をパイジエッロと同じ題材に作曲した事実に求めたのは，このパリの新聞が最初となる。

　当時ロッシーニがフランスで無名だったことから，『ジュルナル・デ・デバ』への情報提供者がローマに存在したのは間違いないが，それが誰であったかは不明である。ちなみに『劇場文庫』の編纂者はフランス支配期からローマを代表する台本作家・文筆家ヤーコポ・フェッレッティ（Jacopo Ferretti, 1784-1852），『ローマ日誌』の編纂者はパイジエッロやチマローザを愛好する保守趣味をフェッレッティから攻撃された神父ガエターノ・チェッリ（Gaetano Celli）と詩人・台本作家ミケランジェロ・プルネッティ（Michelangelo Prunetti）である [12]。

　初演失敗の顛末が具体的に書かれるのはその数年後，スタンダールとジェルトルーデ・リゲッティによってである。リゲッティの文章はスタンダールへの反論として書かれたが，当事者による最初の証言であることからこちらを先に取り上げよう。

ジェルトルーデ・リゲッティの証言（『かつて歌手だった女の返書』）

　《セビーリャの理髪師》初演でロジーナを演じたジェルトルーデ・リゲッティは健康上の理由で1822年に29歳で舞台を退いたが，同年パリの新聞に掲載されたロッシーニ略伝——スタンダールがアルセスト［Alceste］の変名で執筆。概要は後の項目で明らかにする——のイタリア語訳（ミラーノの『音楽新聞』紙に掲載）を読み，その誤りを正すべく『かつて歌手だった女の返書（*Cenni di una donna già cantante*）[13]』を執筆，1823年ボローニャで出版した。

　《セビーリャの理髪師》に関する話は第6章に述べられ，ロッシーニがパイジエッロに作曲許可を求める手紙を書いたとするスタンダールの記述を否定し，初演に先立って印刷された台本の緒言に「パイジエッロと同じ題材を取り上げるのは巨匠を侮辱するためではない」と付記したことが不幸な結果を招いた原因です，と前置きして本題に入っている。該当部分を次に訳してみよう。

　　　ああ！　あの日ローマの路上とカフェで，それについてどれほど語られたことでしょう。嫉妬深い人たちと意地悪な人たちはロッシーニにかつて

の霊感が失せていることを望み，アルジェンティーナ劇場の貴族の興業師が彼にオペラを依頼したことを知って大いに驚いてみせたのです。だからこぞって彼を生贄にする気になり，それをより良く成し遂げようと，パイジエッロの扱った題材を引き受けたことを非難し始めたのです。「ほれみろ（お喋りの中で誰かが叫びました）思慮のない若者がとことん思い上がっているぞ！　あいつはパイジエッロの不滅の名を無にしようと目論んでいるのだ。思い知ることになるぞ，馬鹿者め，いまに思い知るぞ！」。

　こうした場合，友人たちはあまり役に立たず，その分別ある沈黙が時に敵を元気づけ，興奮させてしまいます。

　不幸な迎合により，テノールのガルツィア［ガルシア］を大いに尊敬するロッシーニは，導入曲の後にロジーナの窓下で歌うことになっていたアリエッタの作曲を彼に任せていました。

　事実ガルツィアは，お国［スペイン］の恋のカンツォーネの主題を基にこれを作曲しました。

　けれどもガルツィアが舞台上でギターを調弦すると，すぐにぶしつけな人たちの笑いが起き，自分のカヴァティーナを才気乏しく歌った彼は，冷笑で迎えられました。私はすっかり覚悟していました。震えながらはしごを登り，二つの言葉，「続けて，ああ愛しい人，どうかお続けになって（*Segui, o caro, deh segui cosi*）」を言うために，バルコニーに身を置かねばならなかったのです。《アルジェのイタリア女》で私に喝采を浴びせることに慣れたローマ人たちは，ここでも心地よい恋のカヴァティーナで私に報いようと待ち構えていました。だから［ここで歌われるのが］あの僅かな言葉だけと気づくと，口笛や叫び声が湧き上がりました。その後は当然起きるべきことが起きました。ザンボーニによって巧みに歌われたフィガロのカヴァティーナも，ザンボーニとガルツィアによって歌われたフィガロとアルマヴィーヴァの大変美しい二重唱も聴かれませんでした。ようやく私が舞台上に現れました。窓辺ではありません。そして私は，事前に［《アルジェのイタリア女》の］39回の上演で常に好評を得ていたのです。

　私は中年女ではありませんでしたよ，ジャーナリストさん。齢は23歳になったばかりでした。私の声は，これまで聴いたことがないほど大変美しい，とローマで評価されていました。私は常に自分の義務を果たそうと強く願い，ローマ人の娘になっていたのです。だから彼らは黙って私の歌を聴く気になってくれました。勇気を取り戻した私がどんなふうに《蛇

(Vipera)》のカヴァティーナ［〈今の歌声〉］を歌ったのか，ローマ人たち自身が話し，ロッシーニもそれを語ってくれるでしょう。彼らはみな3回続けて喝采して私に栄誉を授け，ロッシーニも答礼するために一度立ち上がりました。当時私の声を評価してくれていた彼はチェンバロ席から私に向きをかえ，冗談交じりに言いました……「ああ！　自然よ！」。私は微笑みながら答えました：「自然に感謝しましょう。その恵みなしには，ここであなたも椅子から立ち上がれなかったでしょう」。このときオペラが救われたと思いましたが，そうなりませんでした。ロジーナとフィガロの美しい二重唱を私とザンボーニが歌うと妬みがいっそう怒りをかきたて，すべての策略をめぐらせてしまったのです。四方八方から口笛を吹かれました。古典的に作曲された［第1幕］フィナーレに達しましたが，それは世界の一流作曲家の誰もが誇りに思う曲でしょう。でも，とても執拗な野次と口笛が起きて静かにならず，音楽を聴くどころではなくなりました。

　美しいユニゾン〈この騒ぎは（*Quest' avventura*）〉のところに来ると，誰かがしわがれ声で，「これはD・C［チェザリーニ公爵を指す］の葬式じゃな」と叫びました。それ以上は不要でした。ロッシーニに向けられた罵詈雑言は書けません。彼は自分のチェンバロ席に平然としており，こう言っているみたいでした：「アポロンよ，この紳士方をお許しください。彼らは自分のしていることが判らないのです」。

　第1幕の演奏を終えたロッシーニは，手を叩いて称えようと思いました。誰もがそう思ったように自分のオペラに対してではなく，本当のことを言いますと，自分たちの義務を果たそうと努力した歌手たちにです。これに多くの人が憤慨しました。

　第2幕に起きたことは，これで充分見当が付くでしょう。

　ロッシーニは，そこに居合わせた何人かの無関心な観客のように劇場を後にしました。

　この出来事で胸がいっぱいの私は，彼を慰めるためにその家を訪ねました。でも彼は私の慰めなど必要なく，静かに眠っていました。

　翌日ロッシーニは，まさしく非難されると思う部分を自分の楽譜から取り除きました。そしてたぶんチェンバロ席に姿を見せぬため，病気を装いました。その間ローマ人たちは自分のふるまいを振り返り，正当に評価するには注意深くオペラを全部聴く必要があると考えました。そして第二夜にも劇場に集まると，そこで完全な静寂を保ちました。ジャーナリストさ

んは，ここで真実を話し始めます。オペラは満場の喝采を浴びました。公演後，仮病の彼［ロッシーニ］を皆で訪ねると，彼の素晴らしい作品を祝いに駆けつけたローマの多数の名士がベッドを取り囲んでいました。3日目の上演では喝采が増えました。かくしてロッシーニの《セビーリャの理髪師》は古びることのない音楽作品の列に加わり，パイジエッロとチマローザの最も美しいオペラ・ブッファと肩を並べる価値があると認められたのです。　（ジェルトルーデ・リゲッティ『かつて歌手だった女の返書』第6章より [14]）

　ご覧のように，リゲッティは第2幕の出来事にふれず，「これで充分見当が付くでしょう」と述べているが，書くに値しない騒動が続いたと示唆するようでもある（ラディチョッティは，ロッシーニ派と反ロッシーニ派の取っ組み合いが起き，喧嘩のさなかガッロ伯爵が手袋と上着を無くしたとする [15]）。窓の下で歌う伯爵の歌をロッシーニがガルシアに任せたとの記述は事実に反するが，これは旋律の伴奏パートを和音で示し，演奏についてはギターを弾きながら歌うガルシアの自由に委ねたのを誤解したのだろう。それ以外はおおむね当人にしか知りえない事項が述べられ，中でもロッシーニがパイジエッロに作曲許可を求める手紙を書いた点を断固否定し，同じ題材の作曲を引き受けた若造を罰する謀議が事前になされた，との指摘が重要である。同書の第15章ではロッシーニが才能を欠くマエストロたちに妬まれたとし，「よくいる劇場の騒々しい扇動者に唆された音楽愛好家の何人かがオペラの最初の夜を駄目にすることもありますが，ローマの《セビーリャの理髪師》第二夜のようにロッシーニがロッシーニでありさえすれば大成功を得られることが判るでしょう」と結んでいる。

　では，リゲッティに批判されたスタンダールはどのようなロッシーニ略伝を書いたのか。初期の著作に遡り，スタンダールの記述を順次検証してみよう。

スタンダールの語る《セビーリャの理髪師》と初演の顛末

　後に『ロッシーニ伝』を著す作家スタンダール（Stendhal［本名アンリ・ベール Henri Beyle］, 1783-1842）が《セビーリャの理髪師》に言及したのは，1817年9月中旬にパリで出版した『1817年のローマ，ナポリ，フィレンツェ（*Rome, Naples et Florence en 1817*）』が最初である。これはイタリア旅行の記録として世に出たが，実際に訪れた日付との間に違いがあり，現在は半ばフィクションの紀行文と理解されている。「フィレンツェ，1816年12月5日」「12月6日」の

日付に書かれた《セビーリャの理髪師》に関する記述は次のとおり。

1816年12月5日　私はホホーメロ［Hhoh-homero[16]］劇場に馳せ参じた。［……］序曲が始まり，私の愛するロッシーニ［の音楽］と再会する。私は3小節で彼と判った。私は平土間に降りて尋ねた。事実，演奏されているのは彼の《セビーリャの理髪師》である。彼は真の天才として，パイジエッロにたくさんの栄光をもたらした題材を敢えてまた取り上げようとしたのだ。［……］ロッシーニの《セビーリャの理髪師》はグイード［ボローニャ派の画家グイード・レーニ（Guido Reni, 1575-1642）］の凡庸な絵，まさに巨匠の怠慢だ。労苦と熟練がまるで感じられない。ロッシーニは一通の手紙のように一つのオペラを書く。自分の言語の習得に苦労したとしても，なんという天才だろう！《セビーリャの理髪師》の中には，第2幕のロジーヌ，アルマヴィーヴァ，フィガロの三重唱しか注目すべき曲がない。そこには策謀の解決の代わりに性格と役に適った歌詞を適用すべきだった。［……］私はソリーヴァのオペラ全部よりも，《セビーリャの理髪師》の三重唱を作ることの方を好む。理由は判らないが。

スタンダール

『1817年のローマ，ナポリ，フィレンツェ』初版タイトル頁

1816年12月7日　私は次第に《理髪師》に敬服する。私にはまるで才能があるように見えない一人の若いフランス人作曲家が，ロッシーニの大胆さに憤慨していた。パイジエッロの作品に手を付けるなんて！ 彼は私に無頓着な行いを話してくれた。ナポリの作曲家［ロッシーニ］の最も有名な曲が，ロマンス〈私はランドール（Je suis Lindor）〉である。或るスペイン人歌手，ガルシアだと思うが，スペインで恋人たちが彼らの愛人の窓下で歌うアリアをロッシーニに提案した。手間が省けるロッシーニはすぐに採り入れたが，これほど平凡な曲はない。それは歴史画の中に置かれた

第六の扉　《セビーリャの理髪師》初演失敗の真実

肖像画である。

（スタンダール『1817年のローマ，ナポリ，フィレンツェ』より[17]）

　ローマ初演から10カ月に満たずして《セビーリャの理髪師》に言及したのは驚きであるが，日付の記載が偽りであることは，スタンダールが1816年12月7日までミラーノに滞在して8日に同地を発ち，フィレンツェを経由して12月13日から翌1817年1月25日までローマ，1月28日からナポリに滞在し，3月4日ミラーノに戻ったことでも明らかである[18]。それだけではない。スタンダールが旅行中に滞在した土地では《セビーリャの理髪師》が上演されていないのである[19]。にもかかわらず，観ても聴いてもいない作品を「グイードの凡庸な絵」「巨匠の怠慢」「第2幕の三重唱しか注目すべきものがない」と断じるのだから呆れるほかない。作品に関する情報は同年秋の上演を観たフィレンツェの音楽愛好家から得たらしく，ローマ初演の失敗にも言及されない。

　次にスタンダールの文章に《セビーリャの理髪師》が現れるのは1818年11月に滞在した北イタリアのヴァレーゼで目にした歌手に関する話で，友人アドルフ・ド・マレスト宛の12月11日付の手紙に，「［ヴァレーゼに］ロッシーニ《セビーリャの理髪師》のバジールを歌った哀れな男がいた。彼は滑稽な男で，この町ではドン・バジーリオの名前で知られていた[20]」とある。ヴァレーゼでは同年秋のシーズンにソチャーレ劇場でこのオペラが上演され，スタンダールも観劇した可能性があるが，作品に関する具体的な記述はない。1820年4月に訪問したノヴァーラからの手紙では，「チマローザの四つのオペラとパイジエッロの二つのオペラをベートーヴェンの交響曲1曲と一緒に鍋で煮て，8分音符を減らして32分音符をたくさん加えて全小節を活気づかせると《理髪師》になる」と，料理のレシピめかして記しているが（マレスト宛，4月19日付[21]），当時ノヴァーラでは《セビーリャの理髪師》が上演されておらず，これを記した真意も定かでない。

　続いて1820年9月に滞在したミラーノでは，スカラ座が《セビーリャの理髪師》を初上演していた（初日は9月6日。25回上演）。スタンダールはこれを観劇し，9月25日付のマレスト宛の手紙に，「ひどく歌われ」「すべてのアリアが同じタイプ，陽気でスピーディでワルツ仕立てだが，一つとして情熱が表現されない。それはまさにルイ15世風のフランス人のための善良さだ。たった一人の歌手だけが誇るに足る。君もルーヴォア座で見たルヴァスールだ」と記した[22]。そして1821年6月フランスに帰国すると，10月19日から11月20

143

日まで約1カ月のロンドン滞在中もし
くは再帰国後にロッシーニの略伝を執筆
し，翌1822年1月発行の『パリ・マン
スリー・レヴュー（*Paris Monthly Review*）』
創刊号に寄稿したのだった。

スタンダールのロッシーニ略伝はた
だちに注目され，そのドイツ語訳がラ
イプツィヒの『文芸会話誌（*Literarisches
Konversationsblatt*）』第107号と第108号，

『ブラックウッドのエディンバラ評論』
1822年10月号のロッシーニ伝冒頭

イタリア語訳がミラーノの『音楽新聞（*Gazzetta Musicale*）』に掲載された。そし
てスコットランドの『ブラックウッドのエディンバラ評論（*Blackwood's Edinburgh
Magazine*）』1822年10月号への転載が原本となり，パリの『ガリニャーニ文学
新聞（*Galignani's literary gazette*）』12月1日号，翌1823年フィラデルフィアとニ
ューヨークの『外国文学と科学のミュージアム（*The Museum of Foreign Literature and
Science*）』，ロンドンの音楽雑誌『ハーモニコン（*The Harmonicon, A Journal of Music*）』
に転載され，広く流布したのだった（筆名は『パリ・マンスリー・レヴュー』のみア
ルセスト。他はすべて無記名）。

では，リゲッティが反論を執筆するきっかけとなったスタンダールの略伝
における《セビーリャの理髪師》は，どんな内容だったのか。次にこれを『ブラ
ックウッドのエディンバラ評論』の原本から訳出してみよう（改行は訳者による）。

ついにロッシーニはローマに呼ばれた。［アルジェンティーナ］劇場の支配
人は，特定の当てつけを含むとして異議を挟んだ幾つかのオペラを除外
し，すでにパエジエッロ［Paesiello と表記。以下同］によって付曲されていた
《セビーリャの理髪師》を提案した。政府は同意した。知的でとても謙虚
なロッシーニは，その選択により真に価値を認められた功労者との競争
に引き入れられることからとても当惑した。彼はすぐパエジエッロに手
紙を書き，事の次第を知らせた。紛れもなく天才でありながら，自惚れ
た性格［ガスコニスム］でもあった老マエストロは，ローマ警察の選択に満
足しており結果についても疑いの余地なし，と答えた。ロッシーニは台
本に控えめな序文を書くとローマのすべての音楽愛好家にパエジエッロ
の手紙を見せ，作曲に着手して13日間でこれを完成した。彼は，《理髪
師》の初演でピアノの前に座る自分の心臓がひどく高鳴ったと語った。

第六の扉　《セビーリャの理髪師》初演失敗の真実

　ローマ人はこのオペラの開始部が退屈で，パエジエッロのそれよりかなり劣ると思ったようだ。ロジーナの歌ったアリアの一つ（*Sono Docile*）［〈今の歌声〉の後半部］は，完全にキャラクターから外れていると思われた。そして恋患いの優しい少女の訴えを口やかましい女の厚かましさに置き換えた，とロッシーニを非難した。ロジーナとフィガロの二重唱が最初の喝采を引き起こした。*Della Calunnia* のアリア［〈中傷はそよ風です〉］は壮麗で際立った。しかし，実はモーツァルト《フィガロの結婚》の中の復讐のアリアといささか似すぎている。

　このオペラの運命は特異だった。最初の晩にほとんど完璧な失敗を経験したのだ。そして 2 回目に最も熱狂的な拍手喝采を博した。けれどもローマの批評家たちは，ロッシーニが自分自身より劣っていないとしても，熱烈な愛情表現ではすべての有名作曲家たちに劣ることを発見した。ロジーナは，かつて恍惚のうちにその身を委ねた忠実な誘惑者の代わりにルラードとカデンツァの馬鹿げた複雑さの中で忠実な恋人を見出し，彼女の声，彼女の恋人，彼女の観客を当惑させる。そしてそれらの無意味でまずく配置された装飾句が他の首都では反響を呼び，常に拍手喝采されるのである。

　音楽，とりわけ劇音楽は，パエジエッロの時代からかなり進歩を遂げた。長く，くどいレチタティーヴォが捨てられた。アンサンブルの楽曲が，その快活さと音楽的喧嘩によって退屈さを追い払うべく頻繁に導入された。《理髪師》がチマローザによって作曲されていたら，生気が乏しくなってもより滑稽で，遥かに思いやり深いものになったかもしれない，というのがローマでの意見だった。彼らはまた，バジーリオに帰宅するよう懇願する五重唱〈*Bona Sera* ［おやすみなさい］〉においてもロッシーニがパエジエッロに及ばないと思ったようだ。

（『ブラックウッドのエディンバラ評論』1822 年 10 月号より [23]）

スタンダール『ロッシーニ伝』
初版タイトル頁（筆者蔵）

　後日スタンダールはこの記述を膨らませて『ロッシーニ伝（*Vie de Rossini*）』（パリ，1824 年）に織り込み，第 2 幕開始部の平凡さにうんざりした観客が幕を下ろさせてしまったとの話を加え，初演日を

12月26日と誤記している（第16章。正しくは2月20日）。しかしながら，この段階で《セビーリャの理髪師》を熟知する彼は楽曲を詳細に論じ，ロッシーニの才能を高く評価している。その一方，初演失敗と2日目の大成功に関する記述は若干の憶測を追加しただけで，ロッシーニがローマで作曲中に経験した情事の相手の女たちがロジーナの性格に投影されている，と勝手な理屈をこねている。

ギルランダ氏からの聞き書きとその流布（スタンダール『ローマ散歩』）

だが，《セビーリャの理髪師》初演に関するスタンダールの話は『ロッシーニ伝』で終わらない。5年後の1829年に出版した『ローマ散歩（*Promnades dans Rome*）』（パリ，1829年）第2巻の中で，それまで一度も書かなかったエピソードを紹介するのである。興味深いのは，これを再訪したローマで第三者から聞いた話，とわざわざ断っている点である。該当部分を全訳してみよう。

スタンダール『ローマ散歩』
初版タイトル頁

　　　1828年12月4日。［……］ギルランダ氏（M. Ghirlanda）が，ローマでの《セビーリャの理髪師》初演（1816年アルジェンティーナ劇場にて）のロッシーニの不運をすべて私たちに話してくれた。
　　はじめにロッシーニはヴィゴーニュ［vigogne アンデス地方原産のラクダ科の動物ビクーニャの毛皮］を着ており，彼がオーケストラに現れるや否やその色彩が爆笑を巻き起こした。アルマヴィーヴァを演じるガルシアが，ロジーヌ［ロジーナ］の窓の下で歌うため自分のギターを手に登場する。最初の調弦で彼のギターの全部の弦がいっぺんに切れる。平土間の野次と騒ぎが再び始まる。その日，［場内は］神父たち［abbés］で一杯だった。
　　次にフィガロ役のザンボーニがマンドリンを持って現れる。彼がそれに触れた途端，すべての弦が切れる。バジール［バジーリオ］が舞台に現れ，転んで鼻を打つ。彼の白い胸飾りの上に，血がどっと流れ出る。バジールを演じる不幸な脇役は，自分の服で血を拭おうと思いつく。それを見て，

第六の扉 《セビーリャの理髪師》初演失敗の真実

足踏み，叫び声，口笛が管弦楽と歌声を覆い隠す。ロッシーニはピアノを離れ，走り去って自分の家に閉じ籠った。

翌日，作品は激賞された。ロッシーニは，危険を冒して劇場にもカフェにも行く勇気がなかった。彼は自分の部屋の中でじっとしていた。真夜中頃，彼は路上のすさまじい騒動を耳にする。騒音が近づき，ついに彼は，"ロッシーニ，ロッシーニ"との大声の叫びを聴く。《ああ，これ以上に明らかなことはない，と彼は考えた。ぼくの哀れなオペラが昨日よりもっとひどく口笛で野次られたのだ。そしてぼくをぶつために，あの神父たちがぼくを探しに来たのだ》。哀れなマエストロに激しい審判者たちが呼び覚ました恐怖が，彼をベッドの下に身を隠させたと言われる。路上の騒動はやまず，彼は階段を上ってくる音を耳にした。

すぐに彼のドアがノックされ，まるでドアを打ち破って死者の目を覚まさんとばかりにロッシーニを呼ぶ。彼はますます震え上がり，返事をしないよう気を付ける。とうとう一団の中で他の者より思慮深い一人の男が，哀れなマエストロが怖がっても無理はないと考える。彼は跪き，頭を下げ，ドアの隙間からロッシーニを呼ぶ。《起きてくれよ。——興奮しているので君（Tu）と話しかける——君の作品は熱狂的成功を収めたよ。ぼくらは君を胴上げしに，君を探しに来たのだ》。

ロッシーニはまだ安心できず，ローマの聖職者たち［abati］の差し向けた悪ふざけをずっと心配しながら，それでも目覚めたふりをしてドアを開ける決心をする。人々は彼を掴まえて劇場に連れて行き，もはや生きた心地のしない彼は，そこで実際に《理髪師》がとてつもない成功を収めているのを納得する。その熱烈な喝采の間じゅう，アルジェンティーナ通りは火の付いた燈明で溢れかえり，ロッシーニを一軒の居酒屋まで連れて行った。そこではあたふたと大夕食会の準備がされており，狂ったような騒ぎが翌朝まで続くのだった。　　　　　　　　（『ローマ散歩』第2巻より[24]）

この聞き書きにはロッシーニの服装が具体的に述べられ，ガルシアのギターとザンボーニのマンドリンの弦が切れ，バジーリオ役の歌手が転んで鼻血を流したなど注目すべき話が幾つも見出せる。もちろんロッシーニの独白は想像の産物であろうが，2日目の終演後に人々がロッシーニの宿屋に駆け付けたことはリゲッティも証言している。スタンダールは話し手のギルランダ氏に関して何も述べていないが，『ローマ散歩』第1巻1827年8月20日の項にローマの

147

枢機卿たちが「ロッシーニについてたくさん話した」と記しており，この地で
《トルヴァルドとドルリスカ》《セビーリャの理髪師》《ラ・チェネレントラ》
《ブルグントのアデライデ》《マティルデ・ディ・シャブラン》を初演した作曲
家が話題にされたことが判る。それゆえ《セビーリャの理髪師》初演の顛末も，
ギルランダ氏からの聞き書きと受け取って良いだろう。

　1829年9月（または以前）に出版された『ローマ散歩』の文章はただちに注
目され，パリの複数の新聞——筆者の調べでは，1829年10月15日付『ジル
ブラス（Gilblas）』，10月18日付『海賊（Le Pirate）』と『編纂者（Le Compilateur）』
——に，ギルランダ氏が語った話もしくは『ローマ散歩』からの抜粋として
掲載されている。パリでは《ギョーム・テル》が8月3日に初演されたばか
りなので，スタンダールの記述が目を引いたのだろう（翌1830年刊の『ルヴュ・
ド・パリ（Revue de Paris）』第18巻にも引用されている）。

　これに対し，1843年パリで創刊された『劇場新聞・オペラ年鑑（Le Journal des
Théatres Annales dramatiques）[25]』に3回にわたって連載されたロッシーニ小伝は『ロー
マ散歩』と関係なく過去の記述をアレンジし，作曲期間も14日間になって
いる（題名は「J. ROSSINI」。該当部分は同年7月16日付。著者名は第3回の末尾にTh.
S. とあるのみ）。

　では，スタンダール『ロッシーニ伝』の後に出版された単行本のロッシー
ニ伝に，《セビーリャの理髪師》の成立と初演はどのように書かれているのか。
次に1854年まで30年間の主な伝記の記述を順次見てみよう（スタンダール『ロ
ッシーニ伝』の英語版 [Memoirs of Rossini, ロンドン，1824年] とアマデウス・ヴェントに
よるドイツ語訳 [Rossinis Leben und Treiben, ライプツィヒ，1824年] を除く）。

スタンダール後のロッシーニ伝における《セビーリャの理髪師》

　スタンダール後の最初のまとまったロッシーニ伝は，1827年ミラーノで出
版された年鑑『ロッシーニと音楽，または楽しい音楽の伝記（Rossini e la musica,
ossia Amena biografia musicale）』である [26]。そこではロッシーニの半生が全77頁（32
～108頁）にまとめられ，《セビーリャの理髪師》に3頁を割いている（63～65
頁）。けれどもローマ初演の失敗に関する記述はなく，パリの新聞やスタンダー
ル『ロッシーニ伝』を基に，パイジエッロと同じ題材を取り上げるのは危険
な行為であり，1820年パリのイタリア劇場で上演された際にこれが原因で物
議を醸したが，両作品の比較でロッシーニが傑作と認められ，パイジエッロの

作がお蔵入りになったと書かれている。

　パリでは1836年，アントーニオ・ザノリーニ（Antonio Zanolini, 1791-1877）筆「ジョアキーノ・ロッシーニ伝（*Biografia di Giochino Rossini*）」が『蘇ったイタリアの蜜蜂（*Ape italiana rediviva*）』紙に掲載された（このロッシーニ伝は1875年刊の新たな伝記にも註を追加して再掲載[27]）。著者ザノリーニはボローニャ大学で学んだ弁護士で，1831年の革命で臨時政権の代議士となり，革命の敗北でパリに亡命してロッシーニと交流した人物である[28]。「ジョアキーノ・ロッシーニ伝」における《セビーリャの理髪師》初演の記述はリゲッティ『かつて歌手だった女の返書』からの引用でまとめているが，「システィーナ礼拝堂の高齢歌手が演じたドン・バジーリオが舞台でつまづき，転んで鼻を折った」との文章を紛れ込ませている[29]。バジーリオが転んで鼻を打った話は『ローマ散歩』にあるものの，システィーナ礼拝堂の高齢歌手が演じたとの記述は筆者の知るかぎりこれが最初で，初演歌手ゼノービオ・ヴィタレッリがシスティーナ礼拝堂聖歌隊メンバーだった証明はまだなされていない。

　より大部のロッシーニ伝は，1839年ベルギーのアントウェルペンで出版されたジャン・ヴァン・ダンム（Jean van Damme）著『ロッシーニ伝（*Vie de G.Rossini*）』である[30]。そこでは伝記と逸話が全204頁にまとめられ，《セビーリャの理髪師》の話は第14章に11頁（123～133頁）を費やしているが，基本的にスタンダール『ロッシーニ伝』から要約し，パイジエッロから得た手紙をロッシーニが周囲に見せびらかし，13日間で作曲した話に続いて1820年パリのイタリア劇場上演に話が飛んでいる。興味深いのはスタンダールの記した初演失敗を無視して初演に「激賞された」としたことで[31]，熱烈なロッシーニ主義者ダンムが1830年代半ばの評価を背景に，初日に関するスタンダールの言説を無視したものと思われる。

　これに対し，フランスでは小伝においても《セビーリャの理髪師》初演失敗が特記される。1841年パリで随筆家ルイ＝レオナール・ド・ロメニー（Louis-Léonard de Loménie, 1815-78）が匿名で出版した『現代著名人ギャラリー（*Galerie des contemporains illustres,*）』第3巻「ロッシーニ氏（*M. Rossini.*）」もその一つで，全36頁の小伝に次の記述が見出せる。

ダンム『ロッシーニ伝』
（アントウェルペン，1839年）

［ローマの《トルヴァルドとドルリスカ》初演後］アルジェンティーナ劇場の興
　行師は彼［ロッシーニ］に一つの台本《セビーリャの理髪師》を示し，作曲
　を求めた。それはかつてパイジエッロによって付曲されていた。ロッシー
　ニはナポリの老マエストロを忘れさせる困難な仕事を引き受ける。ローマ
　人はその厚かましさに腹を立て，初演でわざとひどく口笛で野次った。翌
　日彼らは，滑稽，活力，洗練，喜劇的霊感の傑作，一言で言えばロッシー
　ニの最も美しい作品の一つに自分たちが口笛を吹いたことに気づいた。自
　分の不当な行いに憤慨した彼らは，口笛を吹かれた作品をスターの座に押
　し上げ（褒めちぎり［alle stelle］），ロッシーニに大成功をもたらした。《セビー
　リャの理髪師》は輝きを放ってイタリアを横断し，その後フランスに移り，
　世界を一巡する。　（『現代著名人ギャラリー』第 3 巻「ロッシーニ氏」1841 年より[32]）

　1845 年パリで出版された『オペラの美，または歌劇の傑作（*Les beautés de
l'opéra, ou, Chefs-d'oeuvre lyriques*）』は，《セビーリャの理髪師》の説明文をバレエ
《ジゼル（*Giselle*）》（1841 年）の作者で小説家・詩人テオフィル・ゴーティエ
（Théophile Gautier, 1811-72）が執筆し，次の記述で締め括られる。

　　話を終える前に，ロッシーニの傑作が被った悲運に関するあらましを記
　しておこう。——アルジェンティーナ劇場のためにローマで《セビーリャ
　の理髪師》を作曲したとき，この若き大家［maître］は 24 歳だった。
　　前世紀の末頃ロシアで，カトリーヌ［女帝エカチェリーナ 2 世］お気に入
　りの著名なパエジエッロ［原文のママ。以下同］によって同じ題材のオペラ
　がすでに書かれていた。ナポリの大家の《セビーリャの理髪師》は永遠の
　都［ローマ］で冷遇された後，同地で熱狂を巻き起こしたので，ロッシー
　ニの試みは冒涜行為と見なされた。それはまさに，わが国で誰かがラシー
　ヌ『アンドロマック』の作り直しを思いつくに等しい。
　　初演はロッシーニが第二夜にピアノにつく勇気を失くすほど荒れた。病
　気を装った彼は，新たな試練の結果を心配して待ちながら［ベッドで］横
　になっていた。
　　零時ころ彼は大騒ぎを聞き，窓を横切る松明の輝きを目にし，階段にた
　くさんの足音が響いた……哀れなマエストロは，パエジエッロ作品の影を
　薄くさせた罪で彼を八つ裂きにして償わせようとしているのだと思い，毛

150

第六の扉 《セビーリャの理髪師》初演失敗の真実

布の下で震えて縮こまっていた。だが違う。運がめぐり，《理髪師》が絶
賛されていたのだ。それは大喝采，ロッシーニに捧げに来たセレナード，
イタリアと世界で最も偉大な巨匠となったロッシーニへの挨拶だった！

(『オペラの美，または歌劇の傑作』1845 年より [33])

『オペラの美，または歌劇の傑作』は同時期にロンドンで英語版も出版され
たが（『オペラとバレエの美（*Beauties of the Opera and Ballet*)』），そこでは初演の逸話
の代わりにロンドン上演の話が置かれている（無記名。ゴーティエの文章ではな
い）。その後パリではエスキュディエ兄弟の『ロッシーニ，生涯と作品（*Rossini
Sa vie et ses oeuvres*)』が出版された（1854 年。全 338 頁）。著者エスキュディエ兄弟
(Marie Escudier, 1809-80 及び Léon Escudier, 1815-81) は音楽週刊誌『フランス・ミ
ュジカル（*La France musicale*)』を創刊した出版社主で，ジャーナリスト，作家と
しても活動した。同書における《セビーリャの理髪師》の成立と初演を要約す
ると，次のようになる。

　　検閲が感情を害する題材をことごとく却下したため，興行師はロッシー
ニのための台本探しに手こずった。けれどもある朝，興行師が満足げにロ
ッシーニを訪れ，『セビーリャの理髪師』に作曲しないかと提案した。ロ
ッシーニはそれを独創的着想としながらも，パイジエッロがどう思うか懸
念を示した。「パイジエッロが私に何の関係がある？」と言った興行師は
1 時間後，総督の許可を得て戻ってきた。ロッシーニはただちに着手し，
13 日間で楽譜を書き上げた。
　　初日は 12 月 26 日だった［スタンダールに起因する誤り］。ローマ人たちは，
音楽を聴く前からパイジエッロへの侮辱に復讐しようと決めていた。第 1
幕のロジーヌ［ロジーナ］とフィガロの二重唱や中傷のアリアが称賛され
ると，すぐに応酬する口笛の野次が起こり，これが強まって第 2 幕の音
楽が非難された。悲しんだロッシーニは翌日劇場に行かず，不安で恐怖を
おぼえた。しかし観客は注意深く聴き，作品を称えた。《セビーリャの理
髪師》は熱狂を呼び覚まし，その夜松明の光でロッシーニに勝利の栄冠を
授けに来た。ロッシーニは悲しみのうちに眠っていたが，お祭り騒ぎの中
で目を覚ましたのだった。

(エスキュディエ兄弟『ロッシーニ，生涯と作品』第 4 章から要約 [34])

151

前記は筆者による要約であるが、エスキュディエ兄弟は作品の成立と初演の出来事を手際よくまとめている。これに対し、スタンダール『ロッシーニ伝』の記述を作家の想像力で膨らませたのが、ドイツ人作家エドゥアルト・マリア・エッティンガー（Eduard Maria Oettinger, 1808-72）が1847年ライプツィヒで出版した『ロッシーニ，滑稽小説（*Rossini. Komischer Roman*）』である。これは小説仕立ての伝記で、1851年に第3版が出版され、デンマーク語訳（1849年）、スウェーデン語訳（1850年）、フランス語訳（1854／58年）も現れた（後にイタリア語訳も出版）。同書における《セビーリャの理髪師》の成立と初演を要言すると、次のようになる（以下、1858年のフランス語訳から要約）。

エッティンガー『ロッシーニ』
フランス語訳（1858年）

　アルジェンティーナ劇場の興行師から新作を求められたロッシーニが「良い台本を持っていますか」と尋ねると、興行師は、10本あるが、あいにくどれもローマ総督により却下されていると答えた。ロッシーニが「昔の作曲家たちは、メタスタージオ、ダ・ポンテ、カスティなど優れた台本作家がいて幸せだった」と言い、あらためて良い台本がないかと尋ねると、興行師は一つ良いのがあるが、あなたのお気に召すかどうか心配だと言って『セビーリャの理髪師』を挙げた。ロッシーニが「すでにパイジエッロが作曲している」と言うと興行師は、「これに作曲すれば昔と現代の違いを人々が比較できてあなたのメリットになり、あなたと一緒に私も儲けることができる。あなたの《理髪師》は至る所でパイジエッロのそれを蹴落とすに違いないから」と答えた。
　ロッシーニは1カ月以内に返事すると答え、その日のうちにナポリ音楽院の監督を務めるパイジエッロに手紙を書き送った。パイジエッロは若いライヴァルの失敗を当てにし、お世辞たっぷりに「自分はロッシーニの目の眩むような天才が古い台本に新たな魅力を付与すると確信している」と返事をした。老巨匠の賛辞に大喜びしたロッシーニは、わずか13日間で《セビーリャの理髪師》を作曲した。
　……ロッシーニの《理髪師》はパイジエッロの死から半年後の12月26日［スタンダールに起因する誤り。正しくは死の3カ月半前の2月20日］にアルジ

ェンティーナ劇場で初演された。このオペラについては読者の誰もが知っているはずなので多言を要しない。それはペーザロのオルフェ［オルフェーオ］の月桂冠の最も美しい花弁の一つ，と通人たちに認められている。ロッシーニが《セビーリャの理髪師》しか作曲しなくても，この一作だけで彼をあらゆる時代の最も有名な作曲家の最上位に置くに充分だった。

　にもかかわらず，その魅力的な音楽はローマ初演で半分の成功しか得られなかった。観客がパイジエッロ派とロッシーニ派に分かれ，教皇派［ゲルフ］と皇帝派［ギベリン］となって断固たる戦いを宣言し，旧い音楽と新しい音楽の死闘が始まっていたのだ。その頃ロッシーニはコルブラン夫人に手紙を送り，ぼくの《理髪師》は当地で日増しに好評を得て，夜になると町中でアルマヴィーヴァのセレナーデやフィガロの大アリアが歌われています。ロジーナの〈今の歌声〉は美女たちが眠りにつくときの歌となり，彼女たちは「リンドーロは私のものになるわ」と口ずさんで目を覚まします，と書いた。　　　　（エッティンガー『ロッシーニ』第2巻第6章から要約[35]）

　ご覧のように，エッティンガーはパイジエッロ派とロッシーニ派の対立を「教皇派と皇帝派の死闘」になぞらえているが，記述の原本はスタンダール『ロッシーニ伝』である。ならば，スタンダールが『ローマ散歩』に記した出来事は忘れ去られたのだろうか。そうでないことは，1842年10月29日付の新聞『メロディ（La Mélodie）』に「《セビーリャの理髪師》の初演」と題し，「この傑作がローマで13日間に書かれたことはよく知られている。初演はひどく騒然とし，完全な失敗だった。だが原因や破局の詳細はわずかに，誤って理解されているだけである」と前置きし，スタンダールの語った内容と明記して「ギルランダ氏が」に始まる話を転載したことでも判る。この逸話は1845年年1月1日付『理容師新聞（Le Journal des coiffeurs）』，同月発行の『ラ・シルフィード（La Sylphide）』にも転載されている。

　1854年5月1日から『両世界評論（Revue des deux mondes）』にアンリ・ブラーズ・ド・ビュリー（Henri Blaze de Bury, 1813-88）が3期にわたって掲載した「ロッシーニ，生涯と作品（Rossini, sa vie et ses oeuvres）」もスタンダール『ロッシーニ伝』の要約と引用で構成し，《セビーリャの理髪師》初演の出来事を註に『ローマ散歩』から引用している[36]。けれども1855年パリで出版されたウジェーヌ・ド・ミルクール（Eugène de Mirecourt, 1812-80）の『ロッシーニ（Rossini）』（ポケット判の著名人小伝シリーズ（Les Contemporains）の1冊）は『ローマ散歩』と無縁

に書かれ，ロッシーニを「音楽の天才」と持ち上げながらも美食と絡めて揶揄する記述に終始し，《セビーリャの理髪師》についてはパイジエッロと同じ題材に作曲した傲慢さを批判されて初日に失敗し，2日目に大成功に転じたことが簡潔に註記されている[37]。

　以上がスタンダール『ロッシーニ伝』から30年間に世に出た新聞と単行本の記述のあらましである。筆者の独自調査ゆえ遺漏もあって当然だが，初演の騒動がロッシーニの服装に対する嘲笑から始まり，ギターやマンドリンの弦が切れ，バジーリオが転んで鼻血を流した逸話は初出の『ローマ散歩』とこれを転載した新聞記事に限定され，ロッシーニ伝に採用されていないことが確認できた。それだけではない。第2幕の舞台に猫が現れて大騒ぎになった話がここまで一つも見出せないのである。では，それはいつ，どこで最初に書かれたのか？　それが初演から40年後に突然現れたドゥソー『旅の覚書』である。次にその内容を明らかにしてみよう。

ドゥソー『旅の覚書』における初演失敗の顛末

　本論に題名を『旅の覚書』と略記する文書は，1856年3月1日付『ルヴュ・ド・パリ（Revue de Paris）』に掲載された「ロッシーニ，芸術家の旅の覚書（Rossini / Notes de voyage d'un artiste）」である（抜粋［Fragments］と付記される）。著者は建築家・画家シャルル・ドゥソー（Charles Doussault, 1814-80）で，後述するようにこの覚書の2年後にはロッシーニからパシーの邸宅の設計を任されている。

　『旅の覚書』抜粋の最初に記された日付は「フィレンツェ1834年6月8日」であるが，「1834年」は「1854年」の誤植と理解しうる（後述）。日記からの抜き書きと思われる文章は「今日はマエストロの健康状態が良くなっていた」で始まり，パリ・オペラ座の上演時間に苦言を呈したロッシーニが大きなテーブルに置かれた《結婚手形》と《セビーリャの理髪師》の新たな印刷楽譜に不満を爆発させている。ロッシーニは自分の怒りの理由を，楽譜出版で私の全部のオペラが人目にさらされると旧作からたくさん音楽を転用したことが判ってしまうと説明し，「私は野次られた私のオペラから最良と思われる部

『ロッシーニ, 芸術家の旅の覚書』
（『ルヴュ・ド・パリ』1856年）

第六の扉 《セビーリャの理髪師》初演失敗の真実

分を取り上げ，私がしたように新たな作品の中に使って失敗を挽回する権利があると思ったのだ。失敗作は私にとって死んだも同然なのに，［この楽譜出版が］すべて生き返らせてしまった！」と語っている。そしてドゥソーが「あなたのオペラが野次られたのは本当ですか？」と尋ねると，ロッシーニはテーブルの楽譜を指して「一番野次られたのはそこにある《セビーリャの理髪師》だよ」と答え，初演の顛末を次のように一気呵成に語りだすのである。

"ああ！　あの夕べは素敵なシャリヴァリ［大騒ぎ］だった！　私はローマ人の観客の口笛と野次の下でアルジェンティーナ劇場が崩れ落ちるかと思ったよ。"

"そのときのことを昨日のように覚えている……あなた方は，我々イタリアの劇場でオペラ作曲家が最初の3回の上演にオーケストラを指揮しなければならないのをご存知ですね。幕が上がるとき，私は自分の持ち場にいました……でも，事件を予期してなかった。上演は私が会場入りして始まるからです。

"私はそれほどひどい音楽を作曲したとは思っておらず，成功するつもりでいた。一部の真面目な観客，年寄りの愛好家たちが，彼らの言うパエジエッロ［Paesiello］のオペラの作り変えを企てた若者を厳しく批判しているのを知っていた。でも神さまは，巨匠を賛嘆する私が自分の才能に対する自信のなさや保身のためにそれをしたのではない，とご存知です。でも支配人がその台本を私に強いたのだ。そして私が手にしたすべては，二重唱のあったところに三重唱が置かれ，アリアの場所に四重唱，以下同様といった具合にパエジエッロの楽曲［構成］から変更されていた。中傷のアリアは私が避けることのできない唯一の曲だった。その他は私が何度も言ったにもかかわらず台本作家がボーマルシェのまま残し，フィガロとロジーヌ［ロジーナ］の間で続く手紙の交換を創作したのだった。何度も議論した後，詩人は私に譲歩した。けれどもロジーヌとフィガロがやりとりする三つか四つの手紙［のシーン］がまだ残っていて，その場違いな伝言が観客を喜ばせた。"

"そうした事情のすべてが，まさに私のキャリアにおける決定的瞬間の前兆に思われた。そして恐ろしい会衆の前に姿を現すことになった私は，自分の身なりに最大限の配慮をすることにしたのだ。"

"私は金ボタンの付いた，はしばみ色［淡褐色］の服を持っていて，それ

155

に夢中だった。私の仕立屋も最高の趣味と保証していたよ。私にもそれが素敵な服に思えた。"

"残念ながら，アルジェンティーナ劇場の観客はそう思わなかった。そして私がオーケストラに入ると，私の趣味が皆の爆笑を誘ったのだ。四方八方から私の服装に対して嘲りの声が降り注いだ。観客をひどく不愉快にさせた服の持ち主が，愚かで無知な輩と思われたのは明らかだった。"

"そんな執拗な非難の中で序曲が始まった。幕が上がると哀れな身なりの私の一挙一動に，私の服を種にした笑いが再び起きた。"

"歌手たちはその歓迎を何ひとつ理解できず，呆気にとられ，混乱の真っ只中で第1幕を始めた。"

"その日，あらゆる不幸と悲運が私の上に降りかかった。作曲家の誰一人として，このような不運を味わったことがなかった。アルマヴィーヴァを歌ったガルシアはスペイン人らしくイザベル時代の恋人のようにマンドリンを演奏でき，みずからその楽器の伴奏で歌った。だが，なんてこと！リトルネッロのところで騒ぎを鎮めるべく技術を示そうとした彼は，大胆な親指の一打ちで楽器の弦をすべて切ってしまったのだ。これで笑いが二倍になった。私の前にピアノがなかったので，仕方なくチェロ奏者にピッツィカートでアルペッジョを奏するよう叫んだ……チェリストは唖然とした様子で私を見て，理解できずにいた。観客の不当な怒り，野次の渦中にいた私は，曲が終わると自分から歌手たちに拍手を送った。すると私の大胆さに激高した観客が言う――〈見ろよ，はしばみ色の服が俺たちを馬鹿にしてるぞ！〉，そして叫び声が怒号になったのだ。"

"けれども私は，自分の観客を引き戻すためにドン・バジール［バジーリオ］の出番を頼りにしていた。役者は完璧にメーキャップし，滑稽な役柄だった。だが，なんてこと！　私はまだその有名な登場を覚えている。バジールは自分の前方を見ずに舞台袖に現れ，突き出た板に足を取られてひどく転び，舞台に鼻を打ち付けてしまったのだ。"

"観客はその登場をまるで理解できず，台本にあることと思う者もいて，悪趣味と叫んだ。これに対し他の人々はアクシデントと気づき，不運な歌手に大笑いするのだった。"

"中傷のアリアは鼻血を流しながら，血に染まったハンカチを手に歌われた。バジールは文字通り，面目を潰していた。"

"だが，私は自分の苦難の果てにあったのではなかった。笑いと喧騒に

第六の扉　《セビーリャの理髪師》初演失敗の真実

うんざりした観客が音楽を聴く気になり，私の服のことを気にかけなくなったと思ったら，新たに嘆かわしい事件が起きたのだ。"

"第2幕フィナーレのはじめに一匹の猫が舞台袖から現れ，思い切ってフットライトのへりに近づくと物珍し気に場内を眺め始めた。そこらじゅうからこの猫に向かってニャーニャー呼びかけたので，猫も好奇心をそそられたようだった。バルトロは猫を一蹴りして舞台の片隅に追いやった。でも運の悪い獣は目を回して舞い戻ると装置の横を突っ走り，歌手たちの足の間をくぐり抜けた。必死の軽業みたいに！"

"ロジーヌはこちら，マルスリーヌ［ベルタ］はあちらへ逃げた。猫が消え，私が自分の軍隊［歌手たち］をまた集めようと思ったとき，再び激高した動物の荒々しい走りが会場に騒ぎと陽気な鳴き声を引き起こした。舞台袖に追いやられた猫は再び戻ってきた。そしてついに幕が下り，何も聴くことができなくなった。"

"そこにいる作曲家は，死ぬほどひどい拷問に3時間も身をさらさなければならない。それがどんな苦痛か知るために！　耳を聾する叫び声に包まれた私は両手で頭を抱え，半ば狂ったように会場を後にした。"

"私はローマの曲がりくねった道をまっしぐらに走り，やっと人けのない路地の一隅に独りで辿り着いた。そこは私の住まいの向かいにあるボルゲーゼ宮殿の記念碑広場に通じており，アルジェンティーナ劇場で吹かれる口笛がまだはっきり聞こえるような気がした。"

"次の日の昼間，私の友人たちがこぞって努力してくれていた。観客の反感を鎮めようと試み，すべての音楽が公正に聴かれるよう講じてくれたのだ。"

"翌日，上演の時間になると，ポスターや支配人の告知に反して私は姿を見せなかった。誰もがむなしく待ったが，私はベッドで口笛の野次と冷笑から身を守るべく頭を毛布にもぐり込ませ，劇場には行かないと決心した。"

"支配人は大急ぎで私を探す使いを出した。私は，私なしでも演奏でき，望まれてもいないのだから行かないと答えた。"

"夜も更けた頃，最初に低いざわめきがし，続いて徐々にはっきりと，動揺のさなかにある私を眠りから引き離そうとやってきた。大きな松明が揺れ動く光を私の部屋の壁に投げかけ，良く響く声で繰り返される私の名が，寝入りばなから私を悩ませていた前日の痛切な記憶を心に蘇らせた。

157

何て不幸！　私は思わず叫んだ。私の向こう見ずな大胆さに激高し，私を攻撃したいのか？　階段の荒々しい足音を聞いた私は我を忘れ，かんぬきをかけて助けを呼ぶよう家主に叫んだ。"

"良く知る何人かの友人の声も聞こえたが，不吉な悪夢を払拭するのは容易でなかった。"

"松明を振りながら，誰かが〈ロッシーニ万歳！〉と叫んでいた。それで恐怖が生き生きとした喜びに変わり，私は扉を開けに行ったが，偶然はしばみ色の不幸な服が目に留まり，それを部屋の壁の洋服掛けに吊るした。それを見たことで前日の痛切な記憶のすべてが脳裏に蘇り，私は頭を毛布の下にあらためて突っ込んだのだ。"

"アルジェンティーナ劇場に行くよう私を説得するには，友人たちの執拗な嘆願が必要だった。そこには私の傷ついた作者の自尊心を癒すことのできる喝采が待っていた。"　　　　　（「ロッシーニ，芸術家の旅の覚書」より [38]）

　以上が，ロッシーニがドゥソーに語った初演失敗に関する話のすべてである。だが，この話には明らかな間違いがある。当時の劇場オーケストラはコンサートマスターが指揮者を兼ね，作曲家は鍵盤楽器（フォルテピアノまたはチェンバロ）の席で歌手と上演を監督したのに，ドゥソーの文章ではロッシーニが管弦楽を指揮し，前にピアノがなかったのでチェロ奏者にピッツィカートを指示したと書かれているのだ（リゲッティの証言ではロッシーニがチェンバロ席にいた）。ガルシアが弦を切った楽器もマンドリンとされている（正しくはギター。リゲッティもガルシアが歌う前にギターを調弦したと述べる）。台本を支配人に強いられとするのも疑問で，ロッシーニみずから提案し，劇の運びと楽曲構成の変更もロッシーニとステルビーニがあらかじめ協議して決めていた。

　こうした点を捉えて作り話と決めつけるのは簡単で，ラディチョッティもそれを根拠に偽りの文章と一蹴している [39]。筆者もかつてそう考えたが，ドゥソーに先立つ《セビーリャの理髪師》初演の記述を調査し終えた現在は，ロッシーニ自身がドゥソーに語った話であると確信している。そもそもドゥソーには逸話をでっちあげる理由や必然性がなく，ロッシーニが自分との偽りの会話を発表した人物に別荘の設計を依頼するとも考え難い。それだけではない。ドゥソーがいかなる人物で，当時フィレンツェでロッシーニがどのような状況にあったかを知れば，この文章もロッシーニに関する重要証言に思えてならないのである。ドゥソーの生涯と『旅の覚書』に関する先行研究が絶無で，経歴と作

第六の扉　《セビーリャの理髪師》初演失敗の真実

品の一端しか知りえない現状ではあるものの，筆者の知りえた情報を基に当該
文章の信憑性と意義について考えてみよう。

ドゥソーとロッシーニの関係，『旅の覚書』の信憑性に関する考察

　『旅の覚書』の著者シャルル・ドゥソーは1814年フランスのブルターニュ
地方フジェール（Fougères）に生まれ，初期ロマン派の画家ドヴェリア兄弟（ア
シル・ドヴェリア［Achille Devéria, 1800-57.］とウジェーヌ・ドヴェリア［Eugène Devéria,
1805-65.］）に師事した。職業は画家，彫刻家，版画家，建築家と多岐にわたり，
同時代と後世の評価が必ずしも高くないことはフランス美術史にその名を見出
せず，専門研究が行われていない事実でも明らかである。それでもドゥソーは
オリエントを旅して異国の風俗や肖像を描いた画家として知られ，1845年に
おそらくスルタン，アブデュル・メジトの求めでその肖像画を描きにコンスタ
ンティノープル［コンスタンティノオポリス］を訪問し，帰国前にトルコのトラブ
ゾンを訪問したことが判っている[40]。ドゥソーの絵画はレンヌ美術館（Musée
des beaux-arts de Rennes）が若干のコレクションを所蔵し，グランパレ&国立博物
館連合（Réunion des musées nationaux et du Grand Palais des Champs-Élysées）のサイト
に観ることができる[41]。

　1856年3月1日付『ルヴュ・ド・パリ』に掲載された『旅の覚書』抜粋の
日付は1834年6月8日と6月24日であるが，1834年が1854年の誤植であ
ることはロッシーニが1836年に帰国するまでパリで活動し，1839年からボ
ローニャ音楽学校の永久名誉校長を務め，1848年に二月革命の騒乱を逃れて
フィレンツェに移住したことでも明白である（以後1855年4月までフィレンツェ
在住）。

　『旅の覚書』にもドゥソーの訪問が1854年だった証明となる記述が見出せ
る。テーブルに置かれた《結婚手形》と《セビーリャの理髪師》の新たな印
刷楽譜にロッシーニが怒りを露わにしたのがそれで，《結婚手形》の全曲譜初
版は1848年にリコルディ社が刊行し，同社の《セビーリャの理髪師》新版は
1853年頃の出版である（全集版《セビーリャの理髪師》校註書における刊年推定）。こ
れはリコルディ社によるロッシーニ全オペラ楽譜出版の一環で，ロッシーニは
その出版で旧作からの転用が世に知られてしまうと憤ったのである。

　ドゥソーがロッシーニといつ，どこで最初の面識を得たのか不明だが，両者
の関係が1854年の訪問後に深まったことは，1855年からパリに再定住した

159

ロッシーニが 1858 年にパリ市から購入したパシーの土地に建築する邸宅の設計建築をドゥソーに依頼したことでも判る。その契約書は翌 1859 年 1 月 22 日に作成され，3 月 10 日に礎石が置かれ，完成した建物にオリエント風の要素があるのも設計者の東洋趣味の反映とされている [42]。ドゥソーはその後もロッシーニと親しく交際してその肖像画を描き，死の床のロッシーニもスケッチしている [43]。

　こうした両者の関係はもとより，ドゥソーが画家・建築家であってエッセイストや文筆家でないことも『旅の覚書』の信憑性を高める根拠となる。筆者の調べでは日記から抜粋された『旅の覚書』以外にドゥソーの著述を見つけられず，ロッシーニの死後もマエストロの思い出を発表していないのだ。『旅の覚書』は単語の繰り返しの多い悪文で，プロフェッショナルな作家の文章ではない。ロッシーニの語った内容をそっくり暗記して日記に書くのは不可能だから，自分の知識や言葉で補った部分があって当然で，前記の明らかな誤りもこれに起因するのではなかろうか。

　一連の問題を捨象して『旅の覚書』を見直せば，合間にドゥソーの口を挟ませぬほど濁みないロッシーニの言葉に，彼にしか語りえない内容が散りばめられていることが判る。パイジエッロと同じ題材に作曲することへの反発を知って身なりに気を遣い，それが逆効果になったとする自己分析もその一つで，翌日の行動も当時の感情と記憶が蘇ったかのようにつぶさに語られる。「ロッシーニ万歳！」の叫びに成功を悟りながらも「偶然はしばみ色の不幸な服が目に留まり」，「前日の痛切な記憶のすべてが脳裏に蘇り，私は頭を毛布の下にあらためて突っ込んだ」との言葉も，心の傷がどこにあったのかを如実に物語る。24 歳の誕生日を目前にしたロッシーニは，現代の若者と同じように見た目やファッションにこだわる若者だったのである（ベレー帽を被った有名な肖像画も，お洒落な若者だったことの証明となる。本章の扉参照）。その彼が気負って新調した「金ボタンの付いた，はしばみ色の服」が観客に嘲笑され，騒動に火をつけてしまったのである。初演用に新調した服を嘲笑された彼が同じ服で 2 日目の上演に列席する気にならなくて当然で，「口笛の野次と冷笑から身を守るべく」契約違反を承知で欠席しても不思議はない。そんな若者の傷心は第三者の想像の及ばぬことで，過去の語り手が全員パイジエッロと同じ題材に作曲したロッシーニがローマ人の怒りを恐れたとする表面的解釈にとどまったのも頷けよう。

　ならば，『旅の覚書』によって青天の霹靂のごとく現れた第 2 幕の猫騒動も

実際にあった出来事なのだろうか。それ以前も以後も第2幕の出来事を具体的に語った者が絶無であれば、この問題に結論を下すのは不可能である。晩年のロッシーニなら作り話で聞き手を楽しませたと想像できるが、ドゥソーが訪問した1854年のロッシーニは人生最悪の健康状態にあり、その余裕があったとは思えない。次に、当時のロッシーニの置かれた状況を明らかにしてみよう。

1854年の新年を迎えたロッシーニがひどい坐骨神経痛を患っていたことは、友人ガエターノ・ファービ（Gaetano Fabi）宛の手紙に「坐骨神経痛のため15日間苦しみました」と記したことでも判る（1月12日付）[44]。4月以降は自分で手紙を書けず、妻に代筆させた文面に署名するのが精一杯だった。当時のロッシーニの容体は、頻繁に見舞った友人フィリッポ・モルダーニ（Filippo Mordani, 1797-1886）の日記で知ることができ、5月12日付の日記には、ロッシーニが「体調が悪い。恐水病の一種だよ。食べ物の味も全然感じられない。3カ月半前から寝ていないのだ。ひどい苦しみ、本当にひどい苦しみ。私がどんなに痩せているか見てごらん。医者たちも私の病気を癒すすべを見つけられずにいる」と語り、同月31日には何度も自分の喉にナイフを当て、「ぼくを殺してくれ」と友人たちに頼んだと書かれている[45]。ドゥソーが訪問する直前の6月2日にも、ロッシーニはルッカの音楽家マッシミリアーノ・クイーリチ（Massimiliano Quilici）への手紙に神経症と不眠の苦しみを訴え、温泉地バーニ・ディ・ルッカで療養するため宿の手配を依頼している[46]。これは主治医マウリツィオ・ブファリーニ（Maurizio Bufalini［またはブッファリーニ Buffalini］）から同地の高名な医師ヴォルピ（Volpi）の治療を受けるよう勧められたためで、6月27日付のペルティカーリ伯爵宛の手紙でも執拗な神経症と5カ月前から続く不眠の苦痛を訴えており[47]、現代の医学的研究の一つもロッシーニが「体重の減少、慢性的下痢、幻聴、自殺を意識するなど、さまざまな症状に悩まされた」とする[48]。

それゆえドゥソーの訪問したロッシーニが最悪の体調と精神状態にあったのは間違いなく、ドゥソーの文章にも楽譜出版に怒るロッシーニが一つの質問をきっかけに《セビーリャの理髪師》初演失敗の出来事を語りだしたことへの驚きが感じられる。それだけではない。ドゥソーは前記の引用部分に続けて、初演の顛末を才気に満ちた口調で語ったロッシーニ

病気の兆候が顕著な
ロッシーニの写真（1855年頃）

が「突然体調不良を感じたらしく，若き日の記憶をしばし失い」「もとの苦し気で悲痛な様子に戻った」と記して 6 月 8 日の記述を終えるのである。これが極度の躁鬱病の表れであることは，ロッシーニの書簡や医師の所見からも明らかで，初演の顛末を躁状態で一気に語り，不意に鬱状態に戻ったことが判る。こうした点でドゥソーの記述は未出版のモルダーニ日記[49]と共通し，ロッシーニの語った内容の信憑性とは別にロッシーニに関する証言として価値を有するのである。

猫騒動の反響と流布：結論にかえて

その後『旅の覚書』は 1861 年に『ルヴュ・ド・パリ』の抜き刷り冊子[50]として出版されたが，フランスの他紙への転載が確認できたのは 1864 年 3 月27 日（第 31 年第 17 号）から 10 月 16 日（同前第 46 号）まで 29 回にわたってパリの音楽週刊誌『ル・メネストレル（*Le Ménestrel*）』に連載されたアレクシス・アゼヴェド『G. ロッシーニ，生涯と作品（*G. Rossini, sa vie et ses œuvres*）』が唯一である。著者アゼヴェド（Alexis Jacob Azevedo, 1813-75. ボルドー生まれのユダヤ人）は晩年のロッシーニとも親しい音楽評論家で，ドゥソーの文章はザノリーニの記述と合体する形で採り入れられている（同年単行本が出版され［A. Azevedo, *G. Rossini, sa vie et ses œuvres*., Paris, Heugel, 1864.］，『旅の覚書』からの引用はその 98 ～ 99 頁，猫騒動は 114 頁に見出せる）。

晩年のロッシーニの夜会の常連でドゥソーとも面識のあるアゼヴェドが，ロッシーニも読むであろう伝記に猫騒動の逸話を再録したことは興味深い。なぜなら自分の伝記に不満を持つロッシーニは 1862 年 6 月 28 日付の書簡に「私の伝記類は（一つ残らず）非合理で，多かれ少なかれ吐き気をもよおす作り話に満ちています。もし私が理性を欠いていたら，それらに反撃したことでしょう」と記し（アンジェロ・カテラーニ宛[51]），事実でない話を公式に否定したこともあったからである（ロッシーニは 1860 年に自分が出元とされたヴァーグナーに関する警句を公開文書で否定し，ヴァーグナーがロッシーニを表敬訪問するきっかけとなった[52]）。にもかかわらず単行本化の前にアゼヴェドに修正を求めず，猫騒動を否定する発言もしなかった。

イタリアではアゼヴェドよりも早く，1862 年 2 月 23 日付『ミラーノ音楽新聞（*Gazzetta musicale di Milano*）』（第 20 年第 8 号）に「ロッシーニの語った《セビーリャの理髪師》初演（*La prima rappresentazione del Barbiere di Siviglia raccontata da*

Rossini）」と題した文章が掲載されていた。これはドゥソーの名前や出典の記載なしに初演失敗の語りのみを『旅の覚書』からイタリア語訳したもので，ロッシーニが『ミラーノ音楽新聞』に語った話と思われても不思議でない。けれども同年トリーノで出版されたエンリーコ・モンタ－ツィオ（Enrico Montazio）著『ジョヴァッキーノ・ロッシーニ（*Giovacchino Rossini*）』はこれを無視し，《セビーリャの理髪師》の作曲過程をパリの新聞『イリュストラシオン（*L'Illustration*）』1854年10月24日号に掲載されたギュスターヴ・エケ（Gustave Héquet, 1803-65）のロッシーニ伝から転用し（エケの文章は明らかな創作のため本論では割愛する），初演の失敗と成功についてはスタンダールの記述をアレンジしている[53]。

『ミラーノ音楽新聞』1862年2月23日付のイタリア語訳

1864年8月ペーザロで出版された著者不詳のロッシーニ伝も同様に，スタンダール，モンタ－ツィオ，エスキュディエ兄弟ら先行するロッシーニ伝をベースに，《セビーリャの理髪師》初演の出来事を簡潔に記している[54]。1874年ミラーノで自家出版されたロドヴィーコ・セッティモ・シルヴェストリ（Lodovico Settimo Silvestri）の『ジョアッキーノ・ロッシーニの生涯と作品（*Della vita e delle opere di Gioacchino Rossini*[55]）』は，ロッシーニの生涯と作品について独自に資料を蒐集した書で，《セビーリャの理髪師》初演に関してもサルヴァトール・マッサ（Salvatore Massa）なる人物の記事から引用されているが，出典不明で内容に新味がなく，猫騒動の話も含まれない。翌1875年ボローニャで出版されたザノリーニ『ジョアキーノ・ロッシーニ伝（*Biografia di Giochino Rossini*）』も初演の記述を1836年版から再録し，ヴェントゥリーノ・カマイーティ（Venturino Camaiti）による小伝『ジョアキーノ・ロッシーニ（*Giochino Rossini*）』（フィレンツェ，1887年[56]）も前記モンタ－ツィオ『ジョヴァッキーノ・ロッシーニ』からの引用で処理し，猫騒動の話が出てこない。それゆえイタリアのロッシーニ伝に『旅の覚書』の反響は絶無と言っても良いが，『ミラーノ音楽新聞』がこの話を1892年2月29日のロッシーニ生誕100周年記念特別号に再掲載したので音楽愛好家には広く知られていたはずである。

　英米圏では，単行本のロッシーニ伝によって猫騒動の話が流布した。ロッシーニの死の翌年ロンドンでH. サザランド・エドワーズ（H. Sutherland Edwards）

が出版した『ロッシーニ伝（*The life of Rossini*）』には「《セビーリャの理髪師》
——初演」と題した章[57]があり，リゲッティ，ザノリーニ，アゼヴェドを基
に初演の出来事を論述し，猫騒動も 10 行に要約している。同書はボストンと
ニューヨークでも出版され，ロンドン版と共に再版を重ねて英米圏における近
代ロッシーニ伝のモデルとなった。

　これに対し，フランスではロッシーニ没後の最初の重要な伝記となるアルチ
ュール・プージャン（Arthur Pougin, 1834-1921）著『ロッシーニ（*Rossini*）』（パリ，
1871 年[58]）が猫騒動を無視したが，ポール・ランドルミ（Paul Landormy, 1869-
1943）の『音楽史（*Histoire de la musique*）』を通じて広く知られるに至った（初版は
1910 年[59]。以後増補改訂と再版を重ねる）。古代音楽からドビュッシーまでの通史
として高い評価を得た同書は，大正 15 年（1926 年）4 月に柿沼太郎訳（『西洋音
樂史』十字屋樂器店），同年 6 月に服部竜太郎訳（『西洋音樂全史』アルス）が相次い
で出版された。次に柿沼訳から該当部分を転記する。

　　　［《シヴィリアの理髪師》の］第一夜は極めてものすごいものであつた。ロー
　　マの好樂家全體は豫め同じ臺詞に音樂を附けたパエシエルロの作に勝る筈
　　はないと斷言した。テノールのガルチアはギタァの調子を合はせるのにぐ
　　づ へ したので叱聲を浴びせられた。バジレが舞臺に出ようとするとけつ
　　まづいて危く鼻を怪我するところだつた。二幕の終りに猫が舞臺を駈け通
　　つて，見物一同はミューと猫の鳴聲を擧げた。ロッシニは第二囘目の上演
　　の際オーケストラを指揮するのを拒んだ[60]。［以下略］

　柿沼訳と服部訳はどちらも 1950 年代半ばまで出版社を変えて再刊されたの
で，オペラに関心のない日本の音楽愛好家にも猫騒動が知られることとなった。
だが，近代ロッシーニ研究の祖と言うべきラディチョッティがドゥソーの文
章を作り話と一蹴したことから 20 世紀のロッシーニ研究者は猫騒動を無視し，
ドゥソーに関する研究もされぬまま今日に至っている。けれども今回あらため
て《セビーリャの理髪師》初演に関するドキュメント，新聞，雑誌，伝記を時
系列で再点検した筆者には，極度の躁鬱病に苦しむ 1854 年 6 月のロッシーニ
が語った話に一抹の「真実」があるように思えてならない。最初に公表したド
ゥソーとこの話を伝記に再録したアゼヴェドが共にロッシーニの友人であるの
も偶然ではあるまい。誰もが「出来すぎ」「嘘っぽい」と頭から否定しそうな
話をなぜ 2 人の友人が公にし，周囲に大勢ジャーナリストがいたロッシーニ

第六の扉 《セビーリャの理髪師》初演失敗の真実

がなぜ一度も否定しなかったのか？

　ここで筆者なりの結論を述べるなら，猫騒動が極度の躁状態のロッシーニによる捏造としても，これほど楽しい逸話の創造は他に例がない。それはまさしく天才の所産である。舞台に現れた猫を見た観客が劇そっちのけでニャーニャーと呼び掛け，バルトロに蹴り飛ばされた猫が目を回して舞い戻り，2人の女性歌手が逃げまどう姿は喜劇の一場のように面白い[61]。その作者は間違いなく，機知とユーモアの天才ロッシーニその人であろう。そして晩年のロッシーニはみずから生んだ逸話を面白がり，あえて否定せず，《セビーリャの理髪師》にまつわるエピソードとして後世に残そうとしたのではなかったか。その狙いは当たり，猫騒動の逸話は世界にあまねく流布し，初演から200年経った現在も語り継がれているのである。

　それだけではない。これは初演第2幕の具体的な出来事に関する唯一の証言であり，猫騒動の有無はタイムマシンで1816年2月20日のアルジェンティーナ劇場に行かなければ誰も確かめることができないのだ。それゆえ猫騒動を作り話と一蹴するのは早計で，初演に関する新たな証言の探索と共にドッソーの日記の原本調査も必要である。『ルヴュ・ド・パリ』にわずか2日間の記述が抜粋掲載された事実に鑑みれば，日記の原本にはドッソーが見聞した同時代の出来事がつぶさに書かれている可能性がある。存在はまだ確認されないが，発見されれば文化史的にも大きな収穫となるに違いない。

註

1　本論は，『ロッシニアーナ』第36号（2016年2月発行）掲載の拙稿「《セビーリャの理髪師》初演失敗の真実——証言と逸話，反響と流布の研究」を書籍用に改稿した。

2　ベーレンライター社の批判校訂版は *Works of Gioachino Rossini, Vol. 2.*, Edited by Patricia B.Brauner., Kassel etc., Bärenreiter, 2008. ロッシーニ財団の全集版は *Edizione critica delle opera di Gioachino Rossini, I / 17.*, a cura di Alberto Zedda, Pesaro, Fondazione Rossini-Ricordi, 2009.

3　Enrico Celani, *Musica e musicisti in Roma (1750-1850).*, in RMI, Torino, Bocca, 1915., vol. 2, p. 286.

4　Bruno Cagli, *Amore e fede eternal*, in *Il barbiere di Siviglia*, programma del Rossini Opera Festival, 2005., p. 61. n.2.

5 Giuseppe Radiciotti, *Gioachino Rossini: Il barbiere di Siviglia*., Milano, Bottega di poesia, 1923., pp. 64-65.

6 *Biblioteca teatrale o sia raccolta di scenici componimenti originali, e tradotti che godono presentemente il più alto favore su i teatri italiani : corredata di discorsi, e notizie storico-critiche, Tomo XII.*, Roma, Crispino Puccinelli, 1815., p. VIII. タイトル頁に 1815 年とあるが，実際の発行が 1816 年 2 月末以降であるのはこの一文からも明白。

7 *Diario di Roma.*, n.21. ［13 Marzo 1816］, Roma, Stamperia Cracas., pp. 14-15.

8 Gioachino Rossini, *Lettere e documenti, IIIa: Lettere ai genitori.*, Pesaro, Fondazione Rossini, 2004., pp. 119-120.

9 Ibid., pp. 121-123.

10 全集版《セビーリャの理髪師》序文 p. XXXI. 及び n.56 参照。ただし，ラディチョッティは金曜日を除いて 7 回の上演が可能としており（Radiciotti, op. cit., p. 91.），4 回から 7 回の間との推定しかなしえない。

11 *Journal des débats politiques et littéraires.*, Paris, 1816 /03 /28., p. 2.

12 Annalisa Bini, *Echi delle prime rossiniane nella stampa romana dell'epoca.*(in. *Rossini a Roma – Rossini e Roma.*, Roma, Fondazione Marco Besso, 1992.), pp. 167-168.

13 正式な題名は *Cenni di una donna già cantante sopra il maestro Rossini in risposta a ciò che nescrisse nella ［e］ state dell'anno 1822 il giornalista inglese in Parigi e fu riportato in una gazzetta di Milano dello stesso anno.*(Bologna, 1823.) ［in Luigi Rognoni., *Gioacchino Rossini.*, Torino, Einaudi, 1977.2-ed, 1981., pp. 339-372.］フランス語訳からの重訳がスタンダール『ロッシーニ伝』（山辺雅彦訳，みすず書房，1992 年）に掲載されているが，本稿ではイタリア語原本から拙訳を載せた。

14 Rognoni, *Gioacchino Rossini.*, pp. 357-359.

15 Radiciotti, op. cit., p. 88.(1)

16 スタンダールは劇場名「ココーメロ（Cocomero）」がフィレンツェで「ホホーメロ（Hhohhomero）」と発音されていることにふれている。

17 Stendhal., *Rome, Naples et Florence en 1817.*, Paris, Delaunay / Pelicier, 1817., pp. 29-32. ［*Voyages en Italie*, Bibliothèque de la Pléiade, Gallimard, 1973., pp. 15-17.］

18 スタンダールの旅の行程は *Voyages en Italie*, Bibliothèque de la Pléiade, Gallimard, 1973., pp. XXV-XXXI. ［Tableau chronologique des Voyages de Stendhal (1791-1829)］に基づく。

19 A cura di Marcello Conati, *Contributo per una cronologia delle rappresentazioni di opera di Gioachino Rossini avvenute in teatri italiani dal 1810 all'anno teatrale 1823.* (in *Atti dei convegni lincei 110, La recezione di Rossini ieri e oggi.Roma 18-20 febbraio 1993*)., Roma, Accademia nazionale dei lincei, 1994., p. 234. はペルゴラ劇場の上演を「1817 年 12 月 7 日以前」とする。同劇場では秋のシーズンのみ上演し，スタンダールの訪問前に公演が終っていた。

20 Stendhal, *Correspondance I 1800-1821.*, Bibliothèque de la Pléiade, Gallimard, 1968., p. 953.

21 Ibid., p. 1021.（手紙には発信地がボローニャと書かれているが，消印からノヴァーラと判る）

22 Ibid., p. 1038.

23 *Blackwood's Edinburgh Magazine.*, No. LXIX. october, 1822., vol. XII., p. 441.

24 Stendhal, *Promnades dans Rome.*, Paris., Delaunay, 1829.〔*Voyages en Italie*, Bibliothèque de la Pléiade, Gallimard, 1973., pp. 1094-1095.〕

25 1843 年 4 月 16 日に『*Le Journal des théâtres : littérature, musique, beaux-arts.*, Paris, Société des auteurs et compositeurs dramatiques』として創刊された週 2 回発行の劇場新聞。同年 6 月に『*Annales dramatiques*』と統合され，同月 18 日の第 19 号から『劇場新聞・演劇年鑑（*Le Journal des théâtres Annales dramatiques*）』として発行。

26 *Rossini e la musica, ossia Amena biografia musicale, almanacco per l'anno 1827* (anno 1)., Milano, Ant. Fort. Stella e figli, 1827.

27 Antonio Zanolini, *Biografia di Giochino Rossini.*, Bologna, Nicola Zanichelli, 1875.（1836 年のロッシーニ伝はその 1 ～ 30 頁に掲載)

28 ザノリーニに関する基本情報は「Storia e memoria di Bologna」の次のサイトを参照。http://www.storiaememoriadibologna.it/zanolini-antonio-482390-persona

29 Zanolini, op. cit., p. 18.

30 Jean van Damme, *Vie de Rossini, Célèbre compositeur, Membre de l'institut, Directeur du chant de l'Académie Royale de Musique, à Paris* 〔...〕, Anvers, Librairie nationale et étrangère, 1839.

31 Ibid., p. 124.

32 *Galerie des contemporains illustres, par un homme de rien.*, Tome troisième, Paris, Au Bureau Central., 1841., p. 25.

33 Théophile Gautier, *Notice sur Le Barbier de Séville.*, p. 24.〔in *Les beauté de l'opéra, ou, Chefs-d'oeuvre lyriques.*, Paris, Soulié, 1845.〕

34 Les Frères Escudier, *Rossini. Sa vie et ses oeuvres.*, Paris, E. Dentu, 1854., pp. 30-32.

35 Eduard Maria Oettinger, *Rossini, l'homme et l'artiste.*, traduit de l'allemand par P. Royer., Bruxelles, Auguste Schnée, 1858., Tome II, pp. 70-79.

36 *Revue des deux mondes.*, Tome VI., mai-juin 1854., p. 463(2)

37 Eugène de Mirecourt, *Les Contemporains 29, Rossini.*, Paris, Gustave Havard, 1855., p. 76., n.1.

38 *Revue de Paris.*, Tome XXX, 1856., pp. 457-461.

39 Radiciotti, op., cit., p. 84.

40 Frédéric Hitzel, *Couleurs de la Corne d'Or. Peintres voyageurs à la Sublime Porte.*, Courbevoie, Editions ACR, 2002., p. 270. 及び p. 307.

41 http://www.photo.rmn.fr/C.aspx?VP3=SearchResult&VBID=2CO5PC0LHH77J#/SearchResult&VBID=2CO5PC0LHRWMG

42 ドゥソーの書簡を含むドキュメントの一端は，*Rossini à Paris.*, Musée Carnavalet (27 Octobre - 31 décembre 1992)〔Catalogue rédigé par Jean-Marie Bruson〕., Paris, Société des Amis du Musée Carnavalet, 1992., pp. 139-141. の nn.190-194. 参照

43 2013 年 6 月と 11 月ロンドンのサザビーズ・オークションにかけられた。ネット掲載の目録と写真参照。http://artsalesindex.artinfo.com/asi/lots/4976136

44 Paolo Fabbri, *Rossini nelle raccolte Piancastelli di Forlì.*, Lucca, LIM, 2001., p. 160.〔CR. 405.196〕

45 *Della vita privata di Giovacchino Rossini : memorie inedite del professore Filippo Mordani.*, Imola, Tip. d'Ignazio Galeati, 1871.〔in Fabbri, op. cit., Prefazione, p. XXXII 及び XXXIII.〕

46 *Lettere di G. Rossini., Raccolte e annotate per cura di G. Mazzatinti - F. e G. Manis.*, Firenze, G.Barbera Editore, 1902., p. 224. ［lettera 223］続くクイーリチへの礼状は Fabbri, p. 163. ［CR. 406.108］

47 *Lettere di G. Rossini.*, p. 226. ［lettera 225］.

48 ジョン・オシエー『音楽と病 病歴にみる大作曲家の姿』菅野弘久訳, りぶらりあ選書／法政大学出版局, 1996 年, 106 頁（ロッシーニに関する記述は 104 ～ 111 頁）

49 モルダーニの日記からロッシーニに関連した部分が初めて抜粋出版されたのは 1871 年。

50 *Essai d'une bibliographie générale du théâtre, ou Catalogue raisonné de la bibliothèque d'un amateur complétant le catalogue Soleinne.*, Paris, Treisse, 1861., p. 160.

51 *Lettere di G. Rossini.*, pp. 249-250. ［lettera 255］

52 ヴァーグナー自身の証言（リヒャルト・ヴァーグナー『わが生涯』山田ゆり訳, 勁草書房, 1986 年。713 頁）

53 Enrico Montazio, *Giovacchino Rossini* ［I contemporanei italiani: Galleria nazionale del secolo XIX (39), Torino, Unione Tipografico -Editrice, 1862., pp. 86-90.

54 ［Anonimo］*Rossini.*, Pesaro, Tipografia Fratelli Rossi, 1864., pp. 227.

55 *Della vita e delle opere di Gioachino Rossini : notizie biografico-artistico-aneddotico-critiche, compilate su tutte le biografie di questo celebre italiano e sui giudizi della stampa italiana e straniera intorno alle sue opera da Lodovico Settimo Silvestri.*, Milano, a spese dell'autore, 1874.

56 Venturino Camaiti, *Gioachino Rossini. Notizie biografiche, artistiche e aneddotiche raccolte da V. Camaiti (ricordo del 3 maggio 1887)* ., Firenze, Tip. Coppini e Bocconi, 1887.

57 H. Sutherland Edwards, *The life of Rossini.*, London, Hurst and Blackett, 1869., pp. 141-151.

58 Arthur Pougin, *Rossini: notes, impressions, souvenirs, commentaires.*, Paris, A. Claudin / Alf. Ikelmer et C.ie., 1871. なお, 同書 pp. 43-44. にはシティヴォー（Scitivaux）なる人物がパリの新聞に寄稿した《セビーリャの理髪師》初演に関する往復書簡が転載されている（1860 年 3 月 20 日付のシティヴォーのロッシーニ宛書簡と 4 月 22 日付のロッシーニの返書）。そこには同じ題材に作曲する弁明の手紙をパイジエッロに送ったと書かれているが, ラディチョッティはこの手紙を捏造されたものと判断している（Radiciotti, op. cit., pp. 84-85.）。シティヴォーの寄稿がロッシーニ没後で, 書簡の存在が一度も確認されないことからも資料価値は無きに等しい。

59 Paul Landormy, *Histoire de la musique.*, Paris, Delaplane, 1910.

60 ポール・ランドルミイ著『西洋音樂史』十字屋樂器店, 1926 年, 407 頁

61 その模様は子供向け映画「ロッシーニの幽霊（*Rossini's Ghost*）」に再現されている（1995 年制作。Devine Entertainment DVD）。

第七の扉

19世紀の上演とロッシーニ歌手の変遷

《セビーリャの理髪師》の登場人物を支えるロッシーニ
(ドラクロワによるカリカチュア, 1821年。フランス国立図書館蔵)

第七の扉　19世紀の上演とロッシーニ歌手の変遷

　初演以来絶えることなく上演され続け，シューマンから「いつきいても，心を明るくする才気の横溢した音楽」（1847年11月の批評[1]），ヴェルディから「着想の豊富さ，喜劇的活力，語法の的確さにおいて現存する最も素晴らしいオペラ・ブッファ」（カミーユ・ベレーグ宛の手紙，1898年5月2日付[2]）と称賛された《セビーリャの理髪師》が稀代の名作であることは，誰しも認めるところであろう。だが，このオペラがロッシーニの作曲したとおりに上演されたのは過去200年の歴史に稀なケースであることも，初期再演の概要やレッスンの場の差し替えアリアの話でお判りいただけたはずである。本章では初めに19世紀の上演形態や第三者による変更の概略を述べ[3]，続いて重要再演とその歌手について明らかにしたい。

19世紀の標準的上演とその問題点

　過去200年間の上演で《セビーリャの理髪師》が原曲どおりに演奏されたのは1パーセントどころか0.1パーセントに満たないのではないか，と筆者は理解している。なぜなら最初の再演で重大な変更が施され，その後も第三者による変更を経て世界中に流布したからである。

　歌のレッスンの場のアリアの自由選択とバルトロのアリアの差し替え以外の重要な変更に，伯爵のアリア〈もう逆らうのをやめろ（*Cessa di più resistere*）〉のカットが挙げられる。これは最初の再演でアリアが移調されてロジーナのものになっただけでなく，初演歌手ガルシアの高度な歌唱技巧を前提に書かれたため通常のテノールにとって難曲だったことも一因である。

　全集版はロッシーニの自筆楽譜に近い（それゆえ比較的初期の上演の原譜となりうる）総譜手写譜を23種，比較研究の素材として選び，それぞれの概要を明らかにしている[4]。その中で伯爵のアリア〈もう逆らうのをやめろ〉を含むのは，第1幕のみ現存を除く22のうちわずか六つである。興味深いことに，第1幕

171

のカンツォーネ〈もしも私の名を知りたければ〉を欠く総譜も半数にのぼる（第2幕のみを除く22のうち11）。同じ22の総譜でレッスンの場のアリアにロッシーニの原曲があるのは七つ，他の作曲家のアリアを持つのは八つで，残り七つはアリアそのものを欠く。第1幕バルトロのアリアも同様で，ロッシーニの原曲は八つ，ピエートロ・ロマーニ作曲の差し替えアリア〈紙が1枚足りないぞ（*Manca un foglio*）〉は九つの総譜にあり，残り五つはアリアそのものがない。

　総譜手写譜はそれぞれの都市や劇場の上演の原本に筆写されたものが大半なので，19世紀前半の段階で伯爵のアリアが歌われたケースは稀で（総譜手写譜にあっても実際に上演で歌われたとは限らない），レッスンの場とバルトロのアリアにロッシーニ以外の作曲家の楽曲が歌われ，伯爵のカンツォーネの有無も上演ごとに異なったことが判る。レチタティーヴォ・セッコを含む完本はロッシーニの自筆楽譜に最も忠実な1点しかなく，筆者が0.1パーセントに満たない……つまりは1000回の上演で原曲どおりの演奏が1回あるかないか……と述べたのも極論ではない。パリの王立イタリア劇場では1819年10月26日から1831年5月1日までの11年半に《セビーリャの理髪師》が186回上演されたが，アリアの差し替えなしの上演は絶無と思われるのである。

　1820〜30年代にフランスとドイツ圏で出版されたピアノ伴奏譜は，第2幕冒頭に小フィナーレの主題に基づく不詳の第三者編曲の導入曲があり，イタリア以外の土地ではレチタティーヴォ・セッコで第2幕を始めなかったことが判る。当時出版されたピアノ伴奏譜の中で，バルトロのアリア，レッスンの場のアリア，伯爵のアリアを原曲どおり掲載したのはリコルディ社が唯一で，1838年にミラーノのルッカ社が出版した楽譜はバルトロのアリアに〈紙が1枚足りないぞ〉を掲載し，伯爵のアリアを欠く。他の出版社も伯爵のアリアのロジーナへの移調譜を掲載するなど，異同が多々ある。それゆえ1822年にロッシーニの訪問を受けたベートーヴェンが「ああ，ロッシーニ！　あなたですね，《セビーリャの理髪師》の作曲者は。おめでとう，あれは素晴らしいオペラ・ブッファだ。スコアを読んだが実に愉快だった。イタリア歌劇が存在する限り，上演され続けるでしょう。あなたはオペラ・ブッファ以外のものを書いてはいけませんぞ。他の分野で成功しようと考えたら，それはあなたの天分を歪めることになるでしょう」と述べた逸話が事実としても[5]，ベートーヴェンはオリジナルとは異なる楽譜を見て作品を褒めたことになるのである。

　19世紀後半になると，新たに次の特色が浮上した。

第七の扉　19世紀の上演とロッシーニ歌手の変遷

・ロジーナ役の声種はコントラルトではなくソプラノ・レッジェーロとの
認識が広まり、〈今の歌声〉も半音〜短3度高く移調して歌われた。
・バルトロのアリアはロマーニ作曲の差し替えアリアもしくはカット。
・バジーリオのアリアはしばしば一音低いハ長調に移調。
・レッスンの場のアリアは歌手の自由選択で定着し、ピアノ伴奏リサイタ
ルの形をとることもあった。
・レッスンの場に続くバルトロのアリエッタは通例カット。
・伯爵のアリア〈もう逆らうのをやめろ〉は一切歌われない。
・イタリア以外の国々では翻訳上演が主流になり、オペラ・コミックやオ
ペレッタとしてレチタティーヴォ・セッコが台詞に置き換えられた。
・楽曲の繰り返しや部分的カットによる音楽の短縮。
・ロッシーニの時代とは異なる様式の装飾やヴァリアツィオーネ（旋律の自
由な変奏）の適用（難しいパッセージは平易な形に変更され、男性低声歌手はヴァ
リアツィオーネなしに楽譜どおり歌うようになる）。
・管弦楽パートの第三者による改竄や再編曲の定着（金管楽器と打楽器の追加、
カンツォーネの伴奏のギターから管弦楽への編曲など）。

　ロジーナ役のソプラノ・レッジェーロへの移行は幅広い音域を持つコントラ
ルトの払底や時代の趣味の変化に起因し、低い音域は一オクターヴ高く歌われ、
c'''を超える高音域でコロラトゥーラを披露した。レッスンの場のアリア、バ
ルトロのアリエッタ、伯爵のアリアが歌われなくなった結果、それらを掲載し
ない"全曲譜"も出版されている[6]。翻訳上演によるオペレッタ化でレヴェル
の低い歌手が演じるようになり、台詞も改竄されて低俗なドタバタ喜劇と化し
た。音楽も自由に短縮され、演奏時間2分の小フィナーレもロジーナと伯爵
のソロをカットして半分に縮約されている。
　こうした改竄はロッシーニの存命中に定着し、ロッシーニが自宅でアデリー
ナ・パッティの歌う〈今の歌声〉を聴き、「それは誰の作曲かね？」と皮肉を
述べる遠因となった（後述）。では一連の上演で人気を博したのはどのような歌
手だったのか。19世紀の名歌手の系譜と共に明らかにしてみよう。

作品の普及に貢献したガルシアとフォドール夫人

　アルマヴィーヴァ伯爵を創唱したマヌエル・ガルシアが卓越したテノール

であり，ローマ初演に続いてイギリス初演とフランス初演，さらにはアメリカ初演とメキシコ初演でも伯爵を演じて作品の普及に寄与したことは，第三の扉「《セビーリャの理髪師》を生んだ劇場と検閲，初演歌手」に記したとおりである。けれどもガルシアに匹敵する伯爵役のテノールは現れなかった。オペラ・ブッファがオペラ・セーリアよりも格下のジャンルと見なされ，超一流の歌手が出演したがらなかったのも理由の一つで，ナポリ時代のロッシーニのオペラ・セーリア9作を初演したアンドレーア・ノッツァーリ（Andrea Nozzari, 1775-1832）もロッシーニの喜歌劇を一度も歌わずにキャリアを終えている。もう一人の偉大なテノール，ジョヴァンニ・ダヴィド［ダヴィデ］（Giovanni David, 1790-1864）も同様で，《オテッロ》ロドリーゴ，《リッチャルドとゾライデ》リッチャルド，《エルミオーネ》オレステ，《湖の女》ジャコモ5世，《ゼルミーラ》イーロを創唱した彼は《イタリアのトルコ人》ナルチーゾの創唱歌手でもあったが，30年を超えるキャリアでアルマヴィーヴァ伯爵を演じたのは1832年と34年だけだった。それゆえ初演歌手ガルシアのみが唯一の正統的アルマヴィーヴァ歌手であり，〈もう逆らうのをやめろ〉も彼だけが歌ったものと思われる。

　ではロジーナ役はどうか。創唱歌手ジェルトルーデ・リゲッティは優れた資質を具え，《ラ・チェネレントラ》アンジェリーナも創唱したが，ロジーナ役は初演を含めて3年間にイタリア4都市で演じたにすぎず，作品の普及に貢献したとは言い難い。フランス初演（1819年10月26日，王立イタリア劇場）でロジーナを演じたジュゼッピーナ・ロンツィ＝デ・ベニス（Giuseppina Ronzi de Begnis, 1800-53）も充分な評価を得られなかった。その結果，リゲッティに続く重要なロジーナ歌手は，イギリス初演とパリの最初期再演でガルシアと共演したフォドール夫人となる。

　著名なヴァイオリニスト，ジョゼフ・フォドール（Joseph Fodor, 1751-1828）を父に持つジョゼフィーヌ・フォドール＝マンヴィエル（Joséphine Fodor-Mainvielle, 1789-1870）は，1789年10月13日パリに生まれ，父と一緒に渡ったサンクト・ペテルブルグでピアノとハープ，その後声楽を学んだ。1810年にサンクト・ペテルブルグ宮廷劇場のフィオラヴァンティ作曲《田舎の女歌手たち》でデビューして成功を収め，1812年に役者マンヴィエルと結婚すると1814年パリのオペラ・コミック座にデビューしたが，フランス物に馴染めず王立イタリア劇場に移籍した。そして1816年ロンドンのキングズ劇場にデビューして《ドン・ジョヴァンニ》ゼルリーナで人気を博すと，1818年3月

第七の扉　19世紀の上演とロッシーニ歌手の変遷

10日《セビーリャの理髪師》イギリス初演でロジーナを演じたのである。続いて一時的なイタリア滞在を経てパリの王立イタリア劇場のプリマ・ドンナとなり、ロンツィ＝デ・ベニスの後を受けて1819年12月14日から《セビーリャの理髪師》に出演してフランスで二人目のロジーナとなり、《泥棒かささぎ》《イングランドの女王エリザベッタ》《セミラーミデ》の主役も務めている。フォドール夫人はソプラノによるロジーナ歌手のはしりでもあり、ロッシーニは1819年のヴェネツィア再演で最高音に d''' を持つレチタティーヴォとアリア〈ああ、もし本当なら（$Ah\ se\ è\ ver$）〉(N.14bis) を彼女のた

フォドール夫人（1818年）

めに作曲し、ベルタのアリアの後に挿入した。「フォドール夫人が歌った」とする〈今の歌声〉のピースは同時代にロンドンとパリで原調（ホ長調）のまま出版されているが、1821年刊のカスティル＝ブラーズ編フランス語版はヘ長調で、その再版には「イタリア・オペラの歌手はト長調を好む」とあり、フォドール夫人もヘ長調かト長調で歌ったものと思われる。

　フォドール夫人の〈今の歌声〉を聴いたスタンダールは、「素晴らしい歌いぶりで完璧」「夫人の豊麗な声は時にざらつくが（フランス派の声なのだ）、これは［リンドーロを私のものにするわ、と］固く決意した娘の歌だから、場違いというわけではない」と評している（『ロッシーニ伝』第16章）。レッスンの場で歌ったのは《タンクレーディ》第1幕のレチタティーヴォ〈おお、祖国よ！〉とカヴァティーナ〈君はわが心を燃え上がらせ〉で、フォドール夫人はコントラダンスの編曲で歌い、観客を魅了した。これに関してスタンダールは、パリにおける《セビーリャの理髪師》の成功がフォドール夫人の甘く軽やかな声のおかげではなく、大衆が喜ぶコントラダンスを取り入れたことによる、と述べている（同前、第17章）。フォドール夫人は1823年にヴィーンでもロジーナを演じて成功を収めたが、その後病気が原因で1825年頃から声が衰え、1833年に引退した。画家ウジェーヌ・ドラクロワは1821年に、ガルシア、フォドール夫人、ペッレグリーニ（後出）を支えるロッシーニのカリカチュアを描いている（本章の扉参照）。

　ここでヘンリー・R. ビショップ編の英語版《セビーリャの理髪師》初演（1818年10月13日、ロンドンのキングズ劇場）でロジーナを歌ったマリーア・デ

ィコンズ（Maria Dickons［生名 Martha Frances Caroline Poole］，1776-1833）にふれておこう。6歳でヘンデルの協奏曲をピアノ独奏し、9歳で歌手として演奏会に出演するなど早熟な才能を現して著名なカストラートのヴェナンツィオ・ラウッツィーニに学んだディコンズは、1793年コヴェント・ガーデン歌劇場にデビューして大成功を収めた[7]。ビショップ編《セビーリャの理髪師》初演翌日『タイムズ（The Times）』紙の批評は、ディコンズ夫人の大胆で決然とした歌のスタイルと適正な趣味を称え、「彼女の声は最初の歌でわずかに震えたが、［……］すぐに自

ロジーナ役のディコンズ
（1819年。筆者蔵）

分自身を完全に取り戻し、曲の間じゅう冷静さを保った」と記している[8]。翌1819年の再演でもロジーナを演じたディコンズ夫人は1820年に引退したが、ロジーナの衣装を着た肖像にその面影を残した。

人気を二分したゾンタークとマリブラン

　パリでは当初ロッシーニとパイジエッロの作品が比較されて論争が巻き起こったが、1820年3月にはロッシーニ作品の真価が認められ、上演ごとに熱狂的喝采を博したと報じられている[9]。その結果、パリ初演から次に紹介するゾンタークがデビューする1826年6月15日までの約6年8カ月間に、王立イタリア劇場ではロッシーニ《セビーリャの理髪師》が111回上演された。内訳は1819年10〜12月に7回、20年に28回、21年に24回、22年に18回、23年に12回、24年に1回、25年に14回、26年は6月8日までに7回で[10]、これに続く上演ではドイツ人のゾンタークとガルシアの娘マリブランが人気を二分した。

　ヘンリエッテ・ゾンターク（Henriette Sontag［生名 Henriette Gertrude Walpurgis Sontag］，1806-54）は巡業劇団の役者を両親にコブレンツで生まれ、歌手でもあった母から早期教育を受け、5歳にして子役デビューを果たした。8歳で父を亡くすと母と共にプラハへ移り、同地の音楽院で声楽、楽理、ピアノを学んだ。本格的なオペラ・デビューを15歳、1821年プラハで上演されたボワエルデュー《ジャン・ド・パリ》王女役で飾り、翌年ヴィーンに移って《湖の女》エーレナで成功を収め、ヴェーバー《オイリアンテ》初演（1823年）のタ

第七の扉　19世紀の上演とロッシーニ歌手の変遷

イトルロール，ベートーヴェンの交響曲第9番初演（1824年）のソプラノを務めた。ほどなくフォドール夫人の助言でイタリア・オペラにレパートリーを絞り，1825年8月ベルリーンで《アルジェのイタリア女》イザベッラ（ソプラノ用に移調。以下，同）により大旋風を巻き起こし，翌1826年6月15日ロジーナ役でパリ・デビューを飾った。その印象をスタンダールが次のように記している。

　　ゾンターク嬢は十九か二十の小柄な女性で，実にかわいらしい。ずいぶんきれいで，歌には高貴で上品な匂いが漂う。［……］昨日は繊細かつ才能豊かに《理髪師》の全レチタティーヴォを歌った。［……］
　　このパリ初登場の女性歌手の歌について，どう言えばよいものか。よく響く輝かしい声で，予想できない抑揚をつけ，優雅に満ちた歌い方をする。要するに一言でいえば，〈少しダヴィデ風〉なのである。あの大歌手と同じように，ゾンターク嬢は装飾音を付け過ぎる。昨日はロッシーニの《シジスモンド》の大アリアを装飾音で窒息させてしまった。第2幕の歌のレッスンでこの曲を選んだのだ。［……］ロジーナ役がこれほど満足すべき歌手を得たことはなかった。ゾンターク嬢は青春の陽気と熱気を発散している。仕草が多すぎるので，彼女の敵（もう嫉妬心をかき立て，敵がいるのである）にシナばかり作ると非難されかねない。たぶんゾンターク嬢はイタリア語をよく知らず，歌詞が十分に理解されないことを恐れて，言葉の一つ一つに仕草を付けるのだろう。

（『ジュルナル・ド・パリ（*Journal de Paris*）』1826年6月19日号[11]）

　同年9月にヴァイマルで《セビーリャの理髪師》を演じたゾンタークはゲーテを表敬訪問し，ゲーテは彼女に詩を捧げた（1827年）。ベルリーンでも熱狂的成功を収め，1827年パリの王立イタリア劇場でマリブランとの優劣論争が起こると翌年イギリスに渡ってロジーナ役でロンドン・デビューを果たし，2年間キングズ劇場のプリマ・ドンナを務めて《セビーリャの理髪師》《湖の女》《オテッロ》のほかモーツァルトとチマローザのオペラを主演した。1829年秋には王立イタリア劇場に復帰したが，外交官カルロ・ロッシ伯爵と秘密裏に入籍していた彼女はプロシア王の許しを得て正式に伯爵夫人となり，1830年1月18日，24歳で引退した[12]。
　ショパンは1830年5月末ワルシャワのコンサートでゾンタークの演奏を聴

177

き，友人への手紙に彼女の声域は a-c♯''' で「そんなに広いわけではない」が，極上のディミヌエンド，美しいポルタメント，とりわけ素晴らしい半音階の上向スケールを具え，彼女が旋律に付加する装飾が場内に「最も新鮮な花々の香りをそよ風のように吹き込み，それは甘美な愛撫のようだ」と感想を記している（ティテウス・ヴォイチェホフスキ宛，6月5日付[13]）。だが，翌1831年11月パリに移ったショパンはゾンタークを凌ぐ歌手の演奏を聴き，その感激を次のように書き送った。

ロジーナ役のゾンターク
（1828年）

　ぼくは，先週ラブラーシュ，ルビーニ，マリブラン（ガルシア）が歌った《[セビーリャの] 理髪師》のようなものは一度も聴いたことがない。ルビーニ，パスタ，ラブラーシュによって歌われたような《オテッロ》を，ぼくは一度も聴いたことが無い。ルビーニ，ラブラーシュ，ランボー夫人による《[アルジェの] イタリア女》のようなのも同様だ。[……] ラブラーシュ，パスタ（声が失われたといわれるが）がどんなだか君は想像もできないだろう。でもこれ以上に崇高な歌を，ぼくは一度も聴いたことがない。ラ・マリブランは彼女の奇跡的な声で魅了する。彼女は容姿でも幻惑する！　驚異中の驚異だ！

（同前宛，1831年12月12日付[14]）

　ショパンに「驚異中の驚異」と言わしめたのが，ガルシアの娘マリーア・マリブランである（Maria Malibran［生名マリー・フェリシテ・ガルシア Marie Félicité Garcia］，1808-36. 18歳の誕生日の前日に銀行家フランソワ・ウジェーヌ・マリブランと結婚し，以後夫の名前を芸名に用いた）。1808年3月24日パリに生まれ，父ガルシアから歌の英才教育を受けた彼女は両親の出演する多数の舞台を見て育ち，16歳から演奏会で歌った。オペラ・デビューは17歳，1825年6月7日ロンドンのキングズ劇場《セビーリャの理髪師》に出演を予定したジュディッタ・パスタが病気になり，他のプリマ・ドンナたちが代役を断ったため急遽演じたロジーナだった。その3カ月後には一家のアメリカ巡業でニューヨークを訪れ，11月29日パーク

21歳のマリブラン
（1829年）

第七の扉　19世紀の上演とロッシーニ歌手の変遷

劇場で《セビーリャの理髪師》アメリカ初演のロジーナを演じた。パリ・デビューは1828年1月14日オペラ座におけるガッリのための慈善公演で，4月にセミラーミデで王立イタリア劇場にデビューすると，1832年1月まで同劇場を本拠地としながらロンドンとブリュッセルの劇場にも出演した。

　マリブランのロジーナが観客に与えた感銘は，政治思想家ルートヴィヒ・ベルネ（Ludwig Börne, 1786-1837）の次の文章だけでも充分に理解しうる。

　　イタリア劇場でロッシーニの《セビーリャの理髪師》を，ラブラーシュのフィガロ，マリブランのロジーナ役で聴いた。そしてもっと悪いことに見たのだ。ぼくは狂喜した。そしていまなおその状態にあるのは，つくづく恥ずかしいほどだ。ぼくは現代という苦い丸薬を一刻また一刻と楽しく飲みほしていた。丸薬はまるで黄金に包まれているように思えた。もうヘッセンの憲法のことなど考えなかった。嘘は嘘でもこんなに美しく歌われたなら，ぼくは五を偶数と認めるようになるかも知れない。何という見事な歌だったことだろう！　演技だったことだろう！［……］あのロジーナ！──ぼくはもう首ったけだ。目以外は全然美しくない。だが，彼女の歓びに満ちた甘美な悪戯っぽさ，魅力溢れる微笑み，それはいくら貪り飲んでも充分ということはない。［……］マリブランにはコケットリーは露ほどもない。そんなものがあったら，彼女の魔法のような微笑が魂の奥から出てくるようなことはないだろう。──これだから女は恐ろしい！　ああ，彼女の歌の素晴らしさ！　それは心の底から発せられていた。公平を期すためにぼくはゾンタークが同じように美しく歌ったことを思い出さねばならなかった。二人の歌を聴いた音楽専門家に意見を聞いてみたいと思う。だが保証するが，ゾンタークは聴衆に気に入られたいと見事に歌い，マリブランは見事に美しく歌うがゆえに聴衆に気に入られるのだ。

（ベルネ『パリからの手紙（*Briefe aus Paris*）』第26信。1831年1月16日[15]）

　ゾンタークがコケティッシュな魅力で人気を博したのに対し，マリブランはオリジナルの声種に近いメッゾソプラノの声と完璧な歌唱で高い評価を得た。悲劇的演技に秀でたマリブランにとってロジーナは資質のすべてを投じる役柄ではなかったが，カスティル＝ブラーズの次の文章は，彼女の特質を的確に言い表している。

179

マリブラン夫人の声は感動的で，輝かしさと力強さに満ちていた。優し
く，あるいは情熱的な小品の魅力である柔らかさや艶かしい声質も，け
っして失われることがなかった。［……］その声は，コントラルトの低い
ソ［g］から鋭いミ［e'''］に達した。活発さ，正確さ，アタックの思い切り
の良さ，半音階で上向し下向する音階，トリル，オクターヴと12度と15
度の跳躍，アルペッジョ，強さや優美さやコケットリーの素晴らしい表現
法など，およそ技芸によって得られるすべてを彼女は具えていた。

（『ルヴュ・ド・パリ（*Revue de Paris*）』1836年 [16]）

　1835年3月に離婚が成立したマリブランは，翌1836年3月，ヴァイオリ
ニストのシャルル゠オーギュスト・ド・ベリオ（Charles-Auguste de Bériot, 1802-
70）と再婚した。だが，その3ヵ月後ロンドン近郊で乗馬中に落馬して重傷を
負い，マンチェスター音楽祭に出演中の9月14日に身体の変調をきたし，9
月23日，28歳の若さで世を去った。デビューから11年のキャリアで演じた
役は限られているが，ロジーナ役を亡くなる前年まで演じている（次に出演をま
とめる）。

　マリブランのロジーナ [17]……1825年6月ロンドン（キングズ劇場），同年11月ニュ
　　ーヨーク（パーク劇場），1828年4～10月パリ（王立イタリア劇場），1829年春ロ
　　ンドン（キングズ劇場），同年8月ブリュッセル（モネ劇場），1830年3月と11月
　　パリ（王立イタリア劇場），同年11月ロンドン（キングズ劇場），1831年8月ブリュ
　　ッセル（モネ劇場），同年11月パリ（王立イタリア劇場），1832年9月ナポリ（サン・
　　カルロ劇場）とローマ（ヴァッレ劇場），1833年8月ロンドン（キングズ劇場），1834
　　年3月ナポリ（サン・カルロ劇場），同年7月セニガッリア（コムナーレ劇場），同年
　　9月ルッカ（ジーリオ劇場），1835年4月ヴェネツィア（フェニーチェ劇場。1回のみ），
　　同年10月ミラーノ（スカラ座）

フィガロ歌手の系譜（ペッレグリーニからラブラーシュまで）

　フィガロに目を転じると，喜劇的演技に秀でたフェリーチェ・ペッレグリー
ニ（Felice Pellegrini, 1774-1832）が初演歌手ザンボーニの後継者として浮上した。
1774年トリーノで生まれ，1795年にリヴォルノでデビューしたペッレグリー
ニは1803年にナポリの民間劇場で滑稽歌手として評価され，多数のオペラ・

第七の扉　19世紀の上演とロッシーニ歌手の変遷

ブッファに出演した。ロッシーニ作品は1815年《アルジェのイタリア女》ナポリ初演でムスタファ役を歌い、翌1816年には《新聞》初演でフィリッポ役を創唱している。パリの王立イタリア劇場には1819年から籍を置き、《幸せな間違い》と《セビーリャの理髪師》に始まる一連のロッシーニ作品のパリ初演に出演し、1825年の《ランスへの旅》初演でドン・プロフォンドを創唱した。

フィガロ役のペッレグリーニ
（筆者蔵）

スタンダールはペッレグリーニの喜劇的センスを評価して「比類のない役者」と称え、《セビーリャの理髪師》第1幕のフィガロを「子猫のような優美なしなやかさ、慎重で悪辣な身のこなし」で演じたと述べている（『ロッシーニ伝』第16章）。けれども声楽的により優れたガッリ（後出）が1825年に王立イタリア劇場でフィガロを歌い、ペッレグリーニのフィガロが歌の熱気と活力で劣ることが判った（『ジュルナル・ド・パリ』1825年8月7日。スタンダール筆）。その結果、ペッレグリーニは活動の場をロンドンに移し（1828～29年）、パリ音楽院の声楽教師となって舞台を退いた。

ペッレグリーニがナポリ派の伝統に立つバッソ・ブッフォまたはバッソ・コーミコであるのに対し、高貴なバッソ・ノービレの典型とされたのがフィリッポ・ガッリ（Filippo Galli, 1785-1853）である。1783年ローマに生まれ、1801年ナポリでテノール歌手としてデビューし、重い病気を患って1811年にバス歌手として再デビューしたガッリは、1814年から25年まで頻繁にミラーノのスカラ座に出演した。ロッシーニ作品の初演歌手としても重要で、《幸せな間違い》から《セミラーミデ》まで8役を創唱し（《幸せな間違い》バトーネ、《試金石》アズドゥルーバレ伯爵、《アルジェのイタリア女》ムスタファ、《イタリアのトルコ人》セリム、《トルヴァルドとドルリスカ》オルドウ公爵、《泥棒かささぎ》フェルナンド、《マオメット2世》タイトルロール、《セミラーミデ》アッスール）、中でもマオメット2世とアッスールが重要である。パリの王立イタリア劇場には1821年から28年まで断続的に出演し、力強く壮麗な声と歌唱で観客を圧倒したが、スタンダールはフィガロをガッリに最も不向きな役とし、事実フィガロ役での出演は少なかった（ミラーノのスカラ座では1823／24年謝肉祭、パリでは1825, 26, 28年のみ演じた）。

これに対し、柔軟な声と演技で悲劇と喜劇の双方に秀でたのがバスのルイ

181

ージ・ラブラーシュ（Luigi Lablache, 1794-1858）である。ナポリに生まれ，12歳でナポリ音楽院に入学して1812年18歳でオペラ・デビューしたラブラーシュは，1817年に《ラ・チェネレントラ》ダンディーニでスカラ座デビューして24年まで出演，次いで一時的なヴィーン滞在を経て1824～30年にナポリのサン・カルロ劇場，1830～32，35～52年にロンドンのキングズ劇場とハー・マジェスティーズ劇場，1830～51年にパリのイタリア劇場に定期出演し，1852年にサンクト・ペテルブルク，1854～56年にはコヴェント・ガーデン歌劇場で活躍した（1856年引退）。主な創唱役にベッリーニ《清教徒》ジョルジョ，ドニゼッティ《マリーノ・ファリエーロ》と《ドン・パスクワーレ》タイトルロール，ヴェルディ《群盗》マッシミリアーノがあり，《セビーリャの理髪師》は1819～34年の25年間フィガロを演じ，その後は引退する1856年までバルトロ役を務めた[18]。ジャン゠ピエール・ダンタン（Jean-Pierre Dantan [Dantan le Jeune], 1800-69）が1831年に作成した石膏像は，ラブラーシュのトレードマークの太鼓腹とともにロマン派時代の典型的なフィガロ役のイメージを後世に残した。

ダンタン作のラブラーシュが演じるフィガロ

　同時代のイタリア人バス゠バリトン，アントーニオ・タンブリーニ（Antonio Tamburini, 1800-76）も喜歌劇で活躍した名歌手である。1819年に19歳でチェントの劇場にデビューし，ミラーノのスカラ座（1822, 27～30年），ナポリのサン・カルロ劇場（1824, 28～32年），ロンドンのキングズ劇場［及びハー・マジェスティーズ劇場］（1832～51年），パリのイタリア劇場（1832～52年）のほか，ヴィーンやサンクト・ペテルブルクの劇場にも出演した。豊かで甘い声に恵まれ，フィガロ役をラブラーシュと入れ替わりにスカラ座（1827, 29, 30年）やパリのイタリア劇場（主に1832～40年）で演じたが，圧倒的存在感ではラブラーシュに及ばず，ベッリーニとドニゼッティ作品の創唱歌手として記憶される[19]。

　以上が1830年代半ばまでの《セビーリャの理髪師》の重要歌手である。興味深いのは，ガルシアの

タンブリーニ（1835年）

182

アルマヴィーヴァ，マリブランのロジーナ，ラブラーシュのフィガロを最後にこのオペラ原像が失われ，以後20世紀のある時点まで変質の一途を辿ったことである。ロマン派オペラの台頭で喜歌劇の価値が急落しただけでなく，テノールの力強い発声への転換で優美な声と柔軟な歌唱法が失われ，悲劇のヒロインがソプラノに特化されてドラマティックなメロドラマに観客の趣味が移行したのも一因である。歴史的な意味でのベルカントが1840年頃を境に衰退したことを考えれば，ベルカント歌手による《セビーリャの理髪師》もここで終止符が打たれたと言っても過言でない。では，その後どんな歌手がこれを演じて評価されたのか，次にそのあらましを述べてみよう。

1840〜80年代の《セビーリャの理髪師》歌手

ガルシアの活動が1820年代末に終わると，前記ノッツァーリの弟子ジョヴァンニ・バッティスタ・ルビーニ（Giovanni Battista Rubini, 1794-1854）が1830年代パリのアルマヴィーヴァ歌手となった。1794年ベルガモ近郊で服の仕立屋の息子として生まれたルビーニは，アマチュア音楽家の父に学び，ベルガモで仕立屋を続けながら劇場の第二ヴァイオリン奏者や合唱団員として活動した。そして1814年パヴィアでオペラ歌手としてデビューすると興業師バルバーイアに才能を見出され，1815年から29年までナポリの諸劇場に定期出演した。その声楽的特色は，胸声（ヴォーチェ・ディ・ペット）をh"まで拡張し，頭声とファルセットを混合して超高音g'''まで歌うことができた点にある。アルマヴィーヴァ役は1820年12月30日ナポリで初役し，1843年のサンクト・ペテルブルクまで折にふれ演じたが，140を超えるレパートリーの一つと言った方が正しい[20]。その特質はベッリーニが彼を前提に作曲した《ビアンカとフェルナンド》（改作版，1828年），《海賊》《夢遊病の女》《清教徒》に最も良く発揮され，ドニゼッティ《アンナ・ボレーナ》と《マリーノ・ファリエーロ》の初演者でもある。パリのイタリア劇場では1825年から39年までアルマヴィーヴァを演じたが，ガルシア不在の穴埋めと理解しうる。

同様のことは，1837年《ギヨーム・テル》パリ再演でド・ディ・ペット（胸声のド）を適用してセ

G. B. ルビーニ（1830年代）

ンセーショナルな成功を収め，最初のテノーレ・ディ・フォルツァ（力強いテノール）となったジルベール・デュプレ（Gilbert [-Louis] Duprez, 1806-96）にも当てはまる。ロッシーニのフランス・オペラの重要な創唱歌手アドルフ・ヌリ（Adolphe Nourrit, 1802-39）に代表されるテノーレ・ディ・グラーツィア（優雅なテノール）を駆逐するきっかけを作り，《ランメルモールのルチーア》エドガルドを創唱したデュプレもまた，1825年12月3日パリのオデオン座のフランス語版《セビーリャの理髪師》アルマヴィーヴァ伯爵で本格オペラ・デビューを果たしたのである

マーリオ（1840年代）

（デュプレ『ある歌手の思い出』第2章）[21]。当時のテノールは軽やかなテノーレ・コントラルティーノのタイプが求められ，そうしたタイプでなかったデュプレは胸声を高音に拡張し，ロマン派テノールの先駆けとなったのである。

　それゆえロマン派時代を代表するアルマヴィーヴァ歌手は，1840年からこの役を演じ，《ドン・パスクワーレ》エルネストも創唱するマーリオ［・デ・カンディア］（Mario [De Candia]［本名 Giovanni Matteo De Candia］, 1810-83）が出発点となる。1810年カリアリに生まれたマーリオは，パリでテノール歌手マルコ・ボルドーニ（Marco Bordogni, 1789-1856. パリ・オペラ座のフランス語版《セビーリャの理髪師》の伯爵を歌った）の教えを受けた。1838年にマイアベーア《悪魔ロベール》再演のタイトルロールでオペラ座デビューして成功を収めると，オペラ座での活動を嫌って1839年にロンドン・デビューし，翌年イタリア劇場と契約してパリに拠点を移し，以後ロンドン，ペテルブルク，ニューヨーク，マドリードでも高い評価を得た。

　テノーン・ディ・グラーツィアの系譜に立つマーリオは《セビーリャの理髪師》の常連で，パリのイタリア劇場にルビーニの後継者として1840年12月3日に初登場し，1841〜45，47，48，54，55〜58，60，61，64年にも演じ，並行してロンドンのハー・マジェスティーズ劇場に1841年から頻繁に出演，コヴェント・ガーデン歌劇場でも1850，52，54，55，58，60，61，62，64，65，67，70，71年にアルマヴィーヴァ伯爵を演じた[22]。40年代には甘美な声と優雅な歌唱，陽気な演技で評価され，「4種の異なる古いスペインの衣装」でアルマヴィーヴァを演じたという[23]。50年代に声の衰えが顕著になったが，1862年のイタリア劇場ではアルマヴィーヴァとして登場しただけで観

第七の扉　19世紀の上演とロッシーニ歌手の変遷

客を熱狂させた——「[登場したマーリオは] 7分か8分に及ぶ拍手の一斉射撃を受け，彼を取り囲む花束が降り注いだ。そして大喝采のもたらす甘美な感動から我に返ると，この著名な歌手はいつもの優美さと熟練した技で役を演じた」(『ジュルナル・デ・デバ (Journal des débats)』[24])。ロンドンでは30年間に100回以上，彼一人が伯爵を演じたという（最後の出演は1871年7月[25]）。その意味でもマーリオは19世紀最後の重要なアルマヴィーヴァ歌手であり，1840年以降のロジーナ歌手の系譜もマーリオの共演者グリージ，ペルシアーニ，アルボーニ，ボージオ，パッティによって形作られる。

ジューリア・グリージ (Giulia Grisi, 1811-69) はミラーノで生まれ，叔母の名歌手ジュゼッピーナ・グラッシーニ (Giuseppina Grassini, 1773-1850. コントラルト。タンクレーディの創唱歌手) に歌を学び，1828年ボローニャの《ゼルミーラ》エンマでデビューした。ほどなく《ノルマ》初演でアダルジーザ役を創唱したが，弱冠20歳で声が固く，高い評価を得ていない。けれども1832年にロッシーニの後援でイタリア劇場に再デビューして《清教徒》初演のエルヴィーラで大成功を収め，ベッリーニから「天使のように歌い，演じた」と称えられた（フローリモ宛の手紙，日付なし。1835年1月26日と推定[26]）。ロジーナはデビュー2カ月半後の1829年1月28日にボローニャのコムナーレ劇場で初役し，パリのイタリア劇場では1833〜37年（ルビーニ，タンブリーニと共演）と41年（マーリオと共演），ロンドンのキングズ劇場［またはハー・マジェスティーズ劇場］では1834〜36，40，41年（ルビーニ，タンブリーニと共演），43，45，46年（マーリオと共演）に同役を演じた。グリージは，ルビーニ，タンブリーニ，ラブラーシュと共に「清教徒カルテット」と呼ばれ，《ドン・パスクワーレ》(1843年) の初演ではマーリオがルビーニに取って代わった[27]。それゆえこの4人が40年代の理想的キャストであったが，グリージは40年代半ばにロジーナをレパートリーから外し，ノルマ，ルクレツィア・ボルジア，レオノーラ（《ラ・ファヴォリータ》)，セミラーミデで最大の成功を得た。

グリージと同時代のソプラノ，ファンニ・タッキナルディ＝ペルシアーニ (Fanny Tacchinardi-Persiani, 1812-67) はテノール歌手の父ニコラ・タッキナルディから歌を学び，18歳でオペラ作曲家ジュゼッペ・

ジューリア・グリージ
(1835年。筆者蔵)

185

ペルシアーニと結婚した。1832年に20歳でオペラ・デビューし、翌年彼女の歌唱を聴いたドニゼッティは、「やや冷たい、冷たい、でも正確で音程がとても良い」と手紙に記している（アレッサンドロ・ラナーリ宛、1833年10月28日付[28]）。ドニゼッティ作品は《イングランドのロズモンダ》《ランメルモールのルチア》《ピーア・デ・トロメーイ》の初演でタイトルロールを務め、ルチアを創唱したのは22歳のときだった。

ソプラノ・リーリコ・レッジェーロのタッキナルディ＝ペルシアーニは、パリのイタリア劇場でグリージと入れ替わる形で1842年から50年まで

ロジーナ役のタッキナルディ＝
ペルシアーニ（筆者蔵）

ロジーナを演じ、並行してロンドンのハー・マジェスティーズ劇場とコヴェント・ガーデン劇場でも同役を務めてマーリオと共演し、その後もサンクト・ペテルブルク、ドイツの諸劇場、ボローニャとトリーノで1855年まで演じた。興味深いのは彼女が比較的早期にレパートリーをルチアとロジーナに絞り、他のドニゼッティ作品は《愛の妙薬》《ドン・パスクワーレ》《シャモニーのリンダ》、ベッリーニ作品は《夢遊病の女》と《清教徒》だけを歌うようになったことである[29]。これはベルカント・オペラの名作が古典として演目に定着するプロセスの反映でもあり、19世紀末のコロラトゥーラ・ソプラノがルチアでデビューして評価され、ロジーナ歌手として活躍する発端となり、〈今の歌声〉はト長調で歌った[30]。

　フィガロ役に目を転じると、男性低声歌手はキャリアを長く保持できることから前記ラブラーシュとタンブリーニが1850年代にもフィガロやバルトロを演じた。しかし、続く世代はヴェルディ歌手としての出演が増え、ベルカントの柔軟な喉と歌唱法を失って脇役化の道を辿ることになる。その結果、ベルカントのバリトンによる最後のフィガロ歌手となるロンコーニが、最初のヴェルディ・バリトンの栄誉に浴するのである。

　テノール歌手ドメーニコを父に、1810年ミラーノで生まれたジョルジョ・ロンコーニ（Giorgio Ronconi, 1810-90）は1830年末にパヴィアで《異国の女》ヴァルデブルゴ役でデビューし、ミラーノ、クレモーナ、ボローニャ、パドヴァの劇場を経て1832年にローマでドニゼッティと出会った。翌1833年、ド

第七の扉　19世紀の上演とロッシーニ歌手の変遷

ニゼッティは22歳のロンコーニを主役に《サン・ドミンゴ島の狂人》と《トルクワート・タッソ》を作曲した。そして《カンパネッロ［呼び鈴］》《ピーア・デ・トロメーイ》《マリーア・ルーデンツ》《マリーア・パディッラ》の初演で国際的名声を得て、スカラ座の《ナブコドノゾル［通称：ナブッコ］》（1842年）タイトルロールを創唱したのであった（ヴェルディ28歳，ロンコーニ31歳）。ロンコーニは1878年に68歳で引退するまで長くキャリアを保ち，《ナブコドノゾル》のヴィーン初演，パリ初

ジョルジョ・ロンコーニ

演，サンクト・ペテルブルク初演，《リゴレット》のロシア初演とロンドン初演も歌うなど，ヴェルディ作品の流布と評価に寄与した。

　その一方，ロンコーニはマリブランがロジーナを務めた1832年9月ローマのヴァッレ劇場でフィガロを初役し，1840年から71年の間に，フィレンツェ，ヴィーン，パリ，マドリード，ロンドン，マラガ，サンクト・ペテルブルク，南北アメリカの主要都市で演じた[31]。ロンコーニはフル・パワーで発する高音のgやa，エネルギッシュな歌唱のみならずソット・ヴォーチェ（弱声）の巧みな使用でも新境地を拓き，1847年ロンドンの評者はそこに「完全に新しいコンセプト」を認め，声の観点でも比類のないフィガロと称えている（『音楽世界（*The Musical World*）』1847年8月21日[32]）。

　ロンコーニの出演した60年代の《セビーリャの理髪師》でロジーナを演じたアデリーナ・パッティに先立ち，役本来の声種であるコントラルトのロジーナ歌手，アルボーニとB.マルキージオにふれておこう。

アルボーニ（19世紀最後のコントラルトのロジーナ）

　ゾンタークからタッキナルディ゠ペルシアーニに至るコロラトゥーラ・ソプラノの系譜とは別に，初演歌手リゲッティ゠ジョルジの後継者となるべき正統コントラルトのロジーナ歌手も存在した。それがロッシーニの薫陶を受けたアルボーニである。

　マリーア・アルボーニ（Maria Alboni, 1826-94）は1826年3月6日，ペルージャ近郊チッタ・ディ・カステッロに生まれた（生名マリーア・アンナ・マルツィア・アルボーニ Maria Anna Marzia Alboni。マリーアの代わりにマリエッタMarietta も芸名

187

に使用)。貧しい家庭に育ったが，聖ルイージ祭の富籤の一等賞を引き当てたことから教会音楽家バジョーリの教えを受け，13歳でボローニャの音楽学校(リチェーオ・フィラルモーニコ)に入学した。同年名誉校長に就任したロッシーニはその素質を見抜き，彼女に特別なレッスンを施すと共に，ボローニャのコムナーレ劇場の支配人と交渉して出演料の前払い金に月80フランを拠出させ，勉学を続けさせた。そして1842年9月に卒業したアルボーニは同年10月3日，ボローニャのコムナーレ劇場に16歳でデビューする。同年12月30日にはロッシーニの推薦でスカラ座にもデビューし《コリントスの包囲》ネオクレ役)，以後連続してスカラ座に出演するかたわら1844年にヴィーンとサンクト・ペテルブルク，1845年プラハ，1846年ベルリーンと，20歳までに国際的な活躍を開始した。

　ロッシーニが理想とした豊かな低声，広い音域と卓抜なアジリタ技巧を備えたアルボーニは《セミラーミデ》アルサーチェで大成功を収め，1847年4月6日のロンドン・デビュー(コヴェント・ガーデン歌劇場)と同年12月2日のパリ・デビュー(イタリア劇場)もアルサーチェ役で飾り，『タイムズ』紙は「これほど完璧な歌手を一度も聴いたことがない」と絶賛した。パリ・デビューに先立つ10月(9〜15日に4回)のオペラ座コンサートも同様に，「かくも荘厳に響く声に出会えるとは，私たちには信じられなかった。低い音域での完璧な音階，下のソ［g］から第2線のソ［g'］に到る胸声のすべてが比類のないまろやかさだ。［……］高いシ［b"］の音に届く高音域は，甘く，滑らかで，柔軟で，このうえなく心地よい。この三つの声域は歴然と異なるもので，2オクターヴと2音に及ぶ幅広い音域を駆け回る声はコントラルトたちの中でも稀だが，彼女の場合は無限の技巧によってそれぞれの声域が結び付けられている」と称えた(『イリュストラシオン(*L'illustration*)』1847年10月16日付[33])。

　ロジーナはデビュー4年目の1846年にドレスデンで初役し，以後引退する1863年までの17年間に，ヴェネツィア，ロンドン，リヨン，マドリード，トリーノ，パリ，リスボンで演じた。1853年にカルロ・ペーポリ伯爵と結婚して伯爵夫人となった彼女が最後の舞台で演じたのもロジーナで，夫が精神病を発症したため36歳の若さで引退したのだった(最後の出演は1863年2月イタリア劇場)。

30歳のアルボーニ

第七の扉　19世紀の上演とロッシーニ歌手の変遷

アルボーニのロジーナ[34]（略号 H-M：ハー・マジェスティーズ）……1846年夏ドレスデ
ン，1847年謝肉祭ヴェネツィア（サン・サムエーレ劇場），同年春ロンドン（コヴ
ェント・ガーデン歌劇場），1850年1〜2月リヨン（大劇場），1851年謝肉祭マドリ
ード（オリエンテ劇場），同秋リヨン（大劇場），同年12月トリーノ（カリニャーノ劇
場），1854年1月パリ（イタリア劇場），1855年2月リスボン（サン・カルロス劇場），
1856年3月パリ（イタリア劇場），同年5月ロンドン（H-M劇場），同年11月パリ
（イタリア劇場），1857年5月ロンドン（H-M劇場），同年10月パリ（イタリア劇場），
1858年3月パリ（イタリア劇場），同年春ロンドン（H-M劇場），同年11月／1860
年10月／1861年10月／1862年謝肉祭／同年秋／1863年2月パリ（イタリア
劇場）

アルボーニに続いて現れたコントラルトのロジーナ歌手に，バルバラ・マ
ルキージオ（Barbara Marchisio, 1833-1919）がいる。1833年トリーノでピアノ製
作家の娘として生まれ，音楽家の二人の兄に音楽を学び，1856年ヴィチェン
ツァでオペラ・デビューすると，同年10月マドリードでロジーナを初役した。
同年ノルマを歌ってデビューした2歳年下の妹カルロッタ（Carlotta Marchisio,
1835-72. ソプラノ）と共にマルキージオ姉妹として活動し，晩年のロッシーニが
作曲した《小ミサ・ソレムニス》の初演も姉妹で歌った。バルバラは1876年
夏まで約20年間ロジーナを歌い，その活動はロシアにも及んだが（下記），ロ
ンドンやパリでは演じていない。これは1860年代に浮上した新星ソプラノの
パッティが一世を風靡し，大都市における覇権を握ったことも関係する。パッ
ティはロッシーニの理想に反する声と歌唱法のプリマ・ドンナであったが，に
もかかわらずその後の《セビーリャの理髪師》上演史に決定的な影響を及ぼす
ことになる。

バルバラ・マルキージオのロジーナ[35]……1856年10月マドリード（レアル劇場），
1858年5月トリーノ（ヴィットーリオ・エマヌエーレ劇場），1861年夏ベルリーン
（宮廷劇場），ハノーファ，ケーニヒスベルク，1863年10月マドリード（レアル劇
場），1865年謝肉祭トリーノ（ヴィットーリオ・エマヌエーレ劇場），同年3月フィレ
ンツェ（ペルゴラ劇場），1865年9月クレモーナ（コンコルディーア劇場），1866年
春バルセロナ（プリンシパル劇場），サラゴサ，ビルバオ，1867年8月／1868年
謝肉祭カディス，1868年4月バルセロナ（プリンシパル劇場），1869年3月バレ

189

ンシア(プリンシパル劇場),同年春セビーリャ,同年12月モスクワ,1870年3月ワルシャワ,同年5月セビーリャ,同年夏マラガ,1872年3月ミラーノ(スカラ座),1873年春リスボン,同年セビーリャ,カディス,1876年夏ヴェネツィア(マリブラン劇場)

ロジーナ歌手の頂点アデリーナ・パッティ

1843年2月19日,イタリア人オペラ歌手の両親のスペイン巡業中にマドリードで生を受けたアデリーナ・パッティ(Adelina Patti, 1843-1919)は,8歳にしてニューヨークで演奏会デビューすると15歳までアメリカ全土でコンサート・ツアーを行い,「小さなジェニー・リンド」として脚光を浴びた。オペラ・デビューは16歳,1859年11月24日ニューヨーク音楽アカデミーの《ランメルモールのルチーア》で飾り,2カ月後にはボストンの劇場でロジーナを初役した。そして1861年に18歳でロンドン(コヴェント・ガーデン劇場)とベルリーン(宮廷劇場)にデビューすると,たちまち名声を博した。初期の当たり役はアミーナ(《夢遊病の女》),ロジーナ,ルチーアで,翌1862年パリのイタリア劇場では11月16日にアミーナでデビューして大成功を収め,続く2カ月間にルチーア,ロジーナ,ノリーナ,ゼルリーナを演じて人気を確たるものとした。パッティはロッシーニの夜会にも出席して〈今の歌声〉を歌ったが,それを聴いたロッシーニは気分を害し,「いま聴かせてくれたアリアは誰の曲ですか?」と皮肉を込めて尋ねた。その顛末は,3日後にロッシーニを訪ねたサン゠サーンスが次のように記している。

彼[ロッシーニ]はまだ落ち着きを取り戻していなかった――「私は,私のアリアが装飾的でなければならないことを良く判っている。そのために作られているからだ。けれどもレ

B. マルキージオ

ロジーナの衣装を着たパッティの写真

第七の扉　19世紀の上演とロッシーニ歌手の変遷

チタティーヴォに至るまで，私が書いた音は一つも残っていなかった。本当に，あまりに過剰だ！……」。そして苛立ちながら，ソプラノ歌手がコントラルトのために書かれたこのアリアを歌うことに固執し，彼がソプラノのために書いた曲を誰も歌おうとしないことに不平を述べた。

　ディーヴァ［パッティ］は彼の側でひどく苛ついていた。けれどもロッシーニを敵に回すのは重大な問題と反省し……数日後，彼女は後悔しながらやって来て彼に助言を求め，彼はそれをしてあげた。そのおかげで，完全でなかった彼女の才能が華麗で魅力的なものになったのである。この出来事の2カ月後，ラ・パッティは師［ロッシーニ］の伴奏で《泥棒かささぎ》と《セミラーミデ》のアリアを，その後彼女が常に見せた明るい声質と完全な正確さを結び付けて歌った。

（サン゠サーンス『エコール・ビュイソニエール［野外学校］』[36]）

　パッティはマネージャーに姉アマーリアの夫でピアニストのモーリス・ストラコシュを伴っていたが，ロッシーニはパッティの悪趣味な装飾がストラコシュのせいだと考え，その名前をもじって「extra-cochonnée（エクストラ゠コショネ［ひどい汚物］）」と呼んだとの逸話も残されている[37]。その後ロッシーニは装飾が改善されたパッティを褒め，パッティもパリに来演するたびにロッシーニの夜会で歌い，晩年のロッシーニが真に優れた才能と認めた数少ない歌手の一人となった。

　その後パッティは世界の大劇場で活躍し，1876年4月3日のヴィーン国立歌劇場ではレッスンの場でマイアベーア《ディノラ》の〈影の歌（Ombra leggera）〉を歌った。メトロポリタン歌劇場（以下 MET）には1892年1月12日のコンサートでルチーア狂乱の場を歌ってデビューし，続いてボストンでの《マルタ》を皮切りに MET のプロダクションで歌った。MET でのロジーナは彼女が出演するこのシーズン最終日の4月9日たった一度であるが，レッスンの場でヨーデルを取り入れたカール・アントン・フローリアン・エッケルト作曲〈スイス・エコー・ソング（Swiss Echo Song）〉，ビショップ作曲〈埴生の宿（Home sweet home）〉と民謡〈夏の名残のバラ（The Last Rose of Summer）〉（日本では「庭の千草」の題名で知られる）をピアノ伴奏で歌って観客を熱狂させた。この公演では別れを惜しむ観客のため，パッティはカーテンコールの後にピアノを前舞台に運ばせ，スコットランド民謡〈故郷の空（Comin' Thro' the Rye）〉を歌ったと報じられている（『ニューヨーク・トリビューン（New York Tribune）』4月10日付）。ち

191

なみにこの MET 出演にはロッシーニの友人でもある作曲家ルイージ・アルディーティが同行し，指揮者を務めた（アルディーティは 1871 ～ 72 年のロシア・ツアーや数次に及ぶヴィーン・ツアーの指揮者でもあった）。

　パッティは約 38 年間オペラの舞台で歌い，39 作品をレパートリーとした。その活動が 1860 ～ 90 年代のため最も数が多いのはヴェルディの 7 作（《エルナーニ》《ジョヴァンナ・ダルコ》《ルイーザ・ミラー》《リゴレット》《イル・トロヴァトーレ》《ラ・トラヴィアータ》《アイーダ》）で，ロッシーニの 6 作がこれに続いた（《セビーリャの理髪師》《泥棒かささぎ》《オテッロ》《セミラーミデ》《エジプトのモゼ》とそのフランス語版《モイーズ》）。ロジーナは 1860 年から 95 年まで 36 年間ほぼ毎年歌っており（1887，94 年を除く），都市の多さも驚異的である（下記の簡略出演表参照）。そして 1897 年に舞台を退いた後もコンサート・ツアーを行い，ウェールズに建てた邸宅の私的劇場でも歌ったが，最後に人前で演じたのは 1907 年5 月，パリのジャン・ド・レシュケの私的劇場におけるロジーナであった。

　アデリーナ・パッティのロジーナ（**出演多数につき，劇場名を省略する** [38]）……1860 年ボストン，ニューヨーク，フィラデルフィア，バルティモア［ボルチモア］，ワシントン，ニューオリンズ，1861 年ロンドン，マンチェスター，リヴァプール，ダブリン，ベルリーン，1862 年ブリュッセル，アムステルダム，ロンドン，マンチェスター，パリ，1863 年ヴィーン，ロンドン，フランクフルト，ハンブルク，ベルリーン，マドリード，1864 年パリ，ロンドン，リヨン，1865 年リール，マドリード，ロンドン，ケルン，フィレンツェ，トリーノ，1866 年マルセイユ，パリ，ロンドン，バート・ハンブルク，1867 年パリ，ロンドン，1868 年ル・アーヴル，ロンドン，バート・ハンブルク，パリ，ブリュッセル，1869 年サンクト・ペテルブルク，リエージュ，パリ，ロンドン，バート・ハンブルク，1870 年パリ，ロンドン，サンクト・ペテルブルク，1871 年ロンドン，バート・ハンブルク，モスクワ，1872 年サンクト・ペテルブルク，ヴィーン，ロンドン，バート・ハンブルク，1873 年ロンドン，1874 年サンクト・ペテルブルク，ヴィーン，ロンドン，モスクワ，1875 年サンクト・ペテルブルク，ヴィーン，ロンドン，モスクワ，1876 年サンクト・ペテルブルク，ヴィーン，ペスト，ロンドン，モスクワ，1877 年サンクト・ペテルブルク，ヴィーン，ロンドン，ミラーノ，ヴェネツィア，ジェノヴァ，1878 年フィレンツェ，ナポリ，ローマ，ロンドン，ブリュッセル，ベルリーン，1879 年ロンドン，ハンブルク，ペスト，1880 年ヴィーン，パリ，ロンドン，ベルリーン，ドレスデン，ハンブルク，マ

ドリード，1881 年ニース，モンテ・カルロ，パリ，ロンドン，1882 年ニューヨーク，ロンドン，1883 年ロンドン，1884 年ロンドン，ニューヨーク，1885 年サン・フランシスコ，ロンドン，アムステルダム，ヴィーン，1886 年ブカレスト，ニース，バルセロナ，リスボン，ロンドン，1888 年リスボン，マドリード，ブエノス・アイレス，モンテヴィデオ，1889 年ブエノス・アイレス，1890 年シカゴ，メキシコシティ，オマハ，ニューヨーク，1891 年ニース，1892 年ニューヨーク，1893 年ニース，1895 年ニースとロンドン。[その後は 1907 年パリの個人劇場のみ]

19 世紀の伝統の終焉

　前記アルボーニはロッシーニに師事して最高の技巧を身につけ，ペーポリ伯爵と結婚して 1853 年 11 月 15 日にイタリア劇場の舞台に復帰して以後，出演の 9 割以上がロッシーニ作品であった。晩年のロッシーニの夜会にもしばしば出演し，カンタータ《ジョヴァンナ・ダルコ》の公開初演も行った（1859 年 4 月 1 日）。パッティも同様で，レッスンの場をピアノ伴奏リサイタルにして《セビーリャの理髪師》を歪める発端となったが，ロッシーニに学んで装飾法を補正し，ロッシーニの夜会でも歌い[39]，全世界でロジーナを歌い続けた。

　ロッシーニの葬儀（1868 年 11 月 21 日パリのトリニテ教会）で《スタバト・マーテル》の〈たれか涙を注がざる者あらん（*Quis est homo*)〉を二重唱して参列者に感銘を与えたのもパッティとアルボーニである。その意味でも両者はロッシーニの芸術の真の体現者であり，異なる声種のロジーナもこの二人によって 19 世紀の伝統に終止符が打たれたと理解しうる。パッティは長くキャリアを保ち，1903 ～ 7 年に 30 曲以上を録音したが，ロッシーニ作品は含まれない。それゆえ録音によるロッシーニ歌唱の実例はポスト・パッティの世代からとなり，その意味でも彼女は 19 世紀と 20 世紀を隔てる指標となるのである（20 世紀の歌手については，第十の扉「近現代《セビーリャの理髪師》の名歌手たち」で明らかにする）。

註

1 シューマン『音楽と音楽家』（吉田秀和訳，岩波文庫，1958 年）192 頁

2 ［a cura di Michele Porzio］Verdi, *Lettere 1835-1900.*, Milano, Arnoldo Mondadori, 2000., p. 440.

3 19 世紀の標準的上演の概要は 2011 年 9 月の藤原歌劇団公演《セビリャの理髪師》プログラムの拙稿「《セビリャの理髪師》——時代ごとに異なる上演と作品の受容」から一部変更して転載。

4 全集版校註書［Fonti］。うち一つは第 1 幕のみ。もう一つは第 2 幕のみ。

5 ベートーヴェンの言葉の初出は，ロッシーニとヴァーグナーの会見に同席したエドモン・ミショット（Edmond Michotte, 1831-1914）著『ヴァーグナーのロッシーニ訪問（*La Visite de R. Wagner à Rossini*)』（パリ，1906 年）におけるロッシーニの述懐。けれども会見から 46 年後の出版であることから，研究者はミショットが自分の聞いた言葉を基に会話を創作したと認定している（Reto Müller, *Gli scritti su Rossini di Edmond Michotte.*, in *Bollettino del Centro rossiniano di studi.*, Anno XLIV., Pesaro, Fondazione Rossini, 2004., pp. 59-63.）。

6 ロンドンとニューヨークで出版されたブージー（Boosey）社のエディションが一例。

7 ディコンズの略歴は Theodore Fenner, *Opera in London, Views of the Press 1785-1830.*, Carbondale and Edwardsville, Southern Illinois University Press, 1994., pp. 215-216. 参照。

8 1818 年 10 月 14 日付。Ibid., pp. 57-58.

9 『ジュルナル・デ・デバ』1820 年 3 月 20 日付。*Journal des débats politiques et littéraires.*, 1820 / 03 / 20., p. 2.

10 詳細は Jean Mongrédien, *Le Théâtre-Italien de Paris 1801-1831 chronologie et documents, Vol. I Introduction, tables et index.*, Lyon, Symétrie, 2008., pp. 96-97. を参照されたい。

11 スタンダール『ロッシーニ伝』（山辺雅彦訳，みすず書房，1992 年），425-426 頁より引用。

12 その後 1848 年の二月革命の余波で夫が地位を追われて翌 1849 年舞台に復帰し，1854 年のメキシコ巡業でコレラにかかり同年 6 月 17 日メキシコシティで客死した。

13 *Correspondance de Frédéric Chopin, vol. I. L'aube 1816-1831.*, Recueillie, révisée, annotée et traduite par Bronislas Édouard Sydow, en collaboration avec Suzanne et Denise Chainaye.*, Paris, Richard Masse, 1981., pp. 169-174.［lettre 56 フランス語訳］(pp. 170-173.)

14 *Correspondance de Frédéric Chopin, vol. II. L'ascension 1831-1840.*, Recueillie, révisée, annotée et traduite par Bronislas Édouard Sydow, en collaboration avec Suzanne et Denise Chainaye.*, Paris, Richard Masse, 1981., pp. 39-50.［lettre 98 フランス語訳］(pp. 44-45.)

15 前川道介訳（『ドイツ・ロマン派全集』第 19 巻『詩人たちの回廊　日記・書簡・回想集』国書刊行会，1991 年所収。295-297 頁）。固有名詞と人名表記を一部変更して引用。

16 Arthur Pougin., *Marie Malibran*, Paris, Plon, 1911., p. 249.

17 Giorgio Appolonia, *Le voci di Rossini.*, Torino, Eda, 1992., pp. 360-365. より抽出。

18 ラブラーシュのバルトロ初役は 1830 年だが，フィガロからの明確な切り替えは 1834 年になされた。

19 主な創唱役は，ドニゼッティの《キアーラとセラフィーナ》ピカーロ，《当惑した家庭教師》ドン・ジューリオ，《グラナダのアラオール》アラオール，《ゴルコンダの女王アリーナ》ヴォルマール，《カレのジャンニ》ルスターノ，《ランベルタッツィのイメルダ》ウバ

ルド，《フォワのフランチェスカ》国王，《女流作家と黒い男》カルリーノ，《ファウスタ》コスタンティーノ，《マリーノ・ファリエーロ》イズラエーレ，《ドン・パスクワーレ》マラテスタ，ベッリーニの《海賊》エルネスト，《異国の女》ヴァルデブルゴ，《清教徒》リッカルド。

20 ルビーニの出演歴とレパートリーは Bruce Brewer, *Il cigno di Romano – Giovanni Battista Rubini: a Perfor-mance Study.*, London, Journal of the Donizetti Society vol. 4., 1980., pp. 116-164. 参照。

21 Gilbert [Louis] Duprez, *Souvenirs d'un chanteur.*, Paris, Calmann Lévy, 1880., p. 38.

22 マーリオのイタリア劇場とコヴェント・ガーデン劇場の出演データは，Michel Pazdro, *L'œuvre à L'affiche* (Rossini, Le Barbier de Séville [L'Avant Scène., nov-déc.1981., pp. 148-166.]）より抽出。

23 Ibid., p. 62.

24 Ibid., p. 163.

25 Elizabeth Forbes, *Mario and Grisi, A Biography.*, London, Victor Gollancz, 1985., p. 50.

26 [a cura di] Carmelo Neri, *Vincenzo Bellini, Nuovo Epistolario (1819-1835) .*, Palermo, Editoriale Agorà, 2005., pp. 368-370.

27 グリージの出演歴とレパートリーは，Thomas G.Kaufman, *Giulia Grisi - A Re-evaluation.*, London, Donizetti Society Journal vol. 4., 1980., pp. 181-225. 参照。50年代にもロシアとアメリカでロジーナを演じたが，これは例外的な出演と見なしうる。

28 Guido Zavadini, *Donizetti, vita-musiche-epistolario.*, Bergamo, Istituto Italiano d'arti grafiche, 1948., p. 338.

29 タッキナルディ゠ペルシアーニの出演歴は，Thomas G.Kaufman, *Giuseppe and Fanny Persiani*, Appendix C., London, Donizetti Society Journal vol. 6., 1988., pp. 139-149. 参照。

30 H. Sutherland Edwards, *The life of Rossini.*, London, Hurst and Blackett, 1869., p. 151.

31 ロンコーニの出演歴は Thomas G.Kaufman, *Giorgio Ronconi.*, London, Donizetti Society Journal vol. 5., 1984., pp. 169-206. 参照。

32 Ibid., pp. 174-175.

33 Fernando Battaglia, *L'arte del canto in Romagna.*, Bologna, Bongiovanni, 1979., pp. 18-19.

34 Appolonia, op. cit., pp. 386-391 より抽出。

35 Ibid., pp. 402-408 より抽出。

36 Camille Saint-Saëns, *Ecole buissonnière : notes et souvenirs.*, Paris, P. Lafitte & Cie., 1913., pp. 265-266.

37 John Frederick Cone, *Adelina Patti, Queen of Hearts.*, Portland, Amadeus Press, 1993., p. 56.

38 詳細は ibid., pp. 402-408. を参照されたい。

39 確認できる出演の一つに 1866 年 3 月 9 日の夜会があり，《エジプトのモゼ》《オテッロ》《セビーリャの理髪師》のアリアを歌った（ibid., p. 83.）。

第八の扉

19世紀《セビーリャの理髪師》のイメージ

1884年オペラ・コミック座《セビーリャの理髪師》のカリカチュア
(『クロニック・テアトラル』フランス国立図書館蔵)

第八の扉　19世紀《セビーリャの理髪師》のイメージ

　演劇とオペラは別種のジャンルに属するが，多くの国々ではロッシーニ《セビーリャの理髪師》の人気を背景に，ボーマルシェの原作劇が再評価された（日本も例外ではなく，ロッシーニ作品が上演された後にボーマルシェ劇が翻訳出版）。その過程で作者の分身でもあるボーマルシェのフィガロはパリの新聞『ル・フィガロ』のロゴ・イラストに採用され，ジャーナリズムのシンボルとして新たな意味を付与される（後述）。

　本章ではロッシーニ《セビーリャの理髪師》のフランス初演を起点に，19世紀に世に出た版画，新聞，楽譜，書籍から主な図像を紹介してみよう。

王立イタリア劇場における受容と歌手の肖像（1819～29年）

　ロッシーニ《セビーリャの理髪師》のフランス初演は1819年10月26日パリの王立イタリア劇場で行われ，すぐにパイジエッロ作品を凌駕する傑作と認められた。1823年11月パリを初訪問した31歳のロッシーニは「音楽芸術に新時代を拓いた作曲家」（ルシュールの祝辞）と称賛され，スタンダール『ロッシーニ伝』の出版も相まってパリ社交界の寵児となった。

　フランス王家はただちにロッシーニと接触し，4万フランの報酬での1年間のパリ滞在とオペラ座［王立音楽アカデミー］に新作を提供する契約を結んだ。この契約は1824年9月16日のルイ18世崩御とシャルル10世の即位で無効とされたが，11月には王家の意を受けて年2万フランの報酬で王立イタリア劇場の音楽舞台監督に就任し，新作から別途報酬を得る契約を結ばれた。かくして1825年6月19日，シャルル10世の戴冠を祝う《ランスへの旅》を初演したロッシーニは，続く4年間に4作のフランス・オペラ（《コリントスの包囲》《モイーズ》《オリー伯爵》《ギョーム・テル》）を初演し，歌劇作曲家として頂点を極めることになる。

　王立イタリア劇場では，最初の10年間（1819年10月26日～29年10月8日）

199

にロッシーニの《セビーリャの理髪師》が164回上演され，これを演じた歌手の肖像（彩色版画）が，マルティネ社（Paris, Chez Martinet）から制作販売された。それらは当時の上演の視覚資料でもあり，後世の舞台にも影響を与えた。次に代表的な4点を掲げる（ロッシーニの家所蔵より肖像部分のみ複製）。

①ロンツィ・デ・ベニス夫人のロジーナ……1819年10月26日のパリ初演でロジーナを演じたソプラノ，ジュゼッピーナ・ロンツィ＝デ・ベニス（Giuseppina Ronzi de Begnis, 1800-53）。

②ゾンターク嬢のロジーナ……1826年6月15日にロジーナでパリ・デビューしたソプラノ，ヘンリエッテ・ゾンターク（Henriette Sontag, 1806-54）。

③サンティーニのフィガロ……1828年4月22日にフィガロでパリ・デビューしたバス＝バリトン，ヴィンチェンツォ・フェリーチェ・サンティーニ（Vincenzo Felice Santini, c.1798-1836）。

④バティスト・カデのバジール，またはジュゼッペ・デ・ベニスのバジーリオ……フランス国立図書館所蔵の別刷りでは1807年6月24日にコメディ＝フランセーズでボーマルシェ『セビーリャの理髪師』バジールを演じたバティスト・カデ（Baptiste cadet [Paul Eustache Anselme], 1765-1839）とされ，「ロッシーニの家」

ロンツィ・デ・ベニス夫人のロジーナ

ゾンターク嬢のロジーナ

第八の扉　19世紀《セビーリャの理髪師》のイメージ

　所蔵目録は1819年10月26日のロッシーニ作品パリ初演でバジーリオを演じたバス歌手ジュゼッペ・デ・ベニス（Giuseppe De Begnis, 1793-1849）とする。

　ボーマルシェの台本には登場人物の服装に関する指示や説明書きがあるものの，ロジーヌ［オペラのロジーナ］については「スペイン風の衣裳」とのみ記し，①と②の衣裳にも特段の共通点がない（以下，ボーマルシェの指示は鈴木康司訳，岩波文庫，7～8頁より）。フィガロは，「粋を気取ってめかしこんだスペインの伊達男といった身なり」に続けて，「頭はヘアネットで留める。白い帽子，山の周りはカラーリボン。首には絹のネッカチーフがゆったりと巻かれている。サテンのチョッキと半ズボン。ボタンとボタン穴は銀糸でかがってある。大きな絹のベルト，靴下留めには房がついて両膝に垂れ下がっている。派手な色の上着にはチョッキと同じ色の大きな折り返し。白い靴下とグレイの靴」との詳細な説明があり，③の衣装に再現されている。

　バジール［オペラのバジーリオ］は，「ふちの下がった黒い帽子。聖職者用の短いスータンと長いマント。襟飾りも袖飾りもない」とされ，④は19世紀のスータン［カトリックの僧衣］にマントを羽織った姿が見て取れる（幕ごとに異なる伯爵役の衣裳については後述）。

　　サンティーニのフィガロ　　　　　　カデのバジールまたは
　　　　　　　　　　　　　　　　　　デ・ベニスのバジーリオ

201

フラゴナール（息子）による『セビーリャの理髪師』の一場面

　次に掲げるのは，ロココ期の高名な画家ジャン・オノレ・フラゴナール（Jean-Honoré Fragonard, 1732-1806）の息子アレクサンドル＝エヴァリスト・フラゴナール（Alexandre-Évariste Fragonard, 1780-1850）によるボーマルシェ『セビーリャの理髪師』の一場面である。1820年代後半に5種制作され，パリのヴィレン社（Lith. de Villain）とルメルシエ社（Lith. de Lemercier）から発売された（以下，フランス国立図書館蔵）。

バルトロが手紙を拾おうとするシーン
（Lith. de Villain, 1827.）

音楽レッスンのシーン（同前）

ひげを剃るシーン（同前）

手紙のシーン（同前）

嵐のシーン（Lith. de Lemercier, 1830.）

1826年パリで創刊された新聞『ル・フィガロ』のロゴ・イラスト

フランス初の本格的日刊紙『ル・フィガロ（*Le Figaro*）』（Paris, Jourdan fils.）の創刊は，《ランスへの旅》初演半年後の1826年1月1日である（正式名称は，『ル・フィガロ，文学，演劇，批評，科学，美術，風俗，ニュース，スキャンダル，経済，家庭，伝記，文献，ファッション等々の新聞（*Le Figaro, journal littéraire. théâtre, critique, sciences, arts, moeurs, nouvelles, scandale, économie domestique, biographie, bibliographie, modes, etc., etc.*,）』）。これはエピグラムに「それでも真実！……（La vérité, quand même !...)」と掲げる中道右派の新聞で，執筆陣（Rédacteurs）に『セビーリャの理髪師』と『狂おしき一日，またはフィガロの結婚』の登場人物名が，「アルマヴィーヴァ伯爵，フィガロ，バルトロ，ロジーヌ，バジール，シュザンヌ，シェリュバン，マルスリーヌ，ブリドワゾン，ラ・ジュネス，レヴェイエ，グリップ＝ソレイユ，ドゥブル＝マン」と列挙されている（1826年1月24日からグリップ＝ソレイユをアントニオに変更）。

『ル・フィガロ』1826年1月20日付

紙名『ル・フィガロ』が，「当節は口にするにも当たらないことは，歌にして歌いのめすんだ」と語るボーマルシェ『セビーリャの理髪師』フィガロ

ダジンクールのフィガロ（部分）

の台詞に起因することはロゴ・イラストからも明白で，最初のそれは1786年10月15日にコメディ・フランセーズで『セビーリャの理髪師』を演じたダジンクール（Dazincourt 本名：Joseph-Jean-Baptiste Albouy, 1747-1809）の肖像を基に作画されている。ダジンクールはブリュッセルでの活動を経て1776年11月21日パリのコメディ・フランセーズにデビューした役者で，『フィガロの結婚』と『セビーリャの理髪師』のフィガロで人気を博した。

創刊から9年間，『ル・フィガロ』では次の6種のロゴ・イラストが使われた（同紙は1834年12月までが第一期に相当する）。

① 1826年1月1日～1827年8月28日（ギターを肩にかけて詩を書くフィガ

第八の扉　19世紀《セビーリャの理髪師》のイメージ

　　ロ）
② 1827年8月29日〜11月6日（ロジーヌへの手紙を書く伯爵）
③ 1827年11月7日〜1830年3月20日（バジールと変装した伯爵）
④ 1830年3月21日〜8月13日（フィガロとバジール）
⑤ 1830年8月14日〜1833年9月8日（フィガロに追い回されるバジーリオ）
⑥ 1833年9月9日〜1834年12月1日（バルトロの髭を剃ろうとするフィガロ）

 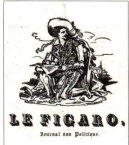 

上段左から下段右へ順に①から⑥に対応

　続く1835年2月〜1840年12月の約5年間は，次の3種のロゴ・イラストが使われた（イラストなしの号あり）。

⑦ 1835年2月15日〜
⑧ 1836年10月1日〜
⑨ 1837年10月15日〜

上段左から下段右へ順に①から⑥に対応

『ル・フィガロ』は1841年に休刊したが，1854年4月2日に週刊誌として再刊する際に新たなロゴ・イラストを採用し，再び日刊紙となる1866年11月16日まで継続使用されている。これとは別に，『フィガロ＝プログラム（*Figaro-programme*）』と題した新聞も1856年パリで創刊され，ボーマルシェとロッシーニのフィガロを合成したロゴ・イラストが採用された。

このように，フィガロは劇やオペラの登場人物を離れ，19世紀パリのジャーナリズムにおける言論の自由のシンボルとしても機能したのである。

『ル・フィガロ』1854～66年のイラスト　『フィガロ＝プログラム』のイラスト（1856年）

ロッシーニ《セビーリャの理髪師》全曲楽譜の表紙絵

19世紀前半に出版されたロッシーニ《セビーリャの理髪師》の全曲楽譜では，ヴィーンのザウアー&ライデスドルフ社のチェンバロ独奏編曲（1823-26年），パリのシュレザンジェ社のチェンバロ独奏編曲とヴォーカルスコア（1826-27年），ライプツィヒのプローブスト社のヴォーカルスコア（1830-31年）に表紙絵が採用されている。最初の二つに描かれるのは第2幕，フィガロがバル

第八の扉　19世紀《セビーリャの理髪師》のイメージ

トロのひげを剃る間に伯爵とロジーナが言葉を交わすシーンである。

ヴィーンのザウアー＆ライデスドルフ社（Sauer e Leidesdorf.）は，ユダヤ商人の息子マルクス・ライデスドルフ（Marcus［Maximilian Josef］Leidesdorf, 1787-1840）が1822年12月9日にザウアー社の創業者イグナツ・ザウアー（Ignaz Sauer, 1759-1833. オーストリアで最初に石版印刷譜を出版）と共に設立した出版社で，シューベルトの友人モーリツ・フォン・シュヴィントの表紙絵を付したロッシーニ作品の鍵盤楽器編曲を，少なくとも26作刊行した。

シュレザンジェ社（Schlesinger）は，ベルリーンの出版社主アードルフ・マルティン・シュレージンガーの息子モーリス（Maurice Schlesinger, 1798-1871）が1821年パリで創業した楽譜出版社である。イラストを伴うタイトル頁のオペラ全曲譜を多数出版し，《セビーリャの理髪師》では図版の下にボーマルシェ原作第

ザウアー＆ライデスドルフ版の表紙絵
（ロッシーニ財団蔵より部分）

シュレザンジェ版のタイトル頁
（1826-27年。筆者蔵）

プロープスト版のタイトル頁
（1830-31年。筆者蔵）

207

3幕第12景のバルトロの台詞「おい，ちょっと！ お前さんわざわざわしにくっついて，前に立つもんだからまるで見えんじゃないか……」が引用されている（鈴木康司訳）。

　プローブスト社（H.A.Probst）は，ハインリヒ・アルベルト・プローブスト（Heinrich Albert Probst, 1791-1846）が1823年ライプツィヒで創業した楽譜出版社である。イラストを伴う全曲譜は例外的だが，《セビーリャの理髪師》では愛くるしい顔のフィガロの姿が描かれ，図版の下に登場カヴァティーナの歌詞「町の何でも屋に道を開けろ」がドイツ語で記されている。

『オペラとバレエの美』の挿絵（ロンドン／パリ，1845年）

　1845年にロンドンのデイヴィッド・ボーグ社（David Bogue）から出版された『オペラとバレエの美（*Beauties of the Opera and Ballet*）』とパリのスリエ社（Soulié）から出版された『オペラとバレエの美，またはオペラの傑作（*Les beautés de l'Opéra, ou Chefs-d'oeuvre lyriques*）』は，19世紀前半に人気を博したオペラ5作（《ユグノー教徒》《セビーリャの理髪師》《ノルマ》《ドン・ジョヴァンニ》《ユダヤの女》）とバレエ4作（《ジゼル》《松葉杖の悪魔》《ラ・シルフィード》《オンディーヌ》）の物語と解説を豊富な挿絵と共に掲載している。鋼板彫刻による肖像画と木版のイラストは共通で，《セビーリャの理髪師》は物語に沿ってヴィヴァン・ボーセ（Vivant Beaucé, 1818-76）による挿絵を掲載している（以下，筆者所蔵のロンドン版初版より複製）。

《セビーリャの理髪師》冒頭頁のイラスト　　外出するバルトロ

208

紙が1枚足りないとロジーナを詰問するバルトロ

兵士に扮した伯爵と睨みあうバルトロ

第1幕フィナーレの大騒ぎ

アロンソに扮した伯爵とバルトロ

歌のレッスンの場

ロジーナに正体を明かす伯爵

第2幕フィナーレ

ボーマルシェ全集『セビーリャの理髪師』の人物画(1876年)

　作者の肖像画や若干の挿絵を持つボーマルシェ全集は19世紀初頭からパリで出版されたが，登場人物をリアルに描く挿絵は世紀後半から現れた。中でも有名なのが，1876年パリのラプラス／サンシェ社（Laplace, Sanchez et Cie）から出版された20葉の挿絵入り全集で，エミール・バヤール（Émile Bayard, 1837-91　ユゴー『レ・ミゼラブル』の挿絵作者として知られる）のイラストに手彩色したものが挿入されている。『セビーリャの理髪師』のそれは5人の人物の性格を的確

フィガロ

ロジーヌ

アルマビーバ伯爵

バジール

バルトロ

第八の扉　19世紀《セビーリャの理髪師》のイメージ

に描写し、高い評価を得た。

　ボーマルシェによるアルマビーバ伯爵の服装は、第1幕「サテンの上着と膝まであるピッタリの半ズボン。茶色の大きなマント、つまりスペイン風の袖なしマントに身を包んでいる。ふちが下がった黒い帽子で、山の周りにカラーリボン」、第2幕「騎兵の制服を着て、口ひげをつけ、短いブーツを履く」、第3幕「学生の身なり、髪は丸く刈り、首には大きな襞のついた襟、上着、半ズボン、靴下、司祭風のマント」、第4幕「立派なスペイン風衣装に、豪華なマント、そしてその上をさらに茶色のゆったりとしたマントで覆っている」（鈴木康司訳）。

『セビーリャの理髪師』単行本の挿絵（1882年）

　単行本として出版されたボーマルシェ『セビーリャの理髪師』にも注目すべきイラストがある。1882年パリのビブリオフィル社（Librairie des Bibliophiles）のエディションもその一つで、S. アクロス（S. Arcos）のデッサンを基に高名な画家・銅版画家ルイ・モンツィエ（Louis Monziès, 1849-1930）が作成したエッチングが各幕1枚、別刷りで挿入されている。衣裳に当時の役者の面影が偲ば

第1幕第6景

第2幕第14景

211

第 3 幕第 11 景　　　　　　　　　　　第 4 幕第 6 景

れ，髪飾りをつけた第 2 幕と第 3 幕のロジーヌは人気歌手アデリーナ・パッティを想起させる（筆者所蔵本より複製）。

　これとは別に，1884 年頃パリの A. カンタン社（Chez A. Quantin）が出版した単行本にも，各幕冒頭にヴァルトン（Valton）による挿絵が掲載されている（複製は第二の扉「ボーマルシェからロッシーニへ」に掲載）。

1884 年オペラ・コミック座《セビーリャの理髪師》のカリカチュア

　これはパリの『クロニック・テアトラル（*Chronique théâtrale*）』に掲載されたオペラ・コミック座《セビーリャの理髪師》の歌手のカリカチュアである（1884 年 11 月 8 日）。作者はストップ（Stop）と称したルイ・モレル＝レッツ（Louis Morel-Retz, 1825-99）で，左からフィガロ役マックス・ブーヴェ（Max Bouvet［生名 Nicolas Maximilien Bouvet］, 1854-1943），ロジーヌ役セシル・メゼレ（Cécile Mézeray, ?-?），バジール役イポリ

『クロニック・テアトラル』1884 年より
（本章扉参照）

第八の扉　19世紀《セビーリャの理髪師》のイメージ

ート・ベロンム（Hippolyte Belhomme, 1854-1923），バルトロ役リュシアン・フュジェール（Lucien Fugère, 1848-1935），伯爵役デジャンヌ（Degenne, ?-?）が描かれている。

シュダン社のピアノ伴奏譜の表紙絵（1898年）

生誕100周年を機にロッシーニ作品の上演が増え，フランス語による新たなオペラ・コミック版がパリのシュダン社（Choudens）によって作られた。同社のフランス語版《セビーリャの理髪師》は1898年に出版され，イラストは外表紙にのみ見られる。社主はジュネーヴ生まれのアントワーヌ・ド・シュダン（Antoine de Chudens, 1825-88）で，1845年5月または6月パリで創業され，グノー《ファウスト》（1859年）の出版で成功を収めた（創業者の死後は息子たちによって引き継がれた）。

シュダン版の外表紙より（1898年。筆者蔵）

シャルル・クレリスによるピアノ伴奏譜の挿絵（1900年頃）

19世紀《セビーリャの理髪師》の締め括りとなるのが，パリのジュール・タランディエ社（Jules Tallandier）のピアノ伴奏譜である。同社は世紀末に挿絵入りのオペラ楽譜を集中的に出版し，《セビーリャの理髪師》はカスティル＝ブラーズ編の4幕版を採用し，序曲に続く第二タイトル頁にフィガロがバルトロの髭を剃る間に伯爵とロジーヌが言葉を交わすシーンが描かれている。イラストの作者はアルゼンチンのブエノスアイレスに生まれ，パリに移住したシャルル・クレリス（Charles［生名カルロスCarlos］Clérice, 1860-1912）である（以下，筆者所蔵の初版本より複製）。

タランディエ版の第二タイトル頁（1900年）

213

フィガロと伯爵の二重唱（第1幕）

手紙を落とすロジーヌ（第2幕）

バジーリオのアリア（第2幕）

フィナーレ（第2幕）

歌のレッスンの場（第3幕）

三重唱（第4幕）

第九の扉

日本における《セビーリャの理髪師》の受容

明治元年から昭和43年まで（1868～1968年）

日本樂劇／金曜會『セヰ゛ラの理髪師』の舞台写真（昭和9年。筆者蔵）

第九の扉　日本における《セビーリャの理髪師》の受容

　日本で初めてロッシーニのアリアが歌われたのは，明治維新から 8 年後の明治 8 年（1875 年）9 月だった。最初のオペラ上演は大正 6 年（1917 年）11 月に行われたが，後述するように最初の 49 年間は《セビーリャの理髪師》だけが演目とされている。

　本章では《セビーリャの理髪師》の日本初演に先立つ明治期を「前史」として概説し，続いてローヤル館における最初のロッシーニ上演，浅草オペラ，海外歌劇団の来日による本格的上演，大正期の楽譜出版とロッシーニ評価を明らかにし，昭和元年から昭和 43 年までの詳細を記してみたい [1]。この 100 年間は，日本のオペラ受容史との密接な関わりにおいても研究に値することから本書に収め，1969 年以降のロッシーニ受容は別稿で明らかにしたい [2]。

前史（大正 6 年までのオペラ受容の概略）

　日本初のオペラ上演は文政 3 年の旧暦 9 月 24 日（1820 年 10 月），長崎の出島でオランダ人が上演した歌入り芝居《二人猟師乳汁売娘》とされる（E. ドゥーニ作曲《2 人の猟師と牛乳売り娘 [3]》）。その後もなんらかの歌入り芝居が上演された可能性があるが，資料で確認しうる最古の上演は明治 3 年（1870 年）9 月 28 日に横浜中華劇場でアマチュアの外国人が演じたサリヴァン作曲《コックスとボックス》である。

　外国人居留地の演奏とは別に来日歌手によるコンサートが最初に行われたのは明治 8 年（1875 年），イタリア人のソプラノ，マリーア・パルミエーリ（Maria Palmieri, ?-?）とその妹でメッゾソプラノのアリーチェ・ペルシアーニ（Alice Persiani, ?-?）による演奏会である。パルミエーリは夫のピアノ伴奏と妹の共演で同年 9 月 13 日から 10 月中旬までの間にゲーテ座に 4 回，続いて複数のコンサートを衣装と演技付きで行い，初日（9 月 13 日）の曲目に「清らかな女神よ」「トゥーレの王」「宝石の歌」，《トロヴァトーレ》第 1 幕のアリア

217

があり，他に妹ペルシアーニによる〈今の歌声〉，パルミエーリ氏による《マルタ》のアリア，姉妹による《ノルマ》の二重唱が含まれる[4]。そしてこれが，資料で確認できるイタリア・オペラの楽曲の日本初演奏と考えられている。同年10月に来日したロシア人のメッゾソプラノ，ダーリャ・レオノーヴァ（Dar'ya M. Leonova, 1829［または1834］-96）を除けば，以後明治末まで重要オペラ歌手の来日はなかった。

オペラ団の来日は明治9年（1876年）4月19日から横浜のゲーテ座で公演したロネイ・セファス喜歌劇団が最初で，4人程度の歌手とピアニストからなり，オッフェンバックの《ペリコール》《青ひげ》《美しいエレーヌ》その他を上演したが，演目にイタリア・オペラは含まれなかった[5]。明治12年（1879年）にはヴァーノン歌劇団が来日して横浜ゲーテ座で《ジェロルステイン大公妃殿下》《マルタ》《連隊の娘》その他を，主要歌手8名，少人数の楽団と2台ピアノの伴奏で上演した（ただし，英語歌唱[6]）。明治14年（1881年）にはイタリア王立座と名乗るグループ（歌手3名と奏者1名）が来日して3～4月に横浜ゲーテ座その他でコンサートを行い，曲目に「いとしいフェルナンドよ」「ロジーナの詠唱」「清きアイーダ」，《仮面舞踏会》の三重唱を含み，高い評価を得た。

その後も明治の半ばまでさまざまな歌劇団が来日しており，なかでも明治39年（1906年）から15年間に12回来日したバンドマン（Bandmann）喜歌劇団が重要であるが，演目は英米のミュージカル・コメディである。日本人初のオペラ公演も明治36年（1903年）7月23日に東京音楽学校（東京藝術大学音楽学部の前身。明治23年開校）で行われたが（《オルフォイス》［グルック《オルフェーオとエウリディーチェ》の日本語訳詞版］），学生有志による私的な催しにすぎず，5年後の明治41年（1908年）に企画された再演は男女の芝居が風紀紊乱を招くと危惧した文部省の意向で中止された。以後東京音楽学校では昭和7年の学校オペラを例外に終戦後のある時点まで演技を伴うオペラの上演が許されず，学外のオペラ公演への教員と学生の出演も禁止された。

明治期の日本人による洋楽演奏も音楽取調所の卒業演奏会や東京音楽学校の卒業・学友会演奏会を中心に行われたが，声楽は独唱ではなく合唱唱歌の形で歌われた（明治30年まで）。日本人のオーケストラの公開演奏会は明治30年代に始まり，陸軍と海軍の軍楽隊や近衛軍楽隊がブラスバンド用に編曲した楽曲やオペラの序曲を演奏した。ロッシーニ作品は《ギョーム・テル》と《セビーリャの理髪師》の序曲が主に演奏され，明治38年（1905年）8月1日に誕生した日比谷音楽堂では開堂式に続く第1回演奏会に永井健子指揮の陸軍戸山

第九の扉　日本における《セビーリャの理髪師》の受容

学校軍楽隊が「大序　ギユイヨーム，テル」(《ギョーム・テル》序曲)を演奏した。その後，明治末までの軍楽隊レパートリーに，《セミラーミデ》《ブルスキーノ氏》《タンクレーディ》《アルジェのイタリア女》の序曲も加わった。

日本人の歌手が公開演奏会でロッシーニのアリアを歌ったのは明治43年6月5日，有楽座における好楽会主催第2回演奏会の柴田環(後の三浦環)[7]が最初と思われる(曲は〈今の歌声〉と推測)。翌，明治44年3月25日には東京音楽学校の第22回卒業演奏で岡見メリーモリス(正しくは岡見メレー)がカヴテイナ[カヴァティーナ]，同年10月8日には同じ岡見メレーが《バルビェール》の独唱曲を歌っており，どちらも〈今の歌声〉と思われる。そして『読売新聞』掲載の次の卒業演奏評が，日本人のロッシーニ歌唱に関する最初の批評となる。

> 岡見嬢は今年の優等生だ[。]以前此曲は左程の難解でなく寧ろテクニックを主としたものらしい，同嬢の伊太利亜語の発音は中々明瞭で音色も美しく本曲の最大条件たるテクニックも可成の出来だが之より静かなメロディーを唱ふとき却って調子が外れて高くなった様に聞えた。最後に漸次テンポが迅くなり，音が強くなる所謂アッチエレランドに終る部分は尚一層幅があり力のある強い声を出して欲しかった[。]ペッツオールド夫人の伴奏は絶妙，伊太利亜風に軽く聴かせたのは嬉い[。]同嬢独唱の半分は慥に夫人の援助に依ると思ふ。　(『読売新聞』明治44年3月28・29日付[8])

岡見メレーは柴田環の後継者となるべく将来を期待されたが，若くしてがんのため入退院を繰り返し，大正3年3月7日に亡くなった[9]。〈今の歌声〉は明治8年の初演奏以後，外国人歌手によって歌われたことから(例，明治32年のモリソン夫人)ロッシーニの名歌としてつとに知られ，明治末期にはソプラノのレパートリーとして定着していた。

ロッシーニのオペラの紹介も明治末に始まり，安藤弘『歌劇梗概』(修文館，明治39年)と柴田環『世界のオペラ』(共益商社書店，明治45年)の2著が出版された。『歌劇梗概』は英語のオペラ解説本(原本はCharles Annesley., *The Standard Operaglass*., London etc.［初版は1888年］)の抄訳を中心に20作を紹介し，ロッシーニ作品は「ウ井ルヘルム・テル」のみを掲載している。柴田環『世界のオペラ』は原本不明ながら70のオペラのあらすじを紹介し，ロシニイ

柴田環『世界のオペラ』
(明治45年。筆者蔵)

219

［ロッシーニ］の《シビラの理髪師》はロジーナをロシネー（Rossine）と記し，初演日も1817年1月20日とある（正しい初演日1816年2月20日はまだ知られず，20世紀後半のある時点まで1816年2月5日または6日と信じられた。『世界のオペラ』における1817年1月20日の典拠は不明）。柴田が原本のあらすじを翻訳するだけでなく，みずからアレンジしたことは，次の個性的な冒頭文からも明らかである。

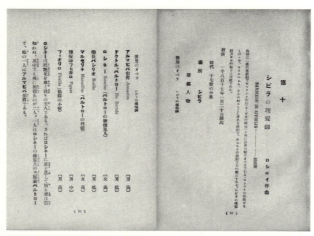

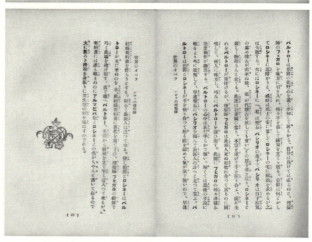

柴田環『世界のオペラ』（明治45年）における《シビラの理髪師》解説

ロシネーは妖艶花を欺く計りの美人である。されば**ロシネー**に思を焦して居る者は数知れぬ，其中でも殊に熱烈なのが二人。一人は**ロシネー**の禿頭翁**バルトロー**で，他の一人は**アルマビバ伯爵**である[10]。

しかしながら，この2書は作曲者の伝記的記述が無きに等しく，あらすじ本の域を出ない。それゆえロッシーニに関する最初のまとまった紹介は大作曲家列伝に見出せる。日本人による最初のまとまった音楽史は，明治38年11月に出版された石倉小三郎著『西洋音樂史』（博文館，1905年。帝國百科全書，第136編）である。これはヴァーグナー以降を割愛してフランツ・リストまでの歴史を概説し，ロッシーニをピッチンニ後のイタリア・オペラ停滞期にあって全ヨーロッパを風靡した「一個の天才」としながらも，革命期の騒乱に倦んで享楽を求めた

石倉小三郎『西洋音樂史』
（明治38年。筆者蔵）

時代の趣味に迎合する官能刺激で名声を得たが，1830年以後に新たな精神が民衆を支配したためその意義を消失した，と説明されている（同書ではフルネームを「ヂョアキモ，アントニオ，ロシニ」と表記し，作品は「タンクレディ」「ゼヴィリアの理髪師」「ギローム・テル」のみ掲げる）。

明治40年12月出版の『泰西音樂大家伝』（細貝邦太郎／有沢潤編，中川書店。明治44年5月に第5版が中川文林堂から出版）は，「シャープ氏の作曲大家列傳，大英百科全書等二三に基きて編纂」（序）したもので，基本的には外国文献の要約と理解しうる。パレストリーナからヴァーグナーとグノーまで29人の作曲家の略伝で構成し，ロッシーニはフルネームを「ギオアシノ，ロシニー」と表記し，336～354頁の全19頁を費やしている。その前置きではドイツ楽派から軽佻浮薄と批判されたとしながらも，バッハ，モーツァルト，ハイドン，ベートーヴェン，ウェーバーと並ぶ異彩として高く評価している点が注目に値する（[　]内に読み仮名を追加。以下同）。

　　伊太利歌劇舊［きゅう］時の樂風は，今や，仏蘭西樂派の華麗絢爛なる壮観に，壓倒さるゝものありと雖［いえど］も，ロシニーの出つるに及び，彼は全力を盡くし，自國の音楽をして，清新快活なる點を以て，再び全歐の樂界の先驅者たらしめんと期したり。彼が爽快にして清新なる旋律は，滾［こん］々として竭［つ］きず，聴者をして恍惚，恰も三鞭酒を口にして

陶然酔はしめられたるが如く，一度之れを耳にしては，永遠其の佳境を追
憶して忘れさらしむ。されど独逸學者の多数は，<u>ロシニー</u>の歌曲を以て，
徒に浮華輕薄なるものとなして悦はず。[……] 實に<u>ロシニー</u>はベートーベ
ン。バッハ。モツアルト。ハイデン。ウェーベル等と同じく，樂史上に於
て一異彩を放てる作曲家と云はざるべからず[11]。

　同書では《セビーリャの理髪師》を「イル，バービール，ヂー，セヴヰグリ
ア」と表記し，外国文献を基に初演の失敗が大成功に転じた逸話が次のように
書かれている（344〜345頁。下線と（　）内の記載は原文のまま）。

　　一方に，<u>ペイシエロー</u>［パイジエッロ］の反對もあれば，此歌劇が場に上
りし初日の光景は如何なりしや，<u>アルゲンチナ</u>［アルジェンティーナ］座に
は，敵も味方も集り來りて立錐の地もなく，中低音部歌者［テノール歌手］
の一人なる，<u>ガルシア</u>（Garcia）はアルマヴヰヴァ（Almaviva）を歌ひ，
ロシニー［ロッシーニ］は之れと合唱したりしも，セレナード（小合奏）中
慣れざる西班牙［スペイン］風の旋律には思ふがまゝに其の技を顯はすこ
と能はざりしに加え，<u>ガルシア</u>はギター（有絃樂器）の彈奏に及びて端な
くも一絃を誤りたたれば，反對黨は嘲笑罵倒の聲高く，場内は動揺めき渡
りて此の日は不成功に終わりたり。一座の歌者は凡て，此の不幸に遭遇し
たる彼［ロッシーニ］を慰めんとて，彼が寓居を訪れしに，彼は悠然として
さも愉快げに，客と夕飯を喫しつゝあり，彼が脳裡には，翌日の成功を期
して憂へず，自ら信ずることの深かりしを察すべし，果せる哉，二日目に
至りては，彼が新歌劇は未曽有の喝采を得，<u>ペイシエロー</u>の徒すら，驚嘆
すべきものあらしめて閉場せり。

　以上が，明治期の主な音楽書におけるロッシーニとその作品の紹介である。

ローヤル館における最初のロッシーニ上演

　明治45年7月30日，明治天皇の崩御により元号が大正に改まり，しばし
歌舞音曲自粛となったが，9月には帝国劇場が興行を再開した。同年（大正元
年）10月末，師サルコリに伴われて上海のビクトリア劇場に出演していた原
信子が帰国する。これを受けて11月12日付『都新聞』は，同月17日横浜角

第九の扉　日本における《セビーリャの理髪師》の受容

力常設館にて帰国する東京音楽学校雇教師ユンケル氏の最後の大演奏会が予定され,「此程上海より帰朝せる問題の人原のぶ子はロシニー作のバルビール, シビリヤ及びアベマリア等得意の技を演ずべし」と報じたが[12], 実際に演奏されたかどうかは不明である。12月14日には東京音楽学校の学友会第3回土曜演奏会が催され, 永井いく子が「イル・バルビェーレ, ディ, シヴィーリエ 中ノ紋情調［セビーリャの理髪師の中のカヴァティーナ］」を歌った（『音楽』第4巻第1号, 大正2年1月[13]）。《セビーリャの理髪師》の日本初演が原信子の主演で行われるのはその5年後であるが, 上演母体となるローヤル館とロージから話を始めよう。

原信子

ローヤル館は, 帝国劇場歌劇部の指導者に求められて大正元年（1912年）に来日したイタリア人バレエ振付師ジョヴァンニ・ヴィットーリオ・ロージ（Giovanni Vittorio Rosi, 1867-?. 日本ではローシーもしくはローシと称される）が大正5年（1916年）5月に帝国劇場との契約を解消され, 私財を投じて設立した劇場である。大正5年10月1日に「赤坂紀尾井町の映画館万才館を大改装」して開館し,「場内に外国式の飲食の設備」を設けたが, 当時の法令で劇場新設が困難なことから「寄席として許可を取ったため, オペレッタの前に奇術とか講談のようなものを加えなければならなかった」。それでも「オーケストラは20名以上いて帝劇を上回り」「オペレッタの名作を小林愛雄の訳詞, 斉藤佳三の美術でほぼ原曲どおりに1日から25日まで続演して, あとは稽古という良心的な興行」（増井敬二）であった[14]。

ローヤル館では大正3年（1914年）2月1日にドニゼッティ《聯隊の娘［連隊の娘］》（第1幕のみ。25日まで続演）, 同年11月26日にベッリーニ《夢遊病［夢遊病の女］》（3場。25日まで続演）を, どちらも原信子とバリトンの清水金太郎の主演でレチタティーヴォを台詞に置き換えた小林愛雄の訳詞で上演した。その後大正5年（1916年）10月から大正7年（1918年）2月までの1年5カ月間にオッフェンバックの《天国と地獄》《美しきヘレナ［美しいエレーヌ］》《ボッカチョ》《ブム大将［ジェロルステイン大公妃殿下］》などを小林愛雄の訳詞で上演し, 大正6年（1917年）10月1日にはマスカーニ《カワ゛レリア［カヴァレリア］・ルスティカーナ》を原語で日本初演している（サントゥッツァ：原信子, トゥリッドゥ：田谷力三, アルフィオ：清水金太郎）。

223

《シギルリアの理髪師》の題名による《セビーリャの理髪師》日本初演はその翌月同じメンバーで予定されたが，11月1日初日のはずが11月3日と告知されたのは稽古中にロージと指揮者の石川太郎が喧嘩し，負傷した石川が退団したのが原因とされている。そして警察がかつらを着けた芝居の中止命令を出したため，土壇場でこの初日も流れてしまった。11月3日付『東京朝日新聞』はこの件を，「曩［さき］に警視庁保安部より観物取締規則を公布して劇場と寄席との区別をした同規則に依ると寄席で鬘［かつら］を着して芝居類似の観物興行を禁じてあるにも拘らず近来尚依然として娘コミックの如き小芝居を演じ盛に風儀を乱してゐるので数日前より警視庁保安部より各署へ命じて爾今寄席で鬘を着して演ずる観物を禁止する旨を伝達せしめた」と報じている[15]。

結局ロージと原信子が警察に陳情し，「ローシー・オペラ・コミック」を「ローシー・オペラ」と改名して特別に許可を得ることができた（オペラ・コミックの名称が警察の取り締まり対象である寄席の下品な「娘コミック」を想起させたらしく，前記新聞の見出しも「娘コミックの禁止」とある）。その結果，初日は11月13日にずれ込んだが，奇しくもその日はロッシーニ没後49年目の命日に当たっていた。これは小林愛雄の訳詞，石川伊十郎の背景製作による上演で，指揮は退団した石川太郎に代わって東洋音楽学校（明治40年に創設された日本初の私立音楽学校。東京音楽大学の前身）出身の23歳の篠原正雄が務めた。配役は，ロシナ：原信子，ベルタ：清水静子，フィガロ：清水金太郎，伯爵アルマギヷ：田谷力三，医師バルトロ：堀田金星，フィオレルロ：清水静子，士官：尾崎氏で，フィオレッロとベルタ役を同じ女性歌手が務めた[16]。11月16日，『都新聞』に次の批評が掲載された（白井嶺南・筆）。

　　　今度の演じ方は，詠嘆調や宣叙調など主なる独唱は大抵原詞其儘であって，聴き手にとり少なからぬ感興を起さしめた。［……］最も面白くそして聴きごたへのしたのは原信子氏の『心の奥に秘めし我が声』〈今の歌声〉を指す］の独唱であった。『わが手を君に捧ぐる迄は，あゝ待ちわびて涙ぞ流るゝ……』と歌ひゆくあたり，引入れらるゝ心地した，同氏の声の明快で力の籠って居たことが著しく注意された，知らず此人はロシニーものに適せるか［。]
　　　清水金太郎の独唱『理髪師の唄』は遉［さすが］に苦もなく表情も巧にやってのけた，併し嘗て同じ人の口から，原詞で聴いたことのある余は，何となく物足りず感ぜられ，是れにつけても一字一譜の日本語に訳する小

第九の扉　日本における《セビーリャの理髪師》の受容

　　林氏の苦心を察すると共に清水氏に対し気の毒に感ぜられた [。]
　　　二部合唱 [二重唱] では前記二氏の『それは真実か』の歌である，あの
　　対話から歌にうつる呼吸や互ひに歌ひかはす小節のずっくり気が合ふて居
　　る辺，如何ばかり清爽を覚えしか [。]
　　　もっと振ふべかりし田谷氏は何時ものうま味を味はしてくれなかった持
　　役のせいか静子氏は例の輪廓のはっきりした声を聴かしてくれなかったの
　　で聊か淋しみを感じた [。] [17]

　この批評だけでは判然としないが，訳詞以外に原詞（イタリア語）で歌った
曲もあったようだ。『音楽界』第 199 ～ 201 号（大正 7 年 5 ～ 7 月）掲載の河野
良助「ローシーオペラ没落史」には，「原信子嬢のロシナはよく柄にはまった。
然も『心の奥に秘めし我声』のところのソロは楽々と歌はれて快感を与へた。
清水金太郎氏の理髪師は些か臭味があったが中々発揮した」とある [18]。
　《カワ゛レリア・ルスティカーナ》と《シヰ゛ルリアの理髪師》はローヤル館
が初めて満員の札を出す盛況であったが，翌月上演したオードラン《マスコッ
テ [マスコット]》では小林愛雄がロージの契約違反を非難して今後協力しない
と声明を出し，原信子も何らかの理由で出演せず退団に至るトラブルを生じた。
そして翌大正 7 年には清水金太郎・静子夫妻が去り，残ったメンバーが同年 2
月に行った《椿姫》日本初演（訳詞上演）を最後に，ローシー一座とローヤル
館の歴史に幕が下ろされたのだった。

浅草オペラのロッシーニ上演

　かくして民間オペラの拠点は浅草に移る（以下，浅草以外の劇場も含めた大正期
の民間オペラ興行全般を「浅草オペラ」と称して記述する）。ローシー・オペラがほぼ
原曲どおりに訳詞上演したのに対し（ただし，レチタティーヴォは台詞に置き換え），
浅草オペラの興行は抄演というよりも部分上演に近い形態で，素人同然の役者
兼歌手が日本語で歌った。例えば金竜館では芝居やヴォードヴィルなどと共
に通例 5 ～ 6 演目が，昼の部と夜の部に分けて 1 日 2 回興行されていた。そ
れぞれの部は正味 6 時間で，午前 10 時過ぎから夜 11 時くらいまで約 12 時間，
ほぼ通しで客の入れ替えなしに上演が続いたという。オーケストラの規模は 5
～ 6 名から 15 名程度と幅があり，編成はヴァイオリン，ヴィオラ，コントラ
バス，クラリネット，ピアノで，若干の金管楽器も加わったようだ。楽譜もピ

225

アノ譜から小編成の楽団に合わせて適当にアレンジし，「耳に親しい歌だけを適当に集めて編曲」して演奏した[19]。

大正期の民間オペラとその演目は増井敬二『日本のオペラ』付録61～69頁「名作歌劇上演一覧表（帝劇，ローヤル館，浅草オペラ）」にまとめられており，人気上位の3作がスッペ《ボッカチョ》，オードラン《マスコット》，プランケット《コルヌヴィルの鐘》と判る。ヴェルディは《椿姫》《リゴレット》《トロヴァトーレ》《アイーダ》が上演され，ベルカント物は《セビーリャの理髪師》，ドニゼッティ《愛の妙薬》《連隊の娘》の人気が高かった。

浅草オペラにおける《セヴィラの理髪師》——以下，大正期の邦題としてこれを用い，資料で明らかな別題を随時用いる——はローシー・オペラの楽譜が原本と思われ，ローヤル館での日本初演の翌年，大正7年（1918年）4月24日から原信子一座が観音劇場（東京歌劇座）で上演を開始した。大正8年（1919年）1月24日には清水金太郎と原信子の合同で駒形劇場の上演が始まり，同年4月30日から金竜館（七声歌劇団），8月31日から日本館でも演目にされている。

ほどなく七声歌劇団は中核メンバーの清水夫妻，田谷力三，安藤文子らが新星歌舞劇団に移籍したため弱体化し，同年10月末から金竜歌劇団と合同して根岸歌劇団（発足時の名称は根岸喜歌劇団）と称して活動するとともに，大正9年（1920年）1月31日から金龍館で《セヴィラの理髪師》の上演を開始した（木村時子出演）。これに対し，大正8年5月に誕生した新星歌舞劇団は，清水夫妻，田谷力三，安藤文子らの移籍で水準を上げ，四大都市を巡演して「名実共に日本一の歌劇団」となり，大正9年7月14日から横浜座で《セヴィラの理髪師》を上演した。この新星歌舞劇団は松竹と関係していたが，金竜館による引き抜きで全員が根岸歌劇団に移籍して同年8月末に消滅し，根岸大歌劇団（根岸歌劇団）が誕生した。

これ以後，浅草オペラは金竜館を舞台に根岸歌劇団の独壇場となり，大正9年9月から12年9月1日の関東大震災まで3年間，黄金時代を築き上げる。その全演目は増井敬二『浅草オペラ物語』（音楽現代社，1990年）の付録に掲載されており，大正9年（1920年）11月18日（初日～同月28日）に《セヴヰラの理髪師》（ロジーナ：安藤文子，フィガロ：清水金太郎，バルトロ：堀田金星[20]），翌大正10年8月2日（～同月11日）に「《バルビエ》の一節」，10月21日（～11月2日）に《セヴヰラの理髪師》（ロジーナ：安藤文子，伯爵：町田金嶺，フィガロ：黒田達人，バルトロ：藤村梧朗[21]），続く大正11年6月28日（～7月11日）と大正

12年5月31日（〜6月12日）にこれを上演した（いずれも抄演）。

浅草オペラは大正12年9月1日の関東大震災で壊滅的打撃を受けたが，大正13年1月22日から根岸歌劇団が早稲田劇場，同年6月9日から森歌劇団が浅草に急設されたバラック建築のオペラ館で《セヴィラの理髪師》の上演を始めている（森歌劇団は田谷力三や清水夫妻を含むメンバーで組織された）。しかしながら，浅草オペラは大正14年10月に事実上終焉した[22]。

海外歌劇団の来日による本格的上演

浅草オペラが歌劇の大衆化に貢献した大正期は，日本で初めてオペラの本格的上演が行われた時代でもあった。それが大正8年に始まる露西亜大歌劇（露國大歌劇團）の来日と，続くカーピ伊太利大歌劇の来日公演で，その最初となる第1回露西亜大歌劇の来日は大正8年（1919年）に行われ，全41回の公演を，東京，横浜，神戸，大阪，京都で行った（9月1日〜10月9日。上演作品は次の10演目──《リゴレット》《椿姫》《アイーダ》《ファウスト》《カルメン》《ラクメ》《トスカ》《カヴァレリア・ルスティカーナ》《道化師》《ボリス・ゴドゥノフ》。以上，順不同）。これは歌手23名，管弦楽35名，合唱20名，バレエ・ダンサー4名，指揮者2名のほか舞台監督と複数の役員も同行した本格的巡業で[23]，《アイーダ》初日の批評は，「浅草あたりの小さなオペレットしか見てゐない我国人には，一日から帝劇に上演した露国グランド・オペラ団の来朝は寧ろ驚異である…舞台装飾の壮大なこと、登場人物の多数とに驚きの眼を見争［みは］る…アイダのソプラノの美音に魅せられた…ラダメス大尉のテノールに酔はされた」と，初めて本物のオペラを観た感激を記している[24]。

大正10年（1921年）の第2回露西亜大歌劇来日では演目に《セヴィルの理髪師》が含まれ，合計67の公演を，神戸，大阪，京都，東京，横浜，名古屋で行った（9月1日〜11月19日。上演作品は1作のバレエを含めて次の17演目──《セヴィルの理髪師》《リゴレット》，《トロヴァトーレ》《椿姫》《アイーダ》《ファウスト》《ロミオとジュリエット》《カルメン》《ミニョン》《タイス》《ルサルカ》

第2回露西亜大歌劇
《セヴィルの理髪師》プログラム
（大正10年。筆者蔵）

［ダルゴムイスキー］,《スペードの女王》《エウゲニ・オネーギン》《ボエーム》《蝶々夫人》《道化師》［バレエ《月下の愛》併演］。以上,順不同)。これは歌手 26 名, バレエ 7 名, 指揮者 2 名, 合唱, 管弦楽, 役員ほかを含めた総員 78 名の大所帯による来日で,《セヴィルの理髪師》は 9 月 23 日帝国劇場の昼公演と 10 月 13 日有楽座の合計 2 回のみだが, 日本初の本格的ロッシーニ上演となった。配役は, ロジーナ：カザンスカヤ, ベルタ：ロシエーヴァ, 伯爵：スヴェトノフ, フィガロ：グルレンコ, バルトロ：トゥルチノフである[25]。

主催者カルピ

露西亜大歌劇がロシア語による歌唱であるのに対し, イタリア・オペラをイタリア語で上演したのが大正 12 年 (1923 年) に始まるカーピ伊太利大歌劇の来日公演である。イタリア人カルピ (A.Carpi. フルネームと生没年不詳) 率いるカーピ伊太利大歌劇の第 1 回来日は,《ノルマ》と《ランメルモールのルチーア》の日本初演を含む合計 30 の公演を, 東京, 横浜, 名古屋, 京都, 大阪, 神戸で行った (1 月 26 日〜2 月 24 日。上演作品は次の 14 演目——《セヴィラの理髪師》《ノルマ》《ルチア》《リゴレット》《トロヴァトーレ》《椿姫》《アイーダ》《ファウスト》《カルメン》《ボエーム》《トスカ》《蝶々夫人》《カヴァレリア・ルスティカーナ》《道化師》)。

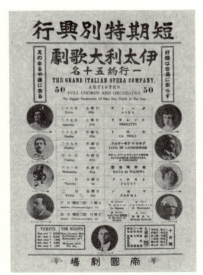

カーピ伊太利大歌劇のチラシ
(大正 12 年。筆者蔵)

歌手はソプラノ 3, メッゾソプラノ 4, テノール 4, バリトン 3, バス 5 の合計 19 名からなり, 指揮者 1 名, 合唱, 管弦楽を含めた総員は 50 名[26]。《セヴィラの理髪師》は 2 月 4 日の帝国劇場昼公演 1 回きりだが, これが原語による本格日本初演となった。配役は, ロジーナ：デルザ, ベルタ：モランティ, フィガロ：ビガルディ, バルトロ：ニコティである。カーピ伊太利大歌劇の第 1 回公演に関して山田耕筰は, 「絃七人, 木管三人, 真鍮［金管楽器］三人にピアノを

第九の扉　日本における《セビーリャの理髪師》の受容

加へた十四人の外人団故，歌劇の管絃楽として貧弱」「指揮者カスタニー氏に
もう一段の優れた芸術的洞察と，指揮者としての配慮があったならば」としな
がらも，「質に於いては露西亜歌劇よりはまさってゐる」と 2 月 4 日付『時事
新報』に記している [27]。カスタニー氏と書かれた指揮者はカルメロ・カスタニ
ーノ（Carmelo Castagnino）で，後述するカーピ伊太利大歌劇の第 2 回と第 5 回
にも同行している [28]。

第 2 回カーピ伊太利大歌劇来日公演（大正 14 年）……2 年後の大正 14 年（1925
年），カーピ伊太利大歌劇が再来日し，合計 38 の公演を，東京，大阪，京都，
神戸で行った（3 月 1 日～4 月 9 日。上演作品は次の 15 演目──《セビラの理
髪師》，《エルナーニ》《リゴレット》《トロヴァトーレ》《椿姫》《アイーダ》《オ
テロ》《ファウスト》《カルメン》《ジョコンダ》《ボエーム》《トスカ》《蝶々夫
人》《カヴァレリア・ルスティカーナ》《道化師》)。歌手はソプラノ 5，メッゾ
ソプラノ 3，テノール 6，バリトン 5，バス 2 の合計 21 名からなり，指揮者カ
スタニーノと副指揮者，バレエ，合唱，管弦楽を含めた総員は 70 余名である [29]。
《セビラの理髪師》または《セヴィラの理髪師》（告知とプログラムにどちらも使
用）は 3 回上演され（3 月 8 日と 15 日の帝国劇場昼公演，21 日の大阪宝塚中劇
場)，ロジーナ：スリナク，ベルタ：バラリン，伯爵：ジレッタ，フィガロ：ス
カムッツィ，バルトロ：パテルナ，バジーリオ：ミロッキ，フィオレッロ：チェ
ザリ，軍曹：バロンティニのうち一流と見なしうるのは，フィガロ役のヴィクレ
ッフォ・スカムッツィ（Vicleffo Scamuzzi, 1887-1955）のみである [30]。

第 3 回カーピ伊太利大歌劇来日公演（大正 15 年）……翌大正 15 年（1926 年），
カーピ伊太利大歌劇の第 3 回来日公演が行われ，合計 35 の公演を，東京，大
阪，京都，神戸で行った（3 月 10 日～4 月 13 日。上演作品は次の 15 演目──
《セビラ［セヴィラ］の理髪師》《ルチア》《リゴレット》《トロヴァトーレ》《椿
姫》《アイーダ》《オテロ》《ファウスト》《カルメン》《マノン》《ボエーム》《ト
スカ》《蝶々夫人》《カヴァレリア・ルスティカーナ》《道化師》)。歌手はソプラ
ノ 5，メッゾソプラノ 5，テノール 6，バリトン 4，バス 2 の合計 22 名からなり，
指揮者カントーニ（Cantoni）と副指揮者，バレエ，合唱，管弦楽を含めた総員
は 70 余名であった [31]。《セビラの理髪師》は 3 月 21 日帝国劇場昼公演の 1 回の
みで，配役は，ロジーナ：センザ，ベルタ：バラリン，伯爵：ベロッチ，フィガ
ロ：スカムッツィ，バルトロ：ベレッチ，バジリオ：マウセリ，軍曹：バロンテ

229

ィニ[32]。同年9～10月には第3回露西亜大歌劇の来日公演が行われたが，全9演目にロッシーニ作品は含まれなかった[33]。

以上が《セビーリャの理髪師》を演目に含む，大正期の海外オペラ団来日公演の概要である。

大正期の楽譜出版とロッシーニ評価

浅草オペラの人気曲は，セノオ楽譜や愛音會などの新興楽譜出版社からピースの形で出版され，愛唱歌となった。声楽ピースの最初はローヤル館の日本初演に先立って小林愛雄が出版した愛音會版「歌劇 セヴィラの理髪師の歌」で，ロジーナのカヴァティーナ前半部のみが「心の奥に祕めしわが聲」で始まる訳詞と共に掲載されている（詳細は，日本ロッシーニ協会ホームページ掲載の拙稿「大正～昭和初期のロッシーニ声楽譜とその原本」を参照されたい）。

愛音會版「歌劇セヴィラの理髪師の歌」（大正6年）とセノオ版「歌劇セヴィラの理髪師」（第5版，大正13年。共に筆者蔵）

器楽編曲の楽譜も同時期に出版された。これは，ピアノ，オルガン，ヴァイオリン，ハーモニカ，マンドリンその他の楽器の普及で簡便な編曲譜が求められたためである。ハーモニカ用の数字譜の本格的出版は「春柳振作が1921年［大正10年］に白眉出版社から刊行した一連の独奏曲集」に始まり，「春柳本についで，川口章吾，佐藤秀郎，松原千加士，宮田東峰らの個人や団体がピースや楽譜集を続々と刊行し，大正末期から昭和初期にピークを迎えた」（尾高暁子「両大戦間期の中日ハーモニカ界にみる大衆音楽の位置づけ[34]」）。とりわけ有名なのが「ハーモニカの父」と呼ばれる川口章吾（1892-1974）が大正12年（1923年）12月に共益商社書店から出版を開始した「川口章吾編 ザ モスト ポピュラー ハーモニカ ピース」，その記念すべき第1編が「ゼビラノ理髪師」であった（ロジーナのカヴァティーナが前奏と後奏を含めて数字譜に編曲）。

既述のように，ロッシーニとその作品については明治末期に初歩的な紹介が

なされ，大正期には歌劇団の来日公演に合わせて『筋書』も販売された。これに伴いロッシーニへの評価が上がり，大正5年に出版された富尾木知佳『西洋音樂史綱』（共益商社）は《セビーリャの理髪師》を，「怜悧且光輝燦爛たる作曲たり」と記している[35]。続いて出版された大田黒元雄『歌劇大觀』（音樂と文學社，大正6年）が日本初の優れたオペラ解説書となり，その大正14年改訂増補版（第一書房）は現在のオペラ本と遜色ない内容を備えている。そこではロシニの《セヴィラの理髪師》《セミラミデ》《ウイリアム・テル》が紹介され，パイジェッロに配慮して《セヴィラの理髪師》の題名を特に《アルマヴィヴァまたは無益な用心》としたのにパイジェッロ派があらゆる妨害を試みて初演が大失敗した，序曲を旧作から転用した，第2幕歌の稽古の場でプリマ・ドンナが得意な曲を歌う習慣があると紹介し，このオペラは短期間に作曲されたが「猶この作の音樂がその初演後百年以上を經過した今日，人に清新の感を興へるのは感嘆に價するではないか？」と結んでいる[36]。

川口章吾「ゼビラノ理髪師」
（大正12年。筆者蔵）

興味深いのは，ボーマルシェの原作劇の日本語訳がロッシーニ作品の日本初演の7年後，大正13年4月に現れたことである（ボオマルセエ『セ井ﾞルの理髪師』井上勇訳，聚英閣版）。これは外箱，本の背紙，扉に『フィガロの結婚』とのみ記されているが，翻訳は『セ井ﾞルの理髪師』『フィガロの結婚』の順に掲載され，3年後（昭和2年）には外箱，本の背表紙，扉の記載を『セ井ﾞルの理髪師』としたものが再刊されている（扉と奥付以外の部分は大正13年と同じ。どちらも登場人物の名前は，アルマ井ﾞイワﾞ伯爵，バルトロオ，ロヂイヌ）。

昭和元年から昭和8年までのロッシーニ上演

大正15年（1926年）12月25日，大正天皇が崩御し，元号が昭和となってしばし歌舞音曲が停止された。翌，昭和2年（1927年）3月，カーピ伊太利大歌劇の第4回来日公演が行われ，《仮面舞踏会》《ホヴァンシチーナ》《マノン・レスコー》の日本初演を含む18演目を上演した（3月10日〜4月5日。東京と大阪で合計28公演[37]）。歌手はソプラノ7，メッゾソプラノ5，テノール4，バリトン4，バス1の合計21名からなり，指揮者や管弦楽を含めた総員は80

余名または 75 名であった[38]。《セヴィラの理髪師》は 3 月 18 日の帝国劇場 1
回のみで，指揮はガエターノ・コメッリ（Gaetano Comelli, 1894-1977）。配役は，
ロジーナ：カルガッティ，ベルタ：スミルノワ，伯爵：ベロッティ，フィガ
ロ：スカムッツィ，バルトロ：ベレッティ，バジリオ：マウチエリ，軍曹：バ
ロンティニであった[39]。

　カーピ伊太利大歌劇は昭和 4 年（1929 年）3 月に第 5 回来日公演を行い，《セ
ヴィラの理髪師》（公演プログラムでは《セビラの理髪師》）を含む 16 演目を上演し
た（3 月 16 日～4 月 3 日。東京と名古屋で合計 20 公演。《マノン》日本初演含む）。歌手
はソプラノ 6，メッゾソプラノ 3，テノール 5，バリトン 4，バス 3 の合計 21
名からなり，指揮者カスタニーノと副指揮者，バレエや管弦楽を含む総員は
80 余名であった[40]。《セヴィラの理髪師》は 3 月 24 日の帝国劇場昼公演 1 回
のみで，配役は，ロジナ：フェルリート，ベルタ：チエリ，アルマヴィヴァ
伯爵：タンミネロ［正しくはトゥンミネッロ］，フィガロ：リアリ［レアーリ］，バ
ルトロ：ベレッティ［ベッレッティ］，ドンバシリオ：マウチエリ［マウチェーリ］，
フィオレロ：コンティニ［コンティーニ］，軍曹：バロンティニ［バロンティーニ］
であった[41]。この第 5 回は前回にも増して好評を得た。

　翌月には著名なコロラトゥーラ・ソプラノ，アメリータ・ガッリ＝クルチ
（Amelita Galli-Curci, 1882-1963. 日本ではガリクルチと称された）が来日し，帝国劇場
で演奏会を開いた（4 月 26，28，30 日）。これは世界的プリマ・ドンナの日本初
リサイタルと位置づけて良く[42]，その第 1 夜にロッシーニの「タランテラ」と
歌劇「セヴィルの床屋」ロジーナの歌，第 3 夜では歌劇「セヴィルの床屋」
のロジーナの歌，プロッホ作曲による歌劇「セヴィルの床屋」中の音楽練習曲
（主題と変奏）が歌われた[43]。プロッホの主題と変奏は，5 月 12 日帝国劇場の
「ガリクルチ女史告別大音樂會」でも歌っている[44]。

　昭和 5 年（1930 年）3 月には第 6 回カーピ伊太利大歌劇が来日したが，「英船
セント・アルバン号で 18 日に神戸に着いた一行 50 名（一部先着）のうち，47
名がパスポートの期限切れで上陸禁止となり，予告済みの帝劇公演と放送だけ
という条件で入国許可[45]」されるアクシデントが起きた。その結果，当初予定
を大幅に減らし，3 月 21 日～30 日に次の 9 演目を帝国劇場で上演しただけ
で終わった（合計 12 公演。これとは別に 3 月 31 日に《椿姫》を放送）──《セヴィ
ラの理髪師》，ドニゼッティ《ルチア》，ヴェルディ《リゴレット》《椿姫》《ア
イーダ》，グノー《ファウスト》，ビゼー《カルメン》，オッフェンバック《ホ
フマン物語》，プッチーニ《ボエーム》，マスカーニ《カヴァレリア・ルステ

232

第九の扉　日本における《セビーリャの理髪師》の受容

ィカーナ》，レオンカヴァッロ《道化師》（《カヴァレリア・ルスティカーナ》と二本立て）。歌手はソプラノ 4，メッゾソプラノ 4，テノール 5，バリトン 2，バス 3 の合計 18 名からなり，指揮者や管弦楽を含めた総員は 53 名であった。《セヴィラの理髪師》は 3 月 30 日の帝国劇場夜公演 1 回のみで，配役は，ロジーナ：デ・アルバ，ベルタ：ブガメリ，伯爵：トゥムミネッロ，フィガロ：レアリであった[46]。カーピ伊太利歌劇団は同年解散してしまうが，原因は日本公演の縮小による経済的打撃のみならず，前年 10 月に始まった世界恐慌の影響もあったようだ。

　昭和 6 年（1931 年）4 月 21 日には著名なソプラノ，トーティ・ダル・モンテ（Toti dal Monte, 1893-1975）が夫のテノール，エンツォ・デ・ムーロ＝ロマント（Enzo De Muro-Lomanto, 1902-52）と共に来日し，同月 26 ～ 28 日と 30 日に帝国劇場で異なる曲目による 4 回の演奏会を行った（当初 29 日も含めた 5 回が告知されていた）。ルチア狂乱の場を含め多数の曲が歌われたが，ロッシーニ作品は第 1 夜の歌劇「セビルの床屋」より「ウナ・ヴォーチェ」のみである。一連の演奏は高い評価を得た[47]。

　同年 5 月 28 日には，報知講堂で東京オペラ・コミック劇場の第 1 回公演に《セヴィラの理髪師》が上演された（上演時の正確な題名は不明。出演は清水静子，大庭節，和気日出松ほか[48]）。6 月 10 日には清水金太郎・静子夫妻の東京歌劇座が《セヴィラの理髪師》を上演した（正確な題名は不明[49]）。しかし，9 月以降は満州事変の余波でオペラや音楽会が徐々に不入りになった。

　昭和 8 年（1933 年）1 月 29 日には伊太利サンカルロ大歌劇が初来日し，2 月 1 ～ 16 日，3 月 1 ～ 26 日に次の 12 演目を，大阪，東京，名古屋で上演した（合計 40 公演。2 月 11 日からニュージーランド他との契約で一時離日）――《セヴィラの理髪師》，ドニゼッティ《ルチア》，ヴェルディ《リゴレット》《トロヴァトーレ》《椿姫》，グノー《ファウスト》，ビゼー《カルメン》，プッチーニ《ボエーム》《トスカ》《蝶々夫人》，マスカーニ《カヴァレリア・ルスティカーナ》，レオンカヴァッロ《道化師》（《カヴァレリア・ルスティカーナ》と二本立て）。歌手はソプラノ 6，メッゾソプラノ 3，テノール 3，バリトン 5，バス 5 の合計 22 名からなり，指揮者や管弦楽を含めた総員は 65 余名であった。

　《セヴィラの理髪師》は 2 月 8 日，9 日（大阪宝塚中劇場），3 月 9 日（飛行館），22 日（大阪宝塚中劇場）の 4 回。配役は，ロジーナ：ヴァルディ，ベルタ：ベレット，伯爵：ローヨ，フィガロ：カヴァッロ／ジョヴァンニ，バルトロ：シラヴォ，バジリオ：マウチェリであった[50]。けれども全体に評価が低く，「主

233

役準主役のみの場面においては芸術的な統制が舞台を引きしめるがその他の場合には素人芝居じみた混乱」、異なる作品への背景の転用は「作者及び観客に対する侮辱」と酷評された[51]。そしてこれ以後，1956年のNHKイタリア歌劇まで海外歌劇団の来日が途絶したのであった。

昭和9年から昭和20年8月までの歩み

　昭和9年（1934年）6月1〜10日，築地小劇場で日本樂劇協會／金曜會がボーマルシェの劇『セギーラ［セギール］の理髪師』を管弦楽伴奏による市川元の音楽付きで上演した（総監督：山田耕筰[52]）。

　昭和10年（1935年）6月にはガッリ＝クルチが再来日し，6月10日（日比谷公会堂）と12日（軍人会館）に演奏会を行い，その初日にロシニの「タランテラ」を歌った[53]。二・二六事件の起きた昭和11年（1936年）には，10月21〜23日に軍人会館でヴォーカル・フォアが第3回オペラ公演に《セヴィラの理髪師》を部分上演した。指揮：斎藤秀雄，演出：金杉淳郎，新交響楽団，ヴォーカル・フォア合唱団，出演は，滝田菊江，永田弦次郎，内田榮一，横田孝，日比野秀吉ほか[54]。余談であるが，後に藤原義江は，この年の秋にベルリーンのホテルで著名なロシア人のバス歌手フョードル・シャリアピン［シャリャーピン］（Fyodor Ivanovich Chaliapin, 1873-1938）と会った際に，日本を再訪して《セヴィラの理髪師》をやる計画への協力を求められたと語っている。シャリアピンがバジーリオを歌い，フィガロにイタリア人バリトン歌手を同伴し，指揮者もパリから連れてゆく，日本では他の役と合唱団，オーケストラを用意してくれればいい，と言うので翌年帰国して相談し始めたが，シャリアピンがパリで急逝して頓挫したという。藤原は，実現したら「おおよそ一番たのしい立派な《セヴィラの理髪師》であったろうと思うと，かえすがえすも残念でたまらない」と述懐している（「《セヴィラの理髪師》の想い出」[55]）。

　昭和13年（1938年）5月30日，軍人会館にて金子多代の第1回独唱会の中で，新演出による歌劇《セヴィラの理髪師》第1幕第1・2場が服部正編曲で上演された（伴奏：ブリューネットアンサンブル[56]）。

日本樂劇協會／金曜會『セギーラの理髪師』（昭和9年。筆者蔵）

第九の扉　日本における《セビーリャの理髪師》の受容

11月18日には阿南忍が日比谷公会堂で第1回発表会を開き，その第2部で三浦環訳詞による《セヴィラの理髪師》全2幕3場を上演した（指揮：山本直忠，演出：三浦環[57]，中央交響楽団，配役は，ロジーナ：阿南忍，伯爵：渡辺光，フィガロ：大橋勝雄，バルトロ：三浦環，バジリオ：足立一郎ほか）。11月23日には日本青年館にて三浦環歌劇学校が第1回歌劇公演を行い，その第2部に《セヴィラの理髪師》全2幕3場を三浦環の訳詞で上演した（指揮：山本直忠，演出：三浦環，装置：中村鐵太郎，中央交響楽団，配役は，ロジーナ：菅美沙緒，伯爵：渡辺光，フィガロ：大橋勝雄，バルトロ：三浦環，バジリオ：足立一郎ほか）。三浦環は禿のかつらを着け，男装してバルトロを演じて観客を笑わせたという[58]。

ちなみに同年，岩波文庫の進藤誠一訳『セヴィラの理髪師』が出版され（昭和13年7月初版），解題に『セヴィラの理髪師』の題名が「世界的に普及してゐるのは，寧ろロッシーニの名作によることの方が多いかも知れない。この點，モーツアルトによる「フィガロの結婚」の歌劇化の場合と全く同様であるのも面白い」と書かれている（初版，142頁）。

昭和15年（1940年）には紀元2600年を祝う演奏会が催され，昭和16年12月8日の対米英宣戦布告により日本は本格的な戦時体制下に入った。昭和17年（1942年）になると敵性文化排撃の動きが顕在化し，楽壇で片仮名追放の申し合わせが行われた――「米英膺懲戦の火蓋切らるるや，国内凡ゆる部面において敵性文化排撃の機運が熾烈となつてゐるが，楽壇でも米英の音楽禁止を申し合せたほか外国依存の精神を駆逐して日本的形式を採るため，従来米英風の名称を用ひてゐた音楽団はこの際全部之を廃止することとなり［後略］」（『都新聞』昭和17年1月18日[59]）。その結果，ヴォーカル・フォアが日本合唱團，ビクターが勝利（続いて「勝鬨」）と改称した。

音楽会も軍人援護などの名目で行われたが，昭和15年に締結された日独伊三国同盟によりドイツとイタリアの音楽は排斥されず，またフランス音楽もドイツがフランスを占領したため排除されなかった。それゆえ昭和17年2月21日に日比谷公会堂で行われたグルリット指揮東京交響楽団の恤兵金献納演奏会ではベートーヴェンの交響曲第5番「運命」と共に《ウイリアム・テル》序曲が演奏され，4月19日に日比谷公会堂で行われた第3回新交響楽団の日曜演奏会ではベートーヴェンの交響曲第6番と共に《泥棒かささぎ》序曲が演奏されたのだった[60]。

ほどなく演奏家協会が「米英撃滅戦大東亜の第二段」に，「最も敵性の影響を受けてゐる軽音楽の粛正のため」ジャズを排撃する懇談会を開いた。そこで

235

は「かねて粛正を要望されてゐる浅草興行街におけるヴァラエテー，レヴューなどの敵国，敵性音楽撃滅」のための委員会を組織し，自粛する態勢づくりも発議されている（昭和18年1月1日付『音楽文化新聞[61]』）。昭和18年（1943年）1月13日には内務省と情報局が米英楽曲の一覧表（ジャズを中心に約1,000曲。レコード含む）を作成し，その演奏禁止を通達した[62]。2月にはコロムビアが日蓄工業株式会社と社名を変更した（これに先立ち，日本ポリドールは大東亜と改名）。

　戦時体制下でもかろうじてオペラを上演し続けたのが藤原義江歌劇團である。藤原義江歌劇團は昭和9年（1934年）6月7・8日日に日比谷公会堂で藤原義江を中心に《ラ・ボエーム》を上演して誕生し，昭和10年に《リゴレット》と《トスカ》を原語上演していた。戦時下の昭和17年には歌舞伎座で《トスカ》《ローエングリン》を上演，昭和18年は4月に東京劇場で《ラ・ボエーム》を臨時上演したのに続いて，5月26～29日に歌舞伎座で弘田龍太郎《西浦の神》と《セヴィラの理髪師》を併演した（全5回）。訳詞：日比野秀吉，指揮：マンフレット・グルリット，演出：堀内敬三，管弦楽：東京交響樂團，合唱：日本合唱團。配役は次のとおり。

藤原義江歌劇團 《セヴィラの理髪師》[63] ＊ 弘田龍太郎《西浦の神》初演と併演	昭和18年（1943年）5月28～30日（全5回） 会場：歌舞伎座 ＊　29，30日は昼夜。
訳詞：日比野秀吉 指揮：マンフレット・グルリット 演出：堀内敬三 装置：三林亮太郎 管弦楽：東京交響樂團 合唱：日本合唱團	ロジーナ：大谷冽子／高柳二葉（29日昼・30日夜） アルマヴィヴァ伯爵：藤原義江 フィガロ：内田榮一／留田武（29日夜・30日昼） バルトロ：日比野秀吉 バジリオ：村尾護郎 ベルタ：鈴木三重子 フィオレロ：波岡惣一郎

出典：公演プログラム

　これは藤原義江歌劇團初のオペラ・ブッファ上演で，日比野秀吉の訳詞を使用してレチタティーヴォを台詞に置き換え，楽曲にも大幅なカットが施された。《西浦の神》が酷評され，経済的に大打撃を蒙ったが，《セヴィラの理髪師》については「相当の出来であった。この種の喜歌劇的にも一同仕草が上達した

第九の扉　日本における《セビーリャの理髪師》の受容

ことは悦ばしい」(野村光一・筆『毎日新聞』5月30日)，「劇そのものゝ興味と演技の進歩によって多少は観られたが演奏は一般に甚だ不十分であった」(園部三郎・筆『朝日新聞』6月1日)と評されている[64]。同年9月『音楽公論』第3巻第9号には，久保田公平による次の評も掲載された。

藤原義江歌劇團公演プログラム
(昭和18年。筆者蔵)

> 《セヴィラの理髪師》は，三林亮太郎の装置が時局がらグランドオペラの重厚さをもたなかった，また何よりも喜劇的演技が歌舞伎座の舞台のものではなく，軽演劇的要素が目立った。この点は青山杉作の演出が，歌手たちを役者として扱ったことにもよっている。これを機会に演技的訓練の再出発を行うべきだ。次の機会には省略なしで再演してもらいたい。演奏は，東京交響楽団と指揮のグルリットは特に言うべきことなし。留田武は最上のフィガロ，大谷冽子(ロジーナ)も音色と歌の細かい注意がよい。高柳二葉(ロジーナ)も悪くないが，口先の甘さが気になる。(概略)[65]

後に木村重雄は，「バルトロがうまくなくてね。あの早口のアリアでひっかかったり……」と述懐している[66]。

昭和19年(1944年)には戦況が悪化し，2月26日に藤原義江歌劇團が大阪北野劇場で上演した《フィデリオ》が戦時下最後のオペラ上演となる。そして昭和20年(1945年)3月10日未明の東京大空襲，8月6日の広島，9日の長崎への原子爆弾投下を経て，8月14日にポツダム宣言が受諾され，翌15日の玉音放送により終戦を迎えたのだった。

終戦から昭和29年までの歩み

8月15日の終戦からほどなく，日本はアメリカの占領下に入った。9月には戦後初のオーケストラの演奏会が開かれ，声楽を含む各種コンサートも復活したが，オペラの上演は昭和21年(1946年)1月27～31日に藤原義江歌劇團が帝国劇場で行った《椿姫》が最初で，ほどなく長門美保歌劇研究所や原信子の東京歌劇協会も上演を行った。

最も活発に活動した藤原義江歌劇團は，昭和22年の《ラ・ボエーム》《タンホイザー》《カルメン》を経て，昭和23年（1948年）3月に帝国劇場で《セヴィラの理髪師》を日比野秀吉の訳詞で上演した（戦後初のロッシーニ上演。3月5〜20日，23日，24〜30日昼夜，合計31回）。指揮：マンフレット・グルリット，演出：青山圭男，装置：三林亮太郎，管絃楽：東寶シンフォニー，合唱：藤原歌劇團合唱部。配役は次のとおり[67]。

藤原義江歌劇團 《セヴィラの理髪師》	昭和23年（1948年）3月5〜20日，23日， 24〜30日昼夜（全31回） 会場：帝国劇場
訳詞：日比野秀吉 指揮：マンフレット・グルリット 演出：青山圭男 装置：三林亮太郎 照明：橋本義雄 衣装：吉村倭一 管弦楽：東寶シンフォニー[68] 合唱：藤原歌劇團合唱部	ロジーナ：大谷洌子／砂原美智子 アルマヴィヴァ伯爵：藤原義江 フイガロ：宮本良平／藤井典明 ドクトル　バルトロ：日比野秀吉 ドン，バシリオ：下八川圭祐／村尾護郎 ベルタ：小森智慧子／城須美子 フィオレロ：倉田芳雄 巡羅隊の隊長：宮崎健太郎

出典：上演脚本，1-2頁

　その『上演脚本』には昭和18年に同歌劇団が行った大幅なカットを復活させると書かれているが[69]，後に宮沢縦一は，バレエ《イーゴリ公》との併演のためカットして上演したと語っている[70]。使用された訳詞台本を見ると，第2幕歌の稽古の場にロジーナが「（適当の歌一曲歌ふ。）」とあり[71]，曲は不明ながらアリアが挿入されたようだ。ほどなく藤原義江歌劇團は同じプロダクションで《セヴィラの理髪師》を大阪と名古屋で公演し，大阪朝日会館では5月15〜17日に全5回（主催：朝日新聞大阪厚生事業団。スタッフ・配役は帝国劇場と同じ），名古屋宝塚劇場では6月16，17日に全2回上演した（出演：砂原美智子，藤原義江，宮本良平，日比野秀吉，下八川圭祐，城須美子，倉田芳雄）[72]。

　翌，昭和26年（1951年）3月，藤原義江歌劇團は3回の米国留学ドル募金の米軍公演を日比谷公会堂で行い，その2回目（3月14日）に《セヴィラの理髪師》を上演した（指揮：上田仁，ロジーナ：大谷洌子。他の2演目は《蝶々夫人》と《椿姫》）[73]。

　昭和28年（1953年）には藤原義江歌劇團が2月2〜8日に新宿劇場で《椿

第九の扉　日本における《セビーリャの理髪師》の受容

姫》と《セヴィラの理髪師》を昼夜交互に上演した。《セヴィラの理髪師》は
全7回，訳詞：日比野秀吉，指揮：森正，演出：青山圭男，管弦楽：東京交
響楽団，合唱：藤原歌劇団合唱部。配役は次のとおり[74]。

藤原義江歌劇團 《セヴィラの理髪師》	昭和28年（1953年）2月2～8日（全7回） 会場：新宿劇場 ＊ 2日から昼夜交互に《椿姫》と上演
訳詞：日比野秀吉 指揮：森正 演出：青山圭男 装置：三林亮太郎 照明：橋本義雄 管弦楽：東京交響楽団 合唱：藤原歌劇団合唱部	ロジーナ：高柳二葉／戸田政子 伯爵：藤原義江／木下保 フィガロ：藤井典明 バルトロ：高木清 バジリオ：宮本良平 ベルタ：越賀恵美子 フィオレロ：菊池初美

出典：『日本のオペラ史』341頁

　続いて同年3月18～20日，新橋演舞場にて，藤原義江歌劇團創立20周年
記念特別公演と銘打ち，各日2回の合計6回《セヴィラの理髪師》を上演し
た。訳詞：日比野秀吉，指揮：森正，演出：青山圭男，管弦楽：東京交響楽団，
合唱：藤原歌劇合唱団。配役は次のとおり[75]。

藤原義江歌劇團 《セヴィラの理髪師》	昭和28年（1953年）3月18～20日昼夜（全6回） 会場：新橋演舞場
訳詞：日比野秀吉 指揮：森正 演出：青山圭男 装置：三林亮太郎 照明：橋本義雄 衣装：吉村倭一 管弦楽：東京交響樂團 合唱：藤原歌劇合唱團	ロジーナ：高柳二葉／戸田政子 アルマヴィヴァ伯爵：藤原義江／木下保 フィガロ：宮本良平／藤井典明 バルトロ：高木清 バシリオ：宮本良平／村尾護郎 ベルタ：越賀恵美子 フィオレロ：菊池初美 隊長：太田孝雄

出典：公演プログラム

239

藤原歌劇團創立 20 周年の
チラシ（筆者蔵）と
藤原義江の伯爵と戸田政子の
ロジーナ

昭和 30 年から昭和 42 年までの歩み

　次に，昭和 30 年から 42 年まで 13 年間の歩みを明らかにしておこう。
　昭和 30 年（1955 年）は藤原歌劇団が受託公演として 2 月 16 日に日本青年館，4 月 19・20 日に共立講堂で《セヴィラの理髪師》を上演した。どちらも指揮は福永陽一郎，出演は，ロジーナ：戸田政子，伯爵：藤原義江，フィガロ：宮本良平，バルトロ：高木清，バジリオ：村尾護郎，ベルタ：越賀恵美子ほかであった[76]。
　昭和 31 年（1956 年）11 月 7, 8, 9 日には，藤原歌劇団が姫路労音の主催で姫路公会堂にて《セヴィラの理髪師》を上演した（指揮：高田信一，演出：青山圭男，管弦楽：ニューサロンオーケストラ，合唱：藤原歌劇団合唱部，出演：高柳二葉，宮本良平，木下保，仲野ともや，村尾護郎ほか）[77]。これに先立つ同年秋には NHK 招聘のイタリア歌劇団（Lirica Italiana）の第 1 回公演が行われ，《アイーダ》《フィガロの結婚》《トスカ》《ファルスタッフ》の上演とラジオ・テレビ放送がなされた。これは「数多くの人々に強烈な印象を与え，さらに関係アーティストやスタッフに大きな収穫をもたらした」「日本オペラ史上最大の出来事となった」[78]。とはいえより大きな衝撃は昭和 34 年の第 2 回，デル・モナコとゴッビ主演のヴェルディ《オテロ》で，ロッシーニ作品は昭和 38 年の第 4 回公演を待たねばならない（後述）。
　昭和 32 年（1957 年）には，藤原歌劇団が 8 月 16 日に日比谷野外音楽堂で 1 回だけ《セヴィラの理髪師》を「藤原歌劇団納涼公演」と銘打って上演した（訳詞：日比野秀吉，指揮：福永陽一郎，演出：藤原義江，管弦楽：新東京管弦楽団，合唱：藤原歌劇団合唱部，配役は，ロジーナ：古賀恵美子，伯爵：竹居昭，フィガロ：宮本良平，バルトロ：斎藤達雄，バジリオ：世良明芳，ベルタ：山本春子，フィオレロ：川口裕司ほか）[79]。同年，プリモ楽譜出版社が《セヴィリアの理髪師》のピアノ伴奏譜

第九の扉　日本における《セビーリャの理髪師》の受容

を「歌劇総譜全集　第3巻」として刊行した。その序では，「原語に作曲された音楽はその一語一語の有する意味・抑揚・アクセント・リズムを芸術として総合的に最高に価値づける様に作られて居る事から」，日本語では「音楽的にも原作をゆがめる結果となる」との理由を挙げて日本語訳詞を載せず，楽譜中に原語のみを記し，巻末に「可能の限り直訳した正確な日本語全訳」を収めている（佐々木実の全訳を掲載）[80]。

昭和33年（1958年）は，藤原歌劇団が8月13・14日に産経ホールで「青少年音楽教室」と称して《セヴィラの理髪師》を上演した。指揮：高田信一，演出：青山圭男，管弦楽：新東京管弦楽団，配役は，ロジーナ：古賀恵美子，伯爵：藤原義江，フィガロ：宮本良平，バルトロ：斎藤達雄，バジリオ：世良明芳，ベルタ：山本春子，フィオレロ：川口裕司であった[81]。

けれどもより大規模なのは，同年10月30日〜11月7日に行われた東京都教育委員会／（財）都民劇場主催「第8回東京芸術祭オペラ公演／都民劇場演劇サークル第114回定期公演」の《セヴィラの理髪師》である（10月30・31日，11月1〜3日は日比谷公会堂，11月5〜7日は共立講堂。全10回）。訳詞：鈴木松子，指揮：森正，演出：栗山昌良，管弦楽：東京フィルハーモニー交響楽団，合唱：二期会合唱団。配役は次のとおりで，レチタティーヴォ・セッコは20歳の高橋悠治がピアノで伴奏した[82]。

二期会《セヴィラの理髪師》	昭和33年（1958年）10月30・31日，11月1〜3日（2・3日は昼夜。全7回）会場：日比谷公会堂，及び11月5〜7日（全3回）共立講堂
訳詞：鈴木松子 指揮：森正 演出：栗山昌良 装置：妹尾河童 照明：石井尚郎 衣装：緒方規矩子 管弦楽：東京フィルハーモニー交響楽団 合唱：二期会合唱団 ピアノ：高橋悠治	アルマヴィーヴァ伯爵：柴田睦陸／渡辺高之助 バルトロ：栗本正／畑中良輔 ロジーナ：柴田喜代子／鉄弥恵子 バジリオ：秋元雅一朗／大橋国一 フィガロ：石津憲一／立川澄人［立川清登］ ベルタ：西脇達子［長嶋達子］／佐藤喜美子 フィオレロ：川名佑一／芳野靖夫 アンブロジオ：柴田昭司 隊長：島田恒輔

出典：公演プログラム[83]

241

昭和34年（1959年）7〜9月には東京労音の主催で藤原歌劇団と二期会による《セヴィラの理髪師》が36回上演された（会場は，7月5，7日が日比谷公会堂，7月9，10，16，18，20，27日，8月7〜11，16〜21日，9月12〜14，17〜20日が文京公会堂，7月14，15日，9月26，28日が共立講堂，8月12〜15日，9月8，9日が産経ホール）。藤原歌劇団は，指揮：マンフレット・グルリット，演出：青山圭男，管弦楽：ABC交響楽団，合唱：藤原歌劇合唱団，配役は，ロジーナ：大谷洌子／古賀恵美子／日高久子，伯爵：宮本正／竹居昭，フィガロ：宮本良平／宮本昭太，バルトロ：斎藤達雄／津田孝雄，バジリオ：世良明芳，ベルタ：安斎恭子／越賀理恵，フィオレロ：川口裕司。二期会は，指揮：山田夏精，演出：栗山昌良，管弦楽：ABC交響楽団，合唱：二期会合唱団，ロジーナ：柴田喜代子／鉄弥恵子／滝沢三重子，伯爵：柴田睦陸／渡辺高之助／中村健，フィガロ：立川清登／中村義春，バルトロ：栗本正／畑中良輔／吉岡巌，バジリオ：秋元雅一朗，ベルタ：西脇達子／佐藤喜美子，フィオレロ：川名佑一である[84]。

　昭和35年（1960年）は11月16日，横浜交響楽団が第140回定期公演として《セヴィノアの理髪師》を自主上演した（神奈川県立音楽堂）。指揮：小船幸次郎，配役は，ロジーナ：古賀恵美子，伯爵：川口祐司，フィガロ：宮本昭太，バルトロ：津田孝雄，バジリオ：世良明芳。これは同交響楽団が簡易装置を手作りした上演であった[85]。

　昭和36年（1961年）には藤原歌劇団が2月22日に読売ホールで1回だけ《セヴィラの理髪師》を上演した。訳詞：日比野秀吉，指揮：福永陽一郎，演出：藤原義江，管弦楽：インペリアル・フィルハーモニー交響楽団，合唱：藤原歌劇団合唱部。配役は，ロジーナ：唐木暁美，伯爵：川口裕司，フィガロ：平田栄寿，バルトロ：斎藤達雄，バジリオ：高田彬生，ベルタ：関貞子，フィオレロ：中島国治[86]。藤原歌劇団は続いて5月8，9，14，16日に神奈川県立音楽堂で横浜労音主催の《セヴィラの理髪師》公演も行っている（合計5回）。指揮：福永陽一郎，演出：藤原義江，管弦楽：コンセル・ポピュレール。配役は，ロジーナ：大谷洌子／古賀恵美子／唐木暁美，伯爵：竹居昭／宮本正，フィガロ：平田栄寿／宮本昭太，バルトロ：津田孝雄／斎藤達雄，バジリオ：高田彬生／世良明芳，ベルタ：越賀恵美子／安斎恭子，フィオレロ：家永勝，士官：森田恭雄[87]。同年12月3日には二期会が東京文化会館大ホールで昼夜2回，《セヴィラの理髪師》を上演した。訳詞：鈴木松子，指揮：大町陽一郎，演出：栗山昌良，管弦楽：東京フィルハーモニー交響楽団，合唱：二期会合唱

第九の扉　日本における《セビーリャの理髪師》の受容

団。配役は次のとおり[88]。

二期会 《セヴィラの理髪師》	昭和 36 年（1961 年）12 月 3 日（昼夜。全 2 回） 会場：東京文化会館
訳詞：鈴木松子 指揮：大町陽一郎 演出：栗山昌良 装置：妹尾河童 照明：石井尚郎 衣装：緒方規矩子 管弦楽：東京フィルハーモニ 　ー交響楽団 合唱：二期会合唱団 ピアノ：是安亨	アルマヴィヴァ伯爵：森敏孝 ロジーナ：滝沢三重子 バジリオ：秋元雅一朗 フィガロ：立川清登 バルトロ：畑中良輔 ベルタ：長嶋達子 フィオレロ：川名佑一 アンブロジオ：築地文夫 隊長：近藤安个

出典：東京文化会館アーカイブ

　昭和 38 年（1963 年）には NHK イタリア歌劇団の第 4 回公演が行われ，10 月 23 日～11 月 20 日に東京と大阪で合計 7 回《セビリアの理髪師》を上演した。指揮：ニーノ・ヴェルキ，演出：ブルーノ・ノフリ，管弦楽：NHK 交響楽団，合唱：二期会合唱団／藤原歌劇団合唱部。配役は次のとおり[89]。

NHK イタリア歌劇団 《セビリアの理髪師》	昭和 38 年（1963 年）10 月 23・28 日，11 月 1・6・9 日 会場：東京文化会館大ホール（5 回）11 月 17・20 日 会場：大阪・フェスティバルホール
指揮：ニーノ・ヴェルキ 演出：ブルーノ・ノフリ 美術：カミルロ・パラヴ 　ィチーニ 管弦楽：NHK 交響楽団 合唱：二期会合唱団／藤 　原歌劇団合唱部 ＊ 装置，照明，チェンバロ 　奏者などの記載なし。	フィガロ：アルド・プロッティ ロジーナ：ジュリエッタ・シミオナート アルマヴィーヴァ伯爵：ロレンツォ・サバトゥッチ ドン・バジーリオ：ニコラ・ロッシ　レメーニ ドン・バルトロ：アルトゥーロ・ラ　ポルタ ベルタ：アンナ・ディ　スタジオ フィオレルロ：ジョルジョ・オネスティ 軍曹：マリオ・グッジャ アンブロージ：久米明／有馬五郎 公証人：桑山正一／小林恭

出典：公演プログラム

243

その初日（10月23日）はNHKによって全曲収録され，ラジオは同日夜9時からNHK第二，テレビは翌24日午後7時30分からNHK総合で放送されている（公演プログラムの放送予告より）。海外の団体によるロッシーニ上演は昭和8年の伊太利サンカルロ大歌劇から30年ぶりであったが，他の演目も含め「全体に水準の低い公演だった」という[90]。ちなみにこの上演では，レチタティーヴォ・セッコの伴奏にチェンバロが使われた。レチタティーヴォ・セッコが日本の上演で歌われたのは昭和28年10月のグルリット・オペラ協会《ドン・ジョヴァンニ》が最初で，昭和31年3月に二期会が行った《フィガロの結婚》が2回目の試みとなったが，当時日本にチェンバロがほとんどなかったので「グランド・ピアノの弦の上に紙をのせて音色を変え，チェンバロの代わり」にし，グルリットも「その代用ピアノを自分で弾きながら指揮をした」という[91]。初めてチェンバロを用いてレチタティーヴォ・セッコを伴奏したのは二期会の試みから半年後の第1回NHKイタリア歌劇団《フィガロの結婚》で，これを機に少しずつチェンバロが伴奏に使われるようになった。

昭和40年（1965年）は，3月28日に青少年音楽協会創立25周年記念公演として藤原歌劇団が東京文化会館で昼夜2回《セヴィラの理髪師》を上演した。指揮：飯守泰次郎，演出：栗山昌良，管弦楽：ABC交響楽団，合唱：藤原歌劇団合唱部。配役は次のとおり[92]。

二期会《セヴィラの理髪師》	昭和40年（1965年）3月28日（昼夜。全2回）会場：東京文化会館
指揮：飯守泰次郎 演出：栗山昌良	アルマヴィヴァ伯爵：宮本正 フィガロ：宮本昭太
装置：妹尾河童 照明：立木定彦 管弦楽：ABC交響楽団 合唱：藤原歌劇団合唱部	バルトロ：外山浩爾 バジリオ：世良明芳 ロジーナ：戸田政子 ベルタ：越賀理恵 フィオレロ：森田恭雄

出典：東京文化会館アーカイブ

藤原歌劇団は続いて10月26，27日，日本都市センターホールにて《セヴィラの理髪師》を上演した（全2回）。これは「藤原オペラ室内オペラシリーズ第1回」と銘打たれ，音楽監督を岩城宏之が務めた。訳詞：鈴木松子，指揮：秋山和慶，演出：栗山昌良，管弦楽：東京交響楽団，合唱：藤原歌劇団合

唱部，配役は3月28日と同じである[93]。しかし，その後藤原歌劇団は昭和46年（1971年）5月まで6年間ロッシーニ作品を上演せず，ヴェルディに力を入れることになる（藤原歌劇団は第1回NHKイタリア歌劇団を機に10年以上ヴェルディを本公演から外したが，1968年の創立35周年記念に《リゴレット》と《椿姫》を原語上演してレパートリーに復帰，これを境にヴェルディ作品の原語上演を定着させた）。

その一方，日本のオペラ界では1968年のロッシーニ没後100周年に向けた動きが始まっていた。昭和42年（1967年）9月28, 29日，渋谷公会堂で東京藝術大学第13回藝大オペラ公演が行った《アルジェリアのイタリア人［アルジェのイタリア女］》日本初演（原語上演。全2回）もその一つで，指揮：ニコラ・ルッチ，演出：長沼廣光，管弦楽：東京芸術大学管弦楽研究部，合唱：声楽科学生[94]。配役は，イザベルラ：矢野恵子／木村宏子，リンドロ：森敏孝／中村健，ムスタファ：鈴木義弘／松尾篤興，エルヴィラ：島田祐子／安田祥子ほか[95]。そしてこれが，《セビーリャの理髪師》以外のロッシーニ・オペラ初上演となったのである。

昭和43年（1968年。ロッシーニ没後100周年を迎えて）

かくしてロッシーニ没後100周年の昭和43年（1968年）が訪れる。この記念年にはさまざまな記念コンサートも催されたが，本稿では重要公演として次の三つを挙げるにとどめたい。その最初は3月15日，東京文化会館大ホールの読売日本交響楽団第45回定期演奏会におけるロッシーニ《ミサ・ソレムニス》管弦楽版の日本初演である（二期会と提携）。これは，指揮：ニコラ・ルッチ，管弦楽：読売日本交響楽団，合唱：二期会合唱団研究生，ソリストは，小岩井幸（ソプラノ），戸田敏子（アルト），丹羽勝海（テノール），高橋修（バス）であった。

二つ目は，6月18～21日に青少年芸術祭 '68主催公演／東京オペラ劇場第一回公演に〈ロッシーニ没後100年記念〉と銘打たれた全4回の《セヴィリャの理髪師》である（もしくは《セビリアの理髪師》。プログラム表紙が《セヴィリャの理髪師》であることから事前宣伝をこれで行い，プログラム内の表

青少年芸術祭 '68年
《セヴィリャの理髪師》プログラム

記は《セビリアの理髪師》で統一）。これは主催／財団法人 青少年文化センターによる公演で，日本都市センターホールを会場に，指揮者2名，ロジーナ歌手4名，フィガロ，伯爵，バルトロ，バジリオはトリプルキャストとなっている。詳細は次のとおり[96]。

青少年芸術祭 '68 主催公演 《セヴィリャの理髪師》 ロッシーニ没後100年記念公演	昭和43年（1968年）6月18〜21日（全4回） 会場：都市センターホール
指揮：秋山和慶（19，21日） ／村川千秋（18，20日） 演出：青山圭男 美術：三林亮太郎 照明：吉本一郎 管弦楽：東京交響楽団 合唱：藤原歌劇団合唱部	ロジーナ：井崎洋子（18日）／緒方瑠璃恵（19日）／戸田政子（20日）／酒井美津子（21日），フィガロ：宮本昭太（18日）／坂本博士（19，21日）／平田栄寿（20日），アルマビーバ伯爵：鈴木寛一（18，20日）／沢田文彦（19日）／高田作造（21日），バルトロ：植木桂（18，20日）／三輪十次（19日）／津田孝雄（21日），バジリオ：梅原秀次郎（18，20日）／世良明芳（19日）／鈴木義弘（21日），ベルタ：宗広紗枝（18，20日）／古谷友子（19日）／越賀理恵（21日），フィオレロ：斉藤忠生（18，20日）／森田恭雄（19，21日）

出典：公演プログラム

　第三が，7月6日と8日に二期会が東京文化会館大ホールで行った《シンデレラ［ラ・チェネレントラ］》日本初演である。訳詞：畑中良輔，指揮：ニコラ・ルッチ，演出：栗山昌良，管弦楽：東京フィルハーモニー交響楽団，合唱：二期会合唱団。配役は，シンデレラ［アンジェリーナ］：荒道子，ドン・ラミーロ：丹羽勝海，ダンディーニ：立川清登，ドン・マニーフィコ：小田清，クロリンダ：中沢桂，ティーズベ：矢野恵子，アリドーロ：平野忠彦[97]。

　かくしてロッシーニ没後100周年の1968年に，ロッシーニ三大オペラ・ブッファの本邦初演が完結した。最初の上演が没後49年の大正6年（1917年）11月13日であることから，ほぼ半世紀かけての達成であるが，その間の演目が《セビーリャの理髪師》のみである事実は日本におけるロッシーニ受容の遅れを物語る。けれどもヨーロッパのロッシーニ再評価の動きが没後100周年を機に本格化することを考えれば，けっして遅いとは言えないだろう。そしてこの記念年から今日まで約半世紀の歩みの中に，日本における第二のロッシー

246

第九の扉　日本における《セビーリャの理髪師》の受容

ニ受容の歴史が存在するのである。

註

1　初出は『ロッシニアーナ』（日本ロッシーニ協会紀要）第 34 号（2014 年 2 月発行）の拙稿「日本におけるロッシーニ受容の歴史──明治元年から昭和 43 年まで（1868 ～ 1968 年）」。本書用に圧縮し，明治期については要点のみ示す。

2　日本ロッシーニ協会紀要『ロッシニアーナ』第 37 号と第 38 号に掲載予定。

3　増井敬二『日本オペラ史 ～ 1952』（昭和音楽大学オペラ研究所編。水曜社，2003 年）12 頁。より詳しく記すと，エジーディオ・ロムアルド・ドゥーニ（Egidio Romualdo Duni, 1708-75）が 1763 年 7 月 23 日にパリのイタリア劇場（オテル・ド・ブルゴーニュ）で初演した《2 人の猟師と牛乳売り娘（Les Deux Chasseurs et la Laitière）》となる。

4　曲目は英字新聞『The Japan Gazette』の広告による（『日本オペラ史 ～ 1952』15 頁）。

5　ロネイ・セファス喜歌劇団の公演詳細は増井敬二『日本のオペラ』23 ～ 25 頁を参照されたい。

6　ヴァーノン歌劇団の公演詳細は，同前 25 ～ 28 頁を参照されたい。

7　柴田環は東京音楽学校の《オルフォイス》に出演，明治 37 年に卒業して同校教員を務め，明治 44 年創設の帝国劇場歌劇部プリマ・ドンナ兼教師となった。

8　秋山龍英編著『日本の洋楽百年史』（第一法規，1966 年）213 頁より。文中の ［.］ は引用に際して追加した。

9　彼女の母は日本初の女子医科大学生となって医学博士の学位を得た岡見京（安政 6 年 ［1859 年］ - 昭和 16 年 ［1941 年］）。その娘メレーは，岡見京が恩人メリー・モリスの名前をもらって名付けたという。「日本キリスト教女性史（人物編）」のサイト参照。http://www5e.biglobe.ne.jp/~BCM27946/okamikei.html

10　柴田環『世界のオペラ』（共益商社書店，明治 45 年）90 頁。

11　『泰西音樂大家伝』（細貝邦太郎／有沢潤編。中川書店，明治 40 年）336 頁。

12　秋山龍英『日本の洋楽百年史』259 頁。

13　同前，260 頁。

14　増井敬二『浅草オペラ物語』（音楽現代社，1990 年）68 頁。一部表記を変更して引用。

15　増井敬二『日本のオペラ』323 頁。

16　秋山龍英『日本の洋楽百年史』312 頁より。配役は当初予定の 11 月 3 日の告知に基づく。

17　増井敬二『日本のオペラ』324 ～ 325 頁より。

18　秋山龍英『日本の洋楽百年史』318 頁より。

19　『浅草オペラ物語』40 ～ 41 頁。

20　増井敬二『日本のオペラ』408 頁。

21　同前，410 頁。

22 『日本オペラ史 ～ 1952』190 頁。

23 同前，462 ～ 464 頁。

24 同前，149 頁。

25 同前，464 ～ 466 頁。ただし，9 月 23 日の公演パンフレットはロシエーヴァをロシエバ，スヴェトノフをスベトロフ，グルレンコをゴルレンコ，トゥルチノフをツルチノフと表記。

26 同前，466 ～ 468 頁。

27 『日本オペラ史 ～ 1952』155 頁。

28 経歴は不明だが，1928 ～ 30 年にミラーノで出版された二つの楽譜の作曲者に Carmelo Castagnino の名前があり，1931 年 9 月にトリエステ市立劇場で《リゴレット》を指揮している。

29 同前，468 ～ 469 頁。

30 歌手名は『カーピ伊太利大歌劇筋書』（帝国劇場，大正 14 年）77 頁の配役表から転記。

31 同前，469 ～ 471 頁。

32 歌手名は『カーピ伊太利大歌劇筋書』（帝国劇場，大正 15 年）97 頁の配役表から転記。

33 次の 9 演目を上演——ヴェルディ《リゴレット》《アイーダ》。グノー《ファウスト》。ビゼー《カルメン》。オッフェンバック《ホフマン物語》（日本初演）。チャイコフスキー《スペードの女王》《エウゲニ・オネーギン》。ルビンシテイン《デモン》（日本初演）。ムソルグスキー《ボリス・ゴドゥノフ》。

34 東京藝術大学附属図書館サイト掲載。http://www.lib.geidai.ac.jp/MBULL/33Odaka.pdf

35 富尾木知佳『西洋音樂史綱』（共益商社，大正 5 年。441 頁）。同書では作曲者の名前を「ろしに」，作品名は英語で「Barber of Seville」とのみ表記。

36 大田黒元雄『歌劇大觀』改訂増補版（第一書房，大正 14 年）166 ～ 168 頁。

37 次の 18 作品（順不同）——《セヴィラの理髪師》《夢遊病者［夢遊病の女］》《ルチア》《リゴレット》《トロヴァトーレ》《椿姫》《アイーダ》，《仮面舞踏会》《カルメン》《ホフマン物語》《タイス》《ジョコンダ》《ホヴァンシチーナ》《マノン・レスコー》《トスカ》《蝶々夫人》《カヴァレリア・ルスティカーナ》《道化師》

38 『日本オペラ史 ～ 1952』473 ～ 474 頁。

39 歌手名は『カーピ伊太利大歌劇筋書』（帝国劇場，昭和 2 年）99 頁の配役表から転記。

40 『日本オペラ史 ～ 1952』476 ～ 477 頁。

41 筆者所蔵のプログラムに基づく（カーピ伊太利大歌劇團公演 三月廿四日昼 歌劇「セビラの理髪師」番組）。

42 実は明治 44 年（1911 年）1 月 22 日に当代きってのカルメン歌手エンマ・カルヴェ（Emma Calvé, 1858-1942）が世界旅行の途上横浜に寄港したが，演奏会を断念して 2 月 1 日に離日する「事件」が起きていた（註：カルヴェの自伝［My Life, D.Appleton & Co., New York, 1922.］には日本に 2 週間滞在し，京都と東京で歌ったと書かれているが，演奏会を行った事実は確認できない）。

43 4 月 26, 28, 30 日の演奏会曲目は秋山龍英『日本の洋楽百年史』435 ～ 436 頁に転載されているが，ブロッホをブロッホと誤記。

44 『日本オペラ史 ～ 1952』297 頁では演奏会が 4 月 30 日までとされているが，筆者は 5 月 12 日の告別演奏会プログラムと 19 日の予告チラシを所蔵している。

45 『日本オペラ史 ～ 1952』196 頁。3 月 19 日付『大阪朝日新聞』に基づく。

第九の扉　日本における《セビーリャの理髪師》の受容

46 同前，477 〜 478 頁。

47 4 回の演奏会曲目は，秋山龍英『日本の洋楽百年史』471 〜 472 頁に掲載（『月刊楽譜』の批評含む）。ただし，筆者所蔵の全 5 回のチラシとは演奏曲に違いがある。

48 『日本オペラ史　〜 1952』301 頁より。

49 木村重雄『日本のオペラ史』（財団法人日本オペラ振興会編，昭和 61 年）96 頁。『日本オペラ史　〜 1952』にこの上演に関する記載なし。

50 『日本オペラ史　〜 1952』478 〜 479 頁。

51 同前，197 頁における 2 月 19 日付『東京朝日新聞』の牛山充による批評の引用。

52 エドモン・ロスタン『ロマネスク』を併演。筆者所蔵プログラムの表紙における題名表記は『セギ゛ラの理髪師』だが，本文に『セギ゛ルの理髪師』とある。『日本オペラ史　〜 1952』306 頁に〈セヴィルの理髪師〉と記載されているが，ロッシーニのオペラとの関係は認められない。

53 秋山龍英『日本の洋楽百年史』504 〜 505 頁。

54 『日本オペラ史　〜 1952』311 頁より。

55 藤原歌劇團《セヴィラの理髪師》プログラム（昭和 28 年）10 頁より。

56 『日本オペラ史　〜 1952』314 頁より。

57 同前，315 頁より。

58 同前，240 及び 315 頁より（写真も 240 頁に掲載）。

59 秋山龍英『日本の洋楽百年史』544 頁より。

60 同前，545 及び 547 頁。

61 同前，554 頁。

62 『日本オペラ史　〜 1952』322 頁ほか。

63 出典は筆者所蔵の公演プログラム。

64 『日本オペラ史　〜 1952』290 頁より。

65 小関康幸ホームページ，『音楽公論』記事一覧〈5〉第 3 巻第 7 号（1943 年 9 月）より。http://www.ne.jp/asahi/yasuyuki/koseki/read_1b_ONKO_note_194309.htm（最終アクセス確認，2013 年 11 月 19 日。註：一箇所「ロジーナ」を「ロジーナ」に修正）

66 木村重雄『日本のオペラ史』289 頁。同書は「藤原歌劇団」「セビリャの理髪師」に統一しているのを他文献に基づいて変更する（以下，同）。

67 『歌劇　セヴィラの理髪師　上演脚本』（昭和 23 年。筆者所蔵）より転載。

68 木村重雄『日本のオペラ史』325 頁は「東宝交響楽団」の名称を記載。

69 『歌劇　セヴィラの理髪師　上演脚本』（昭和 23 年）21 頁。

70 木村重雄『日本のオペラ史』294 頁。

71 『歌劇　セヴィラの理髪師　上演脚本』（昭和 23 年）16 頁。

72 木村重雄『日本のオペラ史』327 頁。

73 同前，337 頁。

74 関根礼子『日本オペラ史（下）1953 〜』（昭和音楽大学オペラ研究所編。水曜社，2011年）419 〜 420 頁及び木村重雄『日本のオペラ史』341 頁。配役は木村が詳しいが，初日を 2 月 1 日とするのは疑問。

75 筆者所蔵の公演プログラム及び木村重雄『日本のオペラ史』342 頁より。

76 木村重雄『日本のオペラ史』349 頁より。役名は筆者が追加した。なお，津田孝雄の名も

249

挙がっているが役は不明。

77 同前，352 頁。

78 『日本オペラ史（下）1953 ～』20 頁。

79 木村重雄『日本のオペラ史』353 頁及び『日本オペラ史（下）1953 ～』423 頁。会場は前者が日比谷野外音楽堂，後者が日比谷公会堂とする。

80 『セヴィリアの理髪師』（歌劇総譜全集 Vol.3。プリモ楽譜出版社，昭和 32 年）より。アリアに「詠唱」，カヴァティーナに「諷唱」の訳語を使用。原本は示されないが，楽譜部分は 1900 年のシャーマー版（G.Schirmer, New York）と完全に一致する。

81 木村重雄『日本のオペラ史』358 頁。『日本オペラ史（下）1953 ～』に記載なし。

82 『二期会史〈1952 ～ 1981〉』（財団法人二期会オペラ振興会，昭和 57 年）59 頁。なお，高橋悠治の名前は公演プログラムに記載されていない。

83 本論の初稿では『二期会史〈1952 ～ 1981〉』59 頁に基づく配役を掲げたが，公演プログラムに即して歌手名の表記を変更した（［ ］内は『二期会史』における表記で，後の芸名や改姓に当たる）。

84 木村重雄『日本のオペラ史』358-59 頁，『日本オペラ史（下）1953 ～』562 頁，『二期会史〈1952 ～ 1981〉』62 頁から抽出。

85 情報源は横浜交響楽団ホームページの次の二つ（最終アクセス確認 2013 年 12 月 6 日）。題名は定期演奏会記録に準拠。http://www.yokokyo.net/yso101-150.html 及び http://www.yokokyo.r.et/yso80history.html

86 木村重雄『日本のオペラ史』362 頁及び『日本オペラ史（下）1953 ～』424 頁。

87 木村重雄『日本のオペラ史』364 頁。

88 公演プログラムに基づく東京文化会館アーカイブより。http://i.t-bunka.jp/　ただし，近藤安介の「安介」を「安个」に修正した。

89 同公演プログラムに基づく。役名「アンブロージ」も原本どおり。

90 木村重雄『日本のオペラ史』165 頁。

91 『日本オペラ史（下）1953 ～』7 ～ 8 頁。

92 東京文化会館アーカイブより。訳詞者，ピアノまたはチェンバロ奏者の記載なし。

93 木村重雄『日本のオペラ史』371 頁及び『日本オペラ史（下）1953 ～』426 頁。

94 『日本オペラ史（下）1953 ～』601 頁。

95 木村重雄『日本のオペラ史』184 頁。

96 同公演プログラムに基づく。

97 同公演プログラムに基づく。なお，「振付：友井唯起子，舞踏：法村・友井バレエ団」の記載から，劇中でバレエが踊られたことが判る。

第十の扉

近現代《セビーリャの理髪師》の名歌手たち

1913年11月15日モスクワ，ボリショイ劇場での上演歌手たち
（一番後ろはバジーリオ役のヒョードル・シャリアピン）

第十の扉　近現代《セビーリャの理髪師》の名歌手たち

　ロッシーニのオペラは作曲者の存命中に上演が激減し，20世紀初頭には僅かな作品――《セビーリャの理髪師》《セミラーミデ》《ギヨーム・テル》――だけが歪められた形で演目に残った。それゆえ「ロッシーニ歌手」の概念は存在せず，基本的にヴェルディやヴェリズモ＆プッチーニ作品の歌手によって歌われた。その結果，20世紀後半のある時点まで現在とは異なるタイプの歌手が歌い，今日的なベルカント歌手は1970年以降のロッシーニ復興と共に登場することになる。
　第七の扉「19世紀の上演とロッシーニ歌手の変遷」に続く本章では，録音や上演映像によっても検証可能な20世紀と21世紀の歩みを明らかにし，200年間に及ぶ《セビーリャの理髪師》の歴史の締め括りとしたい。

アルマヴィーヴァ歌手：デ・ルチーアからフローレスまで

　20世紀のアルマヴィーヴァ伯爵で最初に挙げるべきは，フェルナンド・デ・ルチーア（Fernando De Lucia, 1860-1925）である。ナポリ生まれのデ・ルチーアは1885年にサン・カルロ劇場の《ファウスト》（イタリア語版）でデビューし，1890年代にマスカーニ作曲《友人フリッツ》《ランツァウ》《シルヴァーノ》《イリス》の各初演で主役を務め，《道化師》でも高い評価を得た。それゆえベルカント歌手のイメージは乏しいが，アルマヴィーヴァ伯爵もレパートリーにしていた。その歌唱の特色はベルカントの伝統の継承にあり，旋律の部分的変更，前打音や装飾音型の自由な付加を伴う。けれどもそれは旋律そのものの変奏（ヴァリアツィオーネ）ではなく，高音や旋律の要所での音価以上の引き延ばしやラレンダンドなど，あくまで表現上の変更にすぎない。テン

フェルナンド・デ・ルチーア

253

ポの揺らぎ，付点音符と複付点音符の無視も19世紀末の用法と理解しうる。ミラーノのスカラ座では1905年の《セビーリャの理髪師》に出演し，04～08年に録音した4曲が歌唱の見本となる（〈ごらん，きらめく空に〉，カンツォーネ，伯爵とフィガロとの二重唱，ロジーナ，フィガロ，伯爵の三重唱。CD復刻：Primavoce）。

これに対し，今日に至るアルマヴィーヴァ歌手とその歌唱の系譜の出発点となるのが，1920年代から50年代にテノーレ・ディ・グラーツィア（優雅なテノール）として一世を風靡したティート・スキーパ（Tito Schipa［本名 Raffaele Attilio Amedeo Schipa］，

ティート・スキーパ

1888-1965）である。レッチェ生まれのスキーパは1908年ボスコロの《ファウスト》（イタリア語版）でデビューし，12／13年ミラーノのダル・ヴェルメ劇場出演を経て世界の劇場で活躍し，1歳年下のベニアミーノ・ジーリのライヴァルと見なされた。伸びやかで瑞々しい歌声，明確なディクションとイントネーションが彼の歌の基本で，《セビーリャの理髪師》のアルマヴィーヴァ伯爵は33年と38年にスカラ座，32年と41年にメトロポリタン歌劇場（以下，METの略号も併用）で演じており，複数の録音からデ・ルチーアに比して今日的解釈に近いことが判る（〈ごらん，きらめく空に〉を1916, 23, 26年，〈もしも私の名を知りたければ〉を23, 26, 46年に録音。CD復刻：Nireo）。

スキーパの後継者となるフェッルッチョ・タリアヴィーニ（Ferruccio Tagliavini, 1913- 95）は教会の合唱団で才能を認められ，パルマのアッリーゴ・ボーイト音楽院で学んだ後，1938年25歳でフィレンツェ市立劇場に《ラ・ボエーム》ロドルフォでデビューした。スカラ座デビューを1942年1月アルマヴィーヴァ伯爵で飾り，同年録音した〈ごらん，きらめく空に〉に若々しく甘美な歌声が聴き取れる（CD復刻：Documents）。スカラ座には1952年にも出演，メトロポリタン歌劇場では47年と51年に伯爵を演じたが，これに先立って出演したオペラ映画版《セビーリャの理髪師》（46年制作。付録1「映像ソフトにみる《セビーリャの理髪師》」参照）も大ヒットした。

1950～60年代にはペルー人ルイージ・アルヴァ（Luigi Alva, 1927- ）が甘い声と軽やかなテクニックで伯爵役の模範と称えられ，スカラ座では56年（ロジーナはマリア・カラス）と64年，メトロポリタン歌劇場では66, 68, 69, 73, 74年に伯爵役で出演し，高い評価を得た。アルベルト・ゼッダ校訂版を最初

第十の扉　近現代《セビーリャの理髪師》の名歌手たち

に用いたアッバード指揮の全曲録音（1971 年 DG）とポネル演出のオペラ映画版に爽やかな伯爵役のイメージを刻印したことも特筆に値する（付録 1 参照）。

続いてメキシコ人のフランシスコ・アライサ（Francisco Araiza, 1950-　）が活躍し，1981 年のスカラ座初来日公演《セビーリャの理髪師》（ポネル演出，アッバード指揮）で共演者ヌッチ，ヴァレンティーニ＝テッラーニ，ダーラ，フルラネットらとこの作品の真価を知らしめた。アライサはスカラ座の本公演とメトロポリタン歌劇場で一度も伯爵を演じていないが，82 年 6 月のマリナー指揮全曲録音（Philips）で〈もう逆らうのをやめろ〉を歌い，このアリアの復活を印象付けた。伯爵のアリアは同年 1 月シャイー指揮のスタジオ全曲録音でパオロ・バルバチーニ（Paolo Barbacini, 1946-　）も歌っているが，完成度はアライサの方が高い。

これに対し，通常の上演で毎回伯爵のアリアを歌って存在をアピールしたのが，出演契約にこのアリアを歌う条項を加えたロックウェル・ブレイク（Rockwell Blake, 1951-　）である。アメリカ人のブレイクは正統的とは言い難い発声の曲芸的コロラトゥーラで脚光を浴び，ペーザロのロッシーニ・オペラ・フェスティヴァル（以下 ROF と略記）に 1983 年のデビューから 2001 年まで 18 年間に 7 期出演した（1983 ～ 85，87，88，91，94，96，2001 年）。メトロポリタン歌劇場には 78 年にデビューしたが，同劇場でのアルマヴィーヴァ伯爵は 82 年 2 月 15 日が最初で，83 年と 88 年にも演じている。上演映像に 89 年 MET ライヴがあり（付録 1 参照），藤原歌劇団招聘の 93 年初来日で伯爵を歌い，2 種のソロ・アルバム[1]でもロッシーニ・テノール復権に寄与した。

続いて現れたのが，「キング・オブ・ハイ F」の異名をとるウィリアム・マッテウッツィ（William Matteuzzi, 1957-　）である。マッテウッツィはブレイク同様テノーレ・コントラルティーノのタイプで，ハイ F も特殊な発声で獲得したが（例，1992 年マドリードにおける〈もう逆らうのをやめろ〉のハイ F），後に続くテノールの理想になりえなかった（そのことは，フローレスの登場で明らかになる）。

ブレイクより 22 歳，マッテウッツィより 16 歳年下のフアン・ディエゴ・フローレス（Juan Diego Flórez, 1973-　）は，ペルーのリマに生まれ，1996 年 23 歳で《マティルデ・ディ・シャブラン》のコッラディーノを歌って脚光を浴び，瞬く間に世界の頂点に昇りつめた。99 年 3 月 4 日のヴィーン国立歌劇場デビュー，2002 年 1 月 10 日の MET デビューもアルマヴィーヴァ伯爵で飾り，03，04，06，07 年にも MET で演じた。スカラ座では 1999，2002，10 年に演じたが，その後は伯爵役を卒業したらしく，11 年リマと 14 年ミュンヒェン

255

でのみ例外的に演じている。上演映像は05年マドリード王立劇場と09年ロイヤル・オペラがある（付録1参照）。

　正確無比な歌唱，卓抜な演技力，的確なアジリタ技術においてフローレスの右に出るテノールはおらず，喜劇的演技も含め，彼のアルマヴィーヴァ伯爵は同役の頂点と言える。これを主に演じたのが，26歳から37歳までの11年間であることも覚えておこう（若々しさも役本来のイメージに不可欠な要素である）。

　ポスト・フローレスのアルマヴィーヴァ歌手については後の項目にゆずり，近現代のフィガロ歌手に目を転じよう。

フィガロ歌手：サンマルコからヌッチまで

　フィガロを歌うバリトンには，柔軟な声と幅広い音域（ファルセットを含む最高音a''）のみならず，軽やかな身のこなしと喜劇的演技も不可欠である。だが，20世紀初頭のフィガロはヴェルディやヴェリズモの歌手によって歌われた。27歳で《アンドレア・シェニエ》ジェラール役を創唱したマーリオ・サンマルコ（Mario Sammarco, 1868-1930）もその一人。ロンドンのコヴェント・ガーデン劇場で1908年から19年まで11年間フィガロを演じ，そのブロマイドが人気を博したが，基本的にヴェルディとヴェリズモの歌手であることは，11年にテノールのジョン・マコーマックと録音した二重唱〈あの全能の金貨を〉の英雄的歌唱からも明らかである（後半部のみ録音。CD復刻：Naxos Historical）。

サンマルコのフィガロ

　それゆえ20世紀最初の重要なフィガロ歌手として挙げるべきは，1870年代半ばに生まれたデ・ルーカとストラッチャーリである。

　ジュゼッペ・デ・ルーカ（Giuseppe De Luca, 1876-1950）はローマに生まれ，同地の音楽院で学び，1897年にデビューしてただちに評価された。スカラ座には1902年から10年まで出演し，04年に《蝶々夫人》シャープレスを創唱する。フィガロ役を歌ったのはその翌年で（伯爵役はデ・ルチーア），メトロポリタン歌劇場にも15年11月25日にフィガロでデビューして大成功を収めた。METではその後18年間，ほぼ毎年フィガロを演じるかたわらプッチーニ《ジャンニ・スキッキ》のタイトルロールを創唱し，トスカニーニから当代

第十の扉　近現代《セビーリャの理髪師》の名歌手たち

最高のバリトンと評された。デ・ルーカは、フィガロのカヴァティーナを2度録音している。07年のそれはピアノ伴奏で高音をほとんど歌わないが、明確な区節法、柔らかな声と太い声の使い分けに特色がある（CD復刻：Istituto Discografico Italiano）。もう一つは小編成の管弦楽による17年の録音で、高音を歌う際に半拍早く立ち上げる用法にMET時代のスタイルが聴き取れる（CD復刻：Istituto Discografico Italiano）。METでの共演者は20年代がガッリ＝クルチ、30年代が初期のリリー・ポンスである。

デ・ルーカのフィガロ

同時代のイタリアでは、1歳年上のリッカルド・ストラッチャーリ（Riccardo Stracciari, 1875-1955）が最高のフィガロ歌手と見なされた。ボローニャに生まれ、同地の音楽院で学んだストラッチャーリは1900年にオペラ・デビューし、その4年後（1904年）スカラ座に初登場した。メトロポリタン歌劇場にはデ・ルーカより早く06年にデビューして2年間出演したが、フィガロに起用されなかった。けれども帰国後はフィガロ歌手として活躍し、44年に引退するまで約1000回演じている（スカラ座では1916, 22, 24年）。その特質は、複数の単独録音と29年スカラ座管弦楽団との全曲録音に聴き取れ

ストラッチャーリのフィガロ

る。10年に録音したフィガロのカヴァティーナは表現に前時代的用法を残すものの、張りのある高音が目覚ましい（CD復刻：Prima voce）。17年の単独録音は、テンポと歌のスタイルが今日とほとんど同じであることに驚かされる（CD復刻：Prima voce 他）。これに対し29年の全曲録音は、ピアノの単純なレチタティーヴォ伴奏も含めて当時の上演や演奏のサンプルと理解しうる（CD復刻：Grammofono）。

デ・ルーカは1920～30年代前半のMETを代表するフィガロ歌手、ストラッチャーリは40年代初頭までのイタリア屈指のフィガロ歌手としてブエノスアイレスやパリでもこれを演じた。後継者は第二次世界大戦後に現れるが、その誰もが卓越したヴェルディ・バリトンとして後世に名を残すのは、歌手と歌唱の黄金時代ゆえであろう。その筆頭がゴッビである。

257

ティート・ゴッビ（Tito Gobbi, 1913-84）は性格俳優としても優れ，1940 年代末〜 70 年代の理想的なヴェルディ・バリトンとなった。《セビーリャの理髪師》の全曲録音はライヴも含めて 3 種あり，46 年のオペラ映画版に若々しく奔放な歌唱をとどめる。56 年のスカラ座ライヴ（CD 復刻：Istituto Discografico Italiano 他）と 57 年スタジオ録音（EMI リマスター CD：Warner Classics）は，どちらもカラスとアルヴァが共演者で，ライヴが逞しい声と歌唱で圧倒するのに対し，スタジオ録音は声を巧みに変化させつつ，力強さを前面に押し出している。

　ヴェルディ歌手の壮麗な声のフィガロで思い出されるのが，エットレ・バスティアニーニ（Ettore Bastianini, 1922-67）である。シエナに生まれ，1946 年《ラ・ボエーム》コッリーネでデビューしたバスティアニーニはバス歌手としてキャリアを始め，バジーリオを演じたが，52 年にバリトンで再デビューすると，気品ある声質と凛とした歌唱で 50 年代〜 60 年代初頭のヴェルディ・バリトンとして活躍した（がんのため 44 歳の若さで没）。《セビーリャの理髪師》は 56 年のスタジオ録音に最盛期の歌声が聴き取れる（Decca ロジーナはシミオナート）。同年ナポリのサン・カルロ劇場ライヴ録音では，フィガロのカヴァティーナを終えてレチタティーヴォを始めたバスティアニーニに観客がアンコールを求めて大騒ぎする様子も記録されている[2]。

　喜劇的センスや柔軟な歌のニュアンスを駆使してフィガロを演じたのが，ブルスカンティーニ，プライ，ヌッチである。セスト・ブルスカンティーニ（Sesto Bruscantini, 1919-2003）はローマの音楽院で学び，1949 年スカラ座デビューがチマローザ《秘密の結婚》だったことでも判るように，バッソ・ブッフォとして世に出た。モーツァルトとロッシーニを中心に約 40 年間キャリアを保ち，フィガロは 50 年代半ばから 70 年代に世界の劇場で演じ，コミカルな表情に加えて輝かしい高音でも人気を博した（80 年代にはバルトロを演じた）。全曲録音は放送録音と海賊録音を含めて 9 種あり[3]，62 年のスタジオ録音はこの時代の名盤としてつとに知られる（EMI ロジーナはロス・アンヘレス）。

　同じ頃，柔らかで軽やかな声で若々しいフィガロを演じたのがヘルマン・プライ（Hermann Prey, 1929-98）である。ベルリーン生まれのプライは幅広いレパートリーで高く評価され，スカラ座でも 1969 年と 76 年にロッシーニのフィガロを演じた。全曲録音はライヴを含めて 8 種あり[4]，中でもアルベルト・ゼッダ校訂版を初使用した 71 年アッバード盤（DG）が重要で，これを音源とする映画版もある。30 歳のプライが 29 歳のフリッツ・ヴンダーリヒと共演した 59 年ミュンヘン上演ライヴ映像も貴重である（ドイツ語歌唱。付録 1 参照）。

258

第十の扉　近現代《セビーリャの理髪師》の名歌手たち

　しかしながら，20世紀後半を代表するフィガロ歌手は間違いなくレーオ・ヌッチ（Leo Nucci, 1942-　）であろう。1967年スポレートにおけるオペラ・デビューと77年スカラ座デビューもフィガロ役というから筋金入りだが，同時に彼はヴェルディ・バリトン最後の名歌手でもある。ちなみにヌッチのスカラ座デビューは前年12月17日に始まる10回公演の最後の1回のみで（77年1月30日），最初の6回をヘルマン・プライ，続く3回をアンジェロ・ロメーロ（Angelo Romero, 1940-　）が歌った。その後スカラ座では81年（日本ツアー），83，84，2002，2015年，メトロポリタン歌劇場では1984，88，2002年にフィガロを演じ，02年のボローニャ歌劇場来日公演でも演じた（共演者はフローレスとカサロヴァ）。ヌッチによる全曲録音はライヴや海賊録音を含めて9種あり[5]，とりわけ1988年スタジオ録音の明るく輝かしい声と自在な歌い口が秀逸である（Deccaロジーナはバルトリ）。映像は89年のメトロポリタン歌劇場があり，自信たっぷりの笑みと大袈裟な所作でフィガロを演じた。2005年パルマの上演映像では登場カヴァティーナで観客を熱狂させ，即座にアンコールする様子も収録されている。けれどもその後はヴェルディ歌手として活動し，フィガロ役を封印している（15年7〜8月スカラ座に同じ73歳のライモンディと出演したのは例外中の例外）。

　フィガロを約40年間に1000回以上演じたヌッチは，200年の上演史における「最後のフィガロ歌手」と位置付けても間違いではない。ポスト・ヌッチについては後の項目にゆずり，近現代のロジーナ歌手に話を移そう。

ロジーナ歌手（1）：ゼンブリヒからスペルビアまで

　第七の扉「19世紀の上演とロッシーニ歌手の変遷」に記したように，ロジーナ役は早くからソプラノによっても歌われ，アデリーナ・パッティの登場で「コロラトゥーラ・ソプラノの娘役」のイメージが定着した。

　パッティの後継者として最初に挙げるべきは，1858年生まれのポーランド人マルツェラ・ゼンブリヒ（Marcella Sembrich, 1858-1935）である。ミラーノで声楽をG.B.ランペルティに師事したゼンブリヒは19歳でオペラ歌手となり，1880年22歳でロンドンのコヴェント・ガーデン劇場に《ランメルモールのルチーア》でデビューした。83年のメトロポリタン歌劇場デビューもルチーアで飾り，以後1909年の引退まで断続的にMETのプリマ・ドンナを務め，ロジーナは1883，84，98〜1904，06〜08年に合計65回演じている。

259

MET 初のロジーナ歌手である彼女が 1907 年に録音した〈今の歌声〉は，パッティの流れを汲む演奏としても興味深い（CD 復刻：Prima voce 他）。

同時代に活躍したスコットランド系オーストラリア人ネリー・メルバ（Nellie Melba [生名 Helen Porter Mitchell], 1861-1931）は家族の反対で

ゼンブリヒのロジーナ　　　メルバのロジーナ

デビューが遅れ，マティルデ・マルケージに師事して《リゴレット》ジルダでデビューしたのは 26 歳の時だった（1887 年ブリュッセル）。ゼンブリヒ同様ルチーア歌手として人気を博し，1888 年 5 月にコヴェント・ガーデン劇場デビューを果たした。93 年 12 月にはルチーアでメトロポリタン歌劇場にデビューし，1904 年まで 10 年間 MET のプリマ・ドンナを務めたが，《セビーリャの理髪師》には出演せず，ロジーナ歌手として評価を得たのは 1898 年と 1900 年ロンドンにおいてであった。

メルバに続いてロンドンでロジーナを演じたルイーザ・テトラッツィーニ（Luisa Tetrazzini, 1871-1940）は，フィレンツェ生まれのコロラトゥーラ・ソプラノである。コヴェント・ガーデン劇場に 1907 年ヴィオレッタでデビューして大成功を収め，08 〜 10 年にロジーナを演じたが，メトロポリタン歌劇場ではルチーア，ヴィオレッタ，ジルダのみ演じた。録音に 04 年（ピアノ伴奏。前半のみ）と 11 年の〈今の歌声〉があり，過剰なポルタメントとカデンツァが際立ち，最高音 e''' の声質の素晴らしさにも圧倒される（CD 復刻：Romophone 他）。

後にマリア・カラスの師となるエルビラ・デ・イダルゴ（Elvira de Hidalgo [本名 Elvira Juana Rodríguez Roglán], 1891-1980 [6]）は，1910 〜 20 年代にロジーナ歌手として人気を博した。スペインのバルデロブレスに生まれ，ミラーノで声楽を修め，1908 年 4 月 20 日ナポリのサン・カルロ劇場にロジーナでデ

テトラッツィーニのロジーナ

第十の扉　近現代《セビーリャの理髪師》の名歌手たち

ビューしたのは 16 歳のとき。メトロポリタン歌劇場デビューも同役で飾った（10 年 3 月 7 日）。最初の 10 年間だけでもロジーナを，アメリカ，イタリア，スペイン，モナコ，フランス，ロシア，スウェーデン，アルゼンチン，ブラジル，ポルト

デ・イダルゴのロジーナ

ガッリ＝クルチのロジーナ

ガルなど世界各地で歌い，その間 16 年の《セビーリャの理髪師》初演 100 周年記念スカラ座上演でも同役を 14 回演じた（初日は 2 月 9 日。スカラ座では 22 年にも演じ，イタリアではナポリ，ミラーノ，パレルモ，ローマ，トリーノ，ボローニャ，ジェノヴァでも歌った）。ルチーア，エルヴィーラ，ジルダの 3 役でも活躍し，08 年録音の〈今の歌声〉に 16 歳とは信じがたい歌唱を残した（CD 復刻：Fono 他）。デ・イダルゴは 36 年に引退し，アテネ音楽院の声楽教師としてカラスと出会うことになる（後述）。

こうしたポスト・パッティのロジーナの締め括りとなるのが，コロラトゥーラ・ソプラノのガッリ＝クルチ，ダル・モンテ，ポンスである。その一人アメリータ・ガッリ＝クルチ（Amelita Galli-Curci, 1882-1963）はミラーノ王立音楽院のピアノ科を首席で卒業し，1906 年トラーニでジルダを歌ってデビューすると，最初の 10 年間にロシア，スペイン，エジプト，アメリカと中南米で活躍した。メトロポリタン歌劇場には 21 年 11 月 14 日ヴィオレッタでデビューし，ルチーア，ジルダに続いて翌 22 年ロジーナを歌った。以後 8 年間毎年 MET でロジーナを演じ，30 年 1 月 24 日の引退公演も《セビーリャの理髪師》であった（その間 29 年 4～5 月に来日して数度の演奏会を開く。第九の扉「日本における《セビーリャの理髪師》の受容」参照）。17 年と 27 年に録音した〈今の歌声〉では，高音の長い延ばしやメッサ・ディ・ヴォーチェを巧みに駆使している（CD 復刻：Romophone 他）。

トーティ・ダル・モンテ（Toti Dal Monte［本名 Antonietta Meneghel］, 1893-1975）は，19 世紀最後の正統的コントラルト，バルバラ・マルキージオに師事し，1916 年にザンドナーイ《フランチェスカ・ダ・リミニ》ビアンカフィオーレ役でスカラ座にデビューした。スカラ座ではロジーナを 22 年と 24 年（フィガ

261

ロはストラッチャーリ），33 年（伯爵はスキーパ）に演じ，25 年のコヴェント・ガーデン劇場，27 年ブエノスアイレスのコロン劇場でも同役で人気を博し，24 年録音〈今の歌声〉に完成度の高い歌唱を残した（CD 復刻：Prima voce 他）。夫のテノール，エンツォ・デ・ムーロ＝ロマント（Enzo De Muro-Lomanto, 1902-52）との共演も多く，31 年には夫妻で来日して帝国劇場で 4 回の演奏会を行った。

ダル・モンテのロジーナとデ・ムーロの伯爵

これに対し，第二次世界大戦を挟んで 25 年以上にわたってメトロポリタン歌劇場でロジーナを歌ったのがリリー・ポンス（Lily Pons［本名 Alice Joséphine Pons］, 1898-1976）である。フランスのドラギニャンに生まれ，パリ音楽院でピアノを修めた彼女は，1928 年 30 歳でオペラ・デビューを果たした。ほどなくガッリ＝クルチの後継者としてメトロポリタン歌劇場に抜擢され，31 年 1 月 3 日ルチーアでデビューすると，同月 27 日からロジーナを演じた。MET では 31，32，38～40，42，43，48，50，51，55 年にロジーナを演じ，50 年 12 月 16 日の上演ライヴ録音がある（Sony 他）。けれども 29，31，35 年に行った〈今の歌声〉の単独録音を聴くと，ポスト・パッティの歌唱がポンスによって声の曲芸の極致というべき高みに達したと同時に，その先に発展の余地のないことが判る（CD 復刻：VAIA）。

こうした流れと並行して徐々に進んだのが，ロッシーニが理想とした声種の見直しである。

スペルビア（1913 年頃）

1895 年にスペインのアンダルシアの名家に生まれたコンチータ・スペルビア（Conchita Supervia［生名 Concepción Supervia Pascual］, 1895-1936）が，その先駆けである。1910 年 14 歳の誕生日の直前にブエノスアイレスのコロン劇場に端役でデビューしたスペルビアは翌年イタリアに渡り，15 歳の若さでレッチェでカルメン，ローマで R. シュトラウス《ばらの騎士》オクタヴィアンを歌うなど驚くべき早熟な才能を現した[7]。その声は G-b" の音

262

域をもつメッゾソプラノで，ロジーナを 14 年にバルセロナで初役したが，同役の出演は 30 年パリ・オペラ座，33 年パリのオペラ・コミック座など僅かな機会に限られている。にもかかわらずロッシーニ歌手として後世に名を残したのは，《ラ・チェネレントラ》と《アルジェのイタリア女》の復活に貢献し，オリジナルの声種の魅力を再認識させたことにあった（ダリラやカルメンでも絶賛された）。27 年と 28 年に行った前記ブッファ 3 作の四つの楽曲録音は，歌唱様式におけるロッシーニ復興の最初ののろしと言える（CD 復刻：Prima voce 他）。

ロジーナ歌手（2）：シミオナートからバルトリまで

40 歳の若さで世を去るスペルビアの芸術を受け継いだのが，フォルリ生まれのジュリエッタ・シミオナート（Giulietta Simionato, 1910-2010）である。幅広いレパートリーでメッゾソプラノの再評価を促したシミオナートは，1942,44，48，52 年にミラーノのスカラ座でロジーナを演じ，アンジェリーナとイザベッラを含むロッシーニ・ブッファ 3 役のほか，52 年《タンクレーディ》（蘇演）のタンクレーディ，62 年スカラ座《セミラーミデ》のアルサーチェも演じた（蘇演ではないが，戦後初の重要上演）。《セビーリャの理髪師》全曲録音はライヴを含めて 4 種あり [8]，その一つは 63 年 NHK イタリア歌劇団第 4 回公演の録音である。一連の演奏を聴くと，シミオナートが幅広い音域と力強い発声に加えてアジリタも巧みで，その歌唱が今日にも通じる高い水準にあったことが判る [9]。

しかしながら，20 世紀半ばのベルカント復興の功労者をマリア・カラス（Maria Callas, 1923-77）とするのが定説である。彼女がロッシーニ時代のドラマーティコ・ダジリタ（soprano drammatico d'agilità）の用法を復活させ，ベルカント・オペラに対する認識を根底から変えてしまったからである。アメリカ移民ギリシア人の娘として生まれたカラスは，アテネの音楽院で前記デ・イダルゴに師事し，ドラマティックな歌唱とベルカントの柔軟な声のコントロールを身につけた。本格的キャリアを《カヴァレリア・ルスティカーナ》で始めた彼女は 25 歳までに，イゾルデ，トゥーランドット，レオノーラ（《運命の力》），アイーダを演じ，ノルマも早くからレパートリーにしていたが，1949 年 1 月ヴェネツィアのフェニーチェ劇場で演じた《清教徒》エルヴィーラでセンセーションを巻き起こした。この出来事はパッティの後継者となったコロラトゥーラ・ソプラノの覇権の終焉を意味した。なぜなら声の技術を高音域の名人芸に

263

特化した時代が、ドラマティックな歌唱に秀で、悲劇女優としても卓越したカラスの出現でその歴史に幕を下ろすからである。

ロッシーニ歌手としてのカラスは 1952 年フィレンツェの《アルミーダ》蘇演（当時 28 歳）が名高いが、これに先立ち 50 年にローマで《イタリアのトルコ人》フィオリッラを演じ、トゥーランドットやイゾルデの歌手がレッジェーロの役を軽々と歌ったのは「驚異的」と評された。ロジーナは 56 年にスカラ座で初役し、カルメン風に演じて批評家たちを憤慨させたが、ライヴ録音を聴くと、奔放な演唱で観客を沸かせながらもカルメン的な媚態のあることが判る（CD 復刻：Melodram 他）。酷評されたカラスは舞台でのロジーナを封印したが、翌 57 年の EMI スタジオ録音では多彩な声色を駆使し、少女らしい声音と浅い発声での歌唱が随所に聴き取れる（フィガロとの二重唱での「手紙ならここにあるわ」の一言も声の色を精妙に変えているが、スカラ座ではカルメン風に高笑いして「あ～フィガロ」の台詞を付加した）。声の色や表情を変化させるカラスのロジーナは、58 年パリ・オペラ座コンサートの映像に見て取れる（EMI）。

ソプラノによるロジーナはその後も一定のポジションを保持し、カラスと同い年のビクトリア・デ・ロス・アンヘレス（Victoria de los Ángeles, 1923-2005）が 1956 年にスカラ座、54, 57 年にメトロポリタン歌劇場で歌った。ドイツ語圏ではエリカ・ケート（Erika Köth, 1925-89）が活躍し、57 年 3 月のヴィーン国立歌劇場では歌のレッスンの場にドニゼッティ《シャモニのリンダ》のアリア、59 年バイエルン国立歌劇場のプロダクションでは《ドン・パスクワーレ》ノリーナのカヴァティーナを歌っている（付録 1 参照）。ニューヨーク・シティ・オペラでは 70 年代にベヴァリー・シルズ（Beverly Sills, 1929-2007）、80 年代の MET ではキャスリーン・バトル（Kathleen Battle, 1948-　）のロジーナが人気を博した（82, 34, 88～90 年に出演）。ケート、シルズ、バトルはコロラトゥーラ・ソプラノの系譜に連なるが、70 年代にはロジーナがメッゾソプラノ役と認知され、シミオナートの後継者となる優れた低声女性歌手を輩出することになる。

クレシェンティーノに生まれ、トリーノの音楽院で声楽を修めたフィオレンツァ・コッソット（Fiorenza Cossotto, 1935-　）もその一人で、1956 年 12 月にプロコフィエフ《炎の天使》の小さな役でスカラ座デビューし、ケルビーノから現代オペラまで幅広いレパートリーで活躍した。《ラ・ファヴォリータ》（イタリア語版）レオノーラやカルメンに定評がある彼女は、ソ連ツアーを含めて 64 ～65 年にスカラ座で 3 度ロジーナを演じ、ライヴを含めて 3 種の全曲録音がある [10]。その歌唱はシミオナートゆずりの正攻法で、コロラトゥーラの華やか

さを欠くものの，歌の印象は今日のロッシーニ歌唱と遜色なく，深みのある低声も大変魅力的である。

　同じ頃アメリカで頭角を現したマリリン・ホーン（Marilyn Horne, 1929-　）はロッテ・レーマンに師事し，1954年にデビューした。ジョーン・サザランドの相手役として評価を高め，70年3月に《ノルマ》アダルジーザでメトロポリタン歌劇場にデビューすると（ノルマ役はサザランド），ロジーナを71，73，82，89年に演じ，イタリア各地でも活躍した。《セビーリャの理髪師》の全曲録音はライヴを含めて4種あり[11]，中でも82年スタジオ録音の〈今の歌声〉における幅広い音域，柔軟な歌唱法，的確なアジリタと大胆なヴァリアツィオーネ（旋律の自由な変奏）が素晴らしい。歌のレッスンの場の差し替え曲にも特色があり，20世紀のロジーナ歌手の中で突出した個性を具えている（後述）。

　これに対し，同時代のテレサ・ベルガンサ（Teresa Berganza, 1935-　）は端正なロジーナを造型して評価を高めた。マドリードで生まれ，同地の音楽院で学んだベルガンサは1957年にエクサン・プロヴァンス音楽祭《コジ・ファン・トゥッテ》ドラベッラでデビューし，59年にロジーナでロイヤル・オペラ（コヴェント・ガーデン劇場）にデビューした。以後60～80年代にモーツァルトとロッシーニの作品，さらにカルメン歌手として国際的に活躍し，《セビーリャの理髪師》の全曲録音もライヴを含めて9種ある[12]。中でも71年のスタジオ録音とこれを音源とする映像版は，ゼッダ校訂版を初使用して音楽が一新され，ベルガンサの味わい深い歌唱により新時代のロジーナ像を刻印した。

　戦後生まれのメッゾソプラノによるロジーナは，バルツァとフォン・シュターデを嚆矢とする。ギリシアのレフカダ島生まれのアグネス・バルツァ（Agnes Baltsa, 1944-　）はアテネの音楽院で学び，マリア・カラス奨学金を得てミュンヒェンで声楽を修めた。カラヤンに認められ，ザルツブルク音楽祭を中心にカルメン，エーボリ公女，アムネリスなどドラマティックな役柄で活躍するかたわらロッシーニのブッファ3役でも評価され，ヴィーン国立歌劇場では《アルジェのイタリア女》に47回（1987～2013年），《ラ・チェネレントラ》に16回出演し，ロジーナを77～87年に21回演じた。全曲録音に78年の同劇場ライヴと82年のマリナー指揮スタジオ録音（Philips）がある。

　ドイツ系アメリカ人のフレデリカ・フォン・シュターデ（Frederica von Stade, 1945-　）はニューヨークで音楽を学び，1970年1月10日《魔笛》侍女でメトロポリタン歌劇場にデビューした。ロジーナは73，74，83，92年にMET，76／77，84／85年にミラーノのスカラ座，87年と88年にヴィーン国立歌

265

劇場で演じたが，正規の全曲録音に起用されなかった（ライヴのみ）。

　同世代でロッシーニ歌手としての存在感が際立つのが，ルチーア・ヴァレンティーニ＝テッラーニ（Lucia Valentini-Terrani, 1946-98）である。パドヴァで生まれ，22 歳で《ラ・チェネレントラ》を主演してデビューし，1972 年イタリア国営放送主催「新たなロッシーニの声」国際コンクールで優勝した彼女は，役者アルベルト・テッラーニと結婚してヴァレンティーニ＝テッラーニとして国際的に活躍した。メッゾコントラルトの声質と卓抜なアジリタ技術で 82 〜85，91，92 年 ROF［ロッシーニ・オペラ・フェスティヴァル］で名声を確立したが，オペラ・セーリアの男装役（タンクレーディ，マルコム，カルボ）の印象が強く，ロジーナ役での出演は少ない。それゆえ《セビーリャの理髪師》の全曲録音は無く，81 年スカラ座来日公演の NHK 放送映像が海賊録画の形で流布している。

　1950 年代世代では，アメリカのアトランタに生まれたジェニファー・ラーモア（Jennifer Larmore, 1958-　）のみ挙げておこう。86 年ニースで本格デビューし，ロジーナを 88 年ストラスブールを皮切りに世界各地で演じ，91 年ロイヤル・オペラハウス，92 年パリ・オペラ座，95 年メトロポリタン歌劇場デビューをロジーナで飾り，99 年 6 月にはスカラ座でも演じた（伯爵役はフローレス）。全曲録音はライヴを含めて 4 種あり，92 年スタジオ録音（Teldec）とネーデルラント歌劇場上演映像（Arthaus 他）にその魅力が全開している。けれども 60 年代生まれのライヴァルが登場し，ロジーナ歌手としての存在感が薄まった。

　その一人，レッジョ・エミーリア生まれのソニア・ガナッシ（Sonia Ganassi, 1966-　）は 1990 年スポレートでデビューし，ロッシーニ生誕 200 年の 92 年 1 月にローマ歌劇場［オペラ座］で降板したアンナ・カテリーナ・アントナッチ（Anna Caterina Antonacci, 1961-　）の代役として演じたロジーナで脚光を浴び，全曲スタジオ録音（Naxos）を経て，93 年ヴィーン国立歌劇場に同役でデビューした。メトロポリタン歌劇場にも 97 年ロジーナでデビューし，99 年のスカラ座は初日がガナッシ，二日目がラーモアだった。ガナッシは 90 年代イタリアの代表的ロジーナ歌手の一人で，2007 年スポレート歌劇場来日公演でも演じたが，発声に難があり，過大評価されたきらいがある。

　より強い個性と表現力の持ち主が，ブルガリア人のヴェッセリーナ・カサロヴァ（Vesselina Kasarova, 1965-　）である。ソフィア国立アカデミー在学中に 22 歳でソフィア国立歌劇場にロジーナでデビューし，1989 年ギュータースローの「新しい声」コンクールで一等賞を得てチューリヒ歌劇場にデビューする

第十の扉　近現代《セビーリャの理髪師》の名歌手たち

と，たぐい稀な声の魅力と確かな技巧で短期間に世界の頂点にのぼりつめた。91 年ヴィーン国立歌劇場，2002 年メトロポリタン歌劇場デビューもロジーナで飾り，その個性的な役作りは 01 年チューリヒ歌劇場上演映像に見て取れる（付録 1 参照）。だが，これに先立ちより強力なロッシーニ歌手が世に出ていた。それが 80 年代末に彗星のごとく現れたバルトリである。

　ローマのサンタ・チェチーリア音楽院で学び，19 歳のテレビ出演で注目されたチェチーリア・バルトリ（Cecilia Bartoli, 1966- ）は，1988 年 5 月に 21 歳でシュヴェツィンゲン音楽祭にロジーナで出演した（付録 1 参照）。同年 6 月にはパタネ指揮《セビーリャの理髪師》全曲録音でロジーナを歌い，並行して録音した「ロッシーニ・アリア集」によりオペラ界に衝撃を与えた（共に Decca）。正確無比なアジリタ技術とドラマティックな歌唱，斬新な解釈で新時代を切り拓いた功績はあらためて述べるまでもないが，ロジーナはキャリアの初期にのみ演じている。これはロッシーニのブッファ 3 役の中でイザベッラとアンジェリーナがロジーナ以上に魅力的であると理解され，復興の過程で他の役柄（《イタリアのトルコ人》フィオリッラやオペラ・セーリアのヒロイン）が再評価されたことも関係する。それゆえ，ラーモア，ガナッシ，カサロヴァの活躍を尻目に即座に他の役柄に移行したのもバルトリの慧眼であった。筆者が 20 世紀を締め括るロジーナをバルトリと位置付けるのも，21 世紀のロッシーニ歌手と歌唱の方向性を決定づける彼女の存在の大きさゆえである。

　21 世紀のロジーナ歌手については後の項目に譲り，近現代の《セビーリャの理髪師》レッスンの場の差し替えアリアに目を転じよう。

近現代のレッスンの場の差し替えアリアと原曲の復活

　歌のレッスンの場で差し替え曲を歌う慣習が 19 世紀前半に定着したことは，第五の扉「レッスンの場の差し替えアリア」に記したとおりである。では，その後の歌手たちはどんな差し替え曲を歌ったのか。ここでは 1880 年代から 20 世紀末までの事例を明らかにしてみよう。

　パッティ後の最初の重要ロジーナ歌手となるゼンブリヒがメトロポリタン歌劇場で歌った差し替え曲は，1883 ／ 84 年にハインリヒ・プロッホ作曲の変奏付きアリア〈ああ，帰ってきて，愛しい人よ（Deh torna mio bene）〉（以下，プロッホの主題と変奏と記す），フランツ・リース作曲〈子守歌（Wiegenlied）〉，アルバン・フェルステル作曲〈君を愛す（Ich liebe dich）〉である [13]。98 ／ 99 年にはヨ

267

ハン・シュトラウス 2 世《春の声（*Voci di primavera*［イタリア語版］）》，ショパン作曲のワルツ（曲目不明），アンコールに《夢遊病の女》のアリアのカバレッタ〈ああ！ 想像もつかないでしょう（*Ah! Non giunge*）〉を歌った。その後はマイアベーア《北極星》の〈これはきっと彼が，ラ，ラ，ラ（*C'est bien lui, Là là là*）〉やロッシーニ《セミラーミデ》の〈麗しく美しい光が（*Bel raggio lusinghier*），みずからピアノを弾きながらのショパンの歌曲《乙女の願い（*The Maiden's Wish*）［英語版］》や歌曲化された〈マズルカ〉を歌っている（1900〜04，07 年）。

　その後継者メルバは MET でロジーナを演じなかったが，他の劇場ではレッスンの場にトスティの歌曲〈朝の歌（*Mattinata*）〉やクリスマス・ソングとして流布した《清しこの夜（*Stille Nacht*）》を歌い，サンフランシスコ歌劇場では観客の緊張を見かねてピアノを弾きながらアメリカ国歌〈星条旗（*The Star-Spangled Banner*）〉を歌って大成功を収めた（ルチーア狂乱の場を歌って観客を驚かせることもあった[14]）。デ・イダルゴは 1910 年 MET デビューのレッスンの場でプロッホの主題と変奏を歌い，即座にアンコールを求められた。24 年の上演では，マイアベーア《ディノラ》の〈影の歌（*Ombra leggera*）〉とルペルト・チャピのサルスエラ《セベデオ［ゼベダイ］の娘たち》から〈愛する人のことを思うと（*Al pensar en el dueño de mis amores*）〉を歌っている。

　1916 年 2 月 5 日 MET の《セビーリャの理髪師》初演 100 周年記念公演（当時は初演日が 2 月 5 日と信じられた）では，スペイン人のマリア・バリエントス（Maria Barrientos, 1883-1946）がシュトラウス 2 世〈春の声〉をイタリア語版で歌った。彼女はパッティの流れを汲むコロラトゥーラ・ソプラノで，05 年にスカラ座でロジーナを歌い，ルチーアでデビューした MET では前記 100 周年公演から 20 年 4 月まで 4 年間ロジーナを演じ，18 年の上演ではレッスンの場にフェリシアン・ダヴィド《ブラジルの真珠》の〈可愛い鳥（*Charmant Oiseau*）〉，モーツァルトのコンサート・アリア〈ああ，どれほど苦しいかあなたは知らぬ（*Ah non sai qual pena*）〉（K.416）も歌っている。これに対し，ガッリ＝クルチは 22 ／ 23 年に MET でトマ《ミニョン》の〈私はティタニア（*Je suis Titania*）〉とビショップ〈ホーム・スウィート・ホーム（*Home sweet home*）〉[15]，その後は〈私はティタニア〉の代わりに《清教徒》の〈あなたの優しい声が（*Qui la voce sua soave*）〉，アダン《闘牛士［ル・トレアドール］》の〈ああ，ママ，聞いて（*Ah! vous dirai-je maman*）〉［キラキラ星による変奏曲］，プロッホの主題と変奏，マイアベーア〈影の歌〉を歌った（1929 年まで）。

　次世代のリリー・ポンスは，1931 年にプロッホの主題と変奏とビショップ

《間違いの喜劇》の〈見よ！　聞け，優しいヒバリを（*Lo! Here the Gentle Lark*）〉，32 年にダヴィド〈可愛い小鳥〉とビショップの前記曲，38 年にエヴァ・デラックワ作曲〈ヴィラネル（*Villanelle*）〉とモーツァルト《後宮からの誘拐》の〈ああ，私は恋をしていて（*Ach ich liebte*）〉，もしくはプロッホの主題と変奏と〈ヴィラネル〉をセットで歌い，39 年以降はその中の 1 曲を選んで歌った（50 年まで。ドリーブ《ラクメ》鐘の歌，グレトリ《ゼミールとアゾル》のアリアを含む）。

　他にも MET のロジーナ歌手はさまざまな差し替え曲を採用し，前記以外の曲に，ルイージ・ヴェンツァーノ〈ワルツ（*Valse*）〉，アレクサンドル・アリャービエフ〈小夜鳴鳥（*The Nightingale*）［英語版］〉，アルディーティ〈接吻（*Il bacio*）〉，同〈魅惑の女（*L'incantatrice*）〉，シュトラウス 2 世〈美しく青きドナウ（*An der schönen blauen Donau*）〉，グノー《ロメオとジュリエット》の〈ああ，私は夢に生きたい！（*Ah! Je veux vivre!*）〉，同《ミレイユ》の〈ああ，軽やかなつばめよ（*O légère hirondelle*）〉，ユリウス・ベネディクト〈ヴェネツィアの謝肉祭（*Il carnevale di Venezia*）〉，ロッシーニ《ラ・チェネレントラ》の〈苦しみと涙のうちに生まれ（*Nacqui all'affanno, e al pianto*）〉，モーツァルト《フィガロの結婚》の〈ああ，早くいらして（*Deh vieni non tardar*）〉，アントーニオ・ロッティ〈美しい唇よ，お前は言ったのだ（*Pur dicesti, o bocca bella*）〉，ドニゼッティ《シャモニのリンダ》の〈この心の光（*O luce di quest'anima*）〉が歌われた（1951 年まで）。

　中でも異色なのが，MET のプリマ・ドンナとして 1938 年から 46 年までロジーナを演じたブラジル人ソプラノ，ビドゥ・サヤン（Bidú Sayão［本名 Balduína de Oliveira Sayão］，1902-99）のためにピエートロ・チマーラが作曲した〈無益な用心（*L'inutile precauzione*）〉である。これはテキストにステルビーニのオリジナル台本を用いて 41 年に作曲献呈したアリアで，サヤン以外の歌手によっても MET で歌われた（未録音[16]）。全曲録音や上演ライヴ盤に残された差し替え例に，1927 ～ 29 年モラヨーリ指揮のスカラ座録音でスペイン人メルセデス・カプシール（Mercedes Capsir, 1895-1969）が歌ったモーツァルトの主題による変奏曲〈美しい花でいっぱいの緑の草原（*Un verde praticel pien di bei fiori*）〉（CD 復刻：Arkadia），リリー・ポンスが MET 上演ライヴで歌った《後宮からの誘拐》の〈ああ，私は恋をしていて〉と〈ヴィラネル〉（38 年），プロッホの主題と変奏（41 年），アダン〈ああ，ママ，聞いて〉（50 年）がある。《セミラーミデ》の〈麗しく美しい光が〉も複数の歌手がライヴ録音で歌っており，その一つに前記サヤンによる 43 年 MET 上演がある（CD 復刻：Phonographe）。

　こうした慣習の継続と並行して，ロッシーニの原曲〈愛に燃える心に

（*Contro un cor che accende amore*）〉の復活も SP 録音で始まった。スペルビアによる 1928 年 9 月の録音がその最初で（CD 復刻：The Classical Collector 他），33 年にはダル・モンテも単独録音している。全曲スタジオ録音では 50 年にシミオナートがこれを歌い（Cetra），オペラ映画版では 46 年にネリー・コッラーディ（Nelly Corradi, 1914-68）が短縮版，54 年にイタリア放送協会のテレビ映画でアントニエッタ・パストーリ（Antonietta Pastori, 1929- ）が原曲を歌っている（付録 1 参照）。その結果，メトロポリタン歌劇場での差し替えも 51 年 4 月の地方巡業で終わりを告げ（最後は 4 月 29 日ダラス），54 年 2 月 19 日から 69 年 5 月 31 日まで約 15 年間〈愛に燃える心に〉のみが歌われた[17]。ちなみに MET 本公演でロッシーニの原曲を歌ったのは 54 年 2 月 19 日のアメリカ人ソプラノ，ロバータ・ピーターズ（Roberta Peters, 1930- ）が最初で，彼女は 51 年 4 月の上演ではオベール《フラ・ディアヴォロ》の〈なんて幸せ（*Quel bonheur*）〉を歌っていた。

しかしながら，レッスンの場の差し替え慣習は世界各地で継続した。15 年間これを封印したメトロポリタン歌劇場においても 1971 年 1 月 23 日，マリリン・ホーンが《湖の女》のロンド＝フィナーレ〈胸の思いは満ち溢れ（*Tanti affetti in tal momento*）〉を歌って慣習を復活させ[18]，ダブルキャストの新人ソプラノ，ゲイル・ロビンソン（Gail Robinson, 1946-2008）もプロッホの主題と変奏を歌った（2 月 12 日のみ）。けれどもホーンの差し替えには評価の遅れたロッシーニのオペラ・セーリアに光を当てる目的があり，MET では 73 年に《湖の女》のロンド，82 年にロッシーニの原曲，89 年に最初の差し替えアリア〈私の平和，私の安らぎ（*La mia pace, la mia calma*）〉を取り上げ，その間イタリアでもタンクレーディのカヴァティーナを歌って喝采を浴びている（80 年 8 月のマチェラータ上演）。

それゆえ 20 世紀半ばにも慣習の継続と原曲復活の二つの流れが存在したが，戦後生まれのロジーナ歌手（フォン・シュターデ以降）にとってレッスンの場で原曲以外のアリアを歌うのは作品に対する冒涜と思われた。アルベルト・ゼッダによる《セビーリャの理髪師》批判校訂版が 1969 年に現れ，作品の原点に立ち戻ることの意義が広く知られるようになったからである。このゼッダ版《セビーリャの理髪師》は，ロッシーニ財団の全集版（79 年刊行開始）とシカゴ大学イタリア・オペラ研究所によるヴェルディ全集（83 年刊行開始）に道を拓く，画期的な業績であった。

かくして世紀末には伯爵のアリアも含めて原曲を演奏する方向に収斂し，

第十の扉　近現代《セビーリャの理髪師》の名歌手たち

21世紀を迎えることになる。

現代《セビーリャの理髪師》の歌手たち

　ロッシーニ復興の動きが加速した21世紀には，新進気鋭の歌手が世界で活躍しているが，フローレスやバルトリを超える伯爵やロジーナがいるか，と問われると答えに窮する。なぜなら《セビーリャの理髪師》で評価された歌手はバロック物から初期ロマン派の作品まで幅広い演目に出演を求められ，自分の適性に沿う形でステップアップを図るからである。以下，伯爵，フィガロ，ロジーナの順に，21世紀の動向を見ておこう。

　新世紀最初の10年間にフローレスが頂点を極めたアルマヴィーヴァ伯爵は，同時期に9歳年上のアントニーノ・シラグーザ（Antonino Siragusa, 1964-　）によっても世界各地で演じられた。メッシーナで生まれ，1998年にROF本公演デビューしながら国際的スターとなるのに時間を要した彼は，2003年にアルマヴィーヴァ伯爵でメトロポリタン歌劇場にデビューし，12～16年の5年間に，ベルリーン，フィレンツェ，トリーノ，ミュンヒェン，パリ，トリエステ，ヴィーン，ヴェローナでも演じたが，並行してロッシーニのオペラ・セーリアでも評価され，伯爵役のイメージが薄れている。同じ頃アメリカでは，2007年4月にMETで伯爵を歌ったアメリカ人ローレンス・ブラウンリー（Lawrence Brownlee, 1972-　）が浮上した。02年ヴァージニア歌劇場のオペラ・デビューもアルマヴィーヴァ伯爵で飾り，ヴィーン，ミラーノ，ベルリーン，ドレスデン，ミュンヒェン，バーデン＝バーデン，ハンブルク，東京（06年，新国立劇場）を経て，同役でMETデビューを果たした。ブラウンリーは10年のMET再演に続いて11年ベルリーン，シアトル，ヴェローナ，ヒューストン，12年ジュネーヴ，13年パレルモ，14年METでもこれを演じたが，その後は16年パリ（バスティーユ・オペラ）を例外に同役を離れている。

　続いて現れたのが，中南米出身のカマレナ，ガテル，ロチャの3人である。2004年メキシコシティの《連隊の娘》トニオでデビューしたメキシコ人ハビエル・カマレナ（Javier Camarena, 1976-　）は，温かな声と喜劇的演技を評価され，アルマヴィーヴァ伯爵を2007年チューリヒとヴィーン，08年ベルリーン，パリ，ヴィーン，11年MET，12年メキシコシティ，13年ヴィーン，ミュンヒェン，サンフランシスコで演じた。ヴィーンとミュンヒェンの再演を経て，16年のロイヤル・オペラに続いて17年のMETとチューリヒ再演にも出演す

271

る。アルゼンチンのラ・プラタ生まれのフアン・フランシスコ・ガテル（Juan Francisco Gatell, 1978- ）は 2005 年にイタリア・デビューしてただちにアルマヴィーヴァ伯爵でローマ歌劇場に求められ，10 年ヴィーン，ジュネーヴ，ブダペスト，11 年テル・アヴィヴとペーザロ（演奏会形式），12 年ヴィーン，ローマ，ハンブルク，13 年オマーン，ヴィーン，ケルン，14 年ブエノスアイレス，ペーザロ，バルセロナでも演じている。

　最も若い世代がウルグアイのリベラ生まれのエドガルド・ロチャ（Edgardo Rocha, 1983- ）である。2008 年にイタリア留学し，10 年にドニゼッティ《パリのジャンニ》でデビューした彼は，11 年にアルマヴィーヴァ伯爵をイタリア各地で歌い，12 年 12 月に同役でヴィーン国立歌劇場デビューを果たした。以後 13 年バレンシアとマドリード，14 年ナポリ，ローザンヌ，ミュンヒェン，パリ，チューリヒ，テル・アヴィヴ，ハンブルク，15 年ヴェローナを経て，2016 年ローマの初演 200 周年記念公演にも起用されている（後述）。

　では，フィガロはどうか。残念ながらヌッチの後継者として特筆すべき歌手はおらず，中堅もしくはヴェテラン歌手の持ち役となっている。フローレスが出演した二つの上演映像でフィガロを演じるピエートロ・スパニョーリ（Pietro Spagnoli, 1964- ）もその一人で，1987 年 23 歳でオペラ・デビューし，91 年 1 月《オリー伯爵》教育係でスカラ座デビューして以後，モンテヴェルディからプッチーニまで多彩なジャンルで活躍している。柔軟な声と技術に恵まれ，ROF にも 89 年を皮切りに数多く出演したが，現在はバルトロ役にシフトしている。ヴェルディ・バリトンの系譜ではスロヴァキア人ダリボール・イェニス（Dalibor Jenis, 1966- ）が力強い発声歌唱のフィガロで評価され，2011 年以降もベルリーン，ヴェローナ，東京（12 年と 16 年，新国立劇場），ハンブルク，パリ（オペラ・バスティーユ），ヴィーンで演じた。しかし，フィガロらしい軽妙さにやや欠け，ヴェルディ歌手によるフィガロとの印象を拭えない。

　その意味で期待されるのが，1988 年生まれのフランス人フロリアン・サンペ（Florian Sempey, 1988- ）である。2010 年 19 歳でボルドー歌劇場《魔笛》パパゲーノでデビューした新人ながら，12 年ボルドー，13 年サンテティエンヌ，14 年ペーザロ（ROF）とパリ（オペラ・バスティーユ），16 年にはローマ歌劇場とロイヤル・オペラでフィガロを歌っている。筆者は 14 年ペーザロで観劇し，柔軟で軽やかな歌唱にボーマルシェの原作を彷彿とさせる新たなフィガロ誕生を確信した。

　ロジーナに目を転じると，メッゾソプラノの逸材が 21 世紀に活躍してい

272

第十の扉　近現代《セビーリャの理髪師》の名歌手たち

る。その筆頭がカンザス生まれのアメリカ人ジョイス・ディドナート（Joyce DiDonato, 1969-　）で，2001年7月《ラ・チェネレントラ》でスカラ座にデビューして脚光を浴び，02年パリにロジーナでデビューし（オペラ・バスティーユ），同年10〜11月には新国立劇場でも演じている。その後も世界各地で《セビーリャの理髪師》と《ラ・チェネレントラ》を主演しているが，ロジーナは10年7月のスカラ座と同年10月ベルリン・ドイツ・オパーを最後に卒業している（上演映像は02年パリ・オペラ座と09年ロイヤル・オペラ。付録1参照）。次世代のエリーナ・ガランチャ（Elīna Garanča, 1976-　）はラトビアのリガに生まれ，デビュー間もない2000年にフランクフルト歌劇場でロジーナを演じ，ヴィーン国立歌劇場では03年12月から07年11月まで毎年同役を演じ，08年1月12日にロジーナでMETデビューして絶賛された。けれども09年5月MET《ラ・チェネレントラ》を最後に33歳で脱ロッシーニを宣言し，ロマン派から近代作品に主軸を移した。

　ロッシーニ歌手として活躍しながら娘役のロジーナに不向きなメッゾソプラノもいる。ダニエラ・バルチェッローナ（Daniela Barcellona, 1969-　）もその一人で，高すぎる身長や強い表出から適役でなく，ローマ歌劇場，フィレンツェ歌劇場，新国立劇場，ヴィーン国立歌劇場，カナリア諸島のラス・パルマスでロジーナを演じながらも2012年のモスクワとトリエステを最後に事実上封印している（15年6月ハンガリー国立歌劇場来日公演で演じたのは例外的）。シチリア生まれのマリアンナ・ピッツォラート（Marianna Pizzolato, ?-　）もタンクレーディで脚光を浴びたが，肥満体型ゆえロジーナへのオファーは少なく，08年リエージュ，11年ROF（演奏会形式），11／12年キール，14年ナポリのサン・カルロ劇場にとどまっている。

　これに対し現在最も期待されるのが，目覚ましいアジリタ唱法で新たな才能の出現を刻印したキアーラ・アマル（Chiara Amarù, 1984-　）である。パレルモに生まれてベッリーニ音楽院で声楽を修め，2010年《ラ・チェネレントラ》で頭角を現した彼女はロジーナを13年パレルモとトリーノ，14年ペーザロとコゼンツァ，15年トリーノ，16年にローマ歌劇場とフェニーチェ劇場で演じ，ロッシーニ歌手としての将来を嘱望されている。

　以上が実演にも接して筆者が高い評価を下す歌手たちであるが，ここに挙げなかった新人にも注目株は少なからずいる[19]。しかし，200年史としてはここで筆を擱き，《セビーリャの理髪師》の未来について筆者の考えを述べて本書の締め括りとしたい。

273

《セビーリャの理髪師》の未来

　《セビーリャの理髪師》の役柄が声楽的にも演劇的にも特殊であることは，初演から10年に満たぬ段階で理解されていた。コリンナ（《ランスへの旅》），アンナ・ボレーナ，アミーナ（《夢遊病の女》），ノルマを創唱してスタンダールから「歌唱芸術の極致」と称えられたジュディッタ・パスタ（Giuditta Pasta, 1797-1865）が豊富なキャリアでロジーナをたった一度しか演じなかったことも，その証左となる（1825年6月ロンドンのキングズ劇場のみ出演）。イザベッラとチェネレントラにうってつけでも，ロジーナ役に不向きのタイプがあるのだ。

　アルマヴィーヴァ伯爵役も同様で，リンドーロやドン・ラミーロとは異なり，変装して滑稽に演じる喜劇役者の才能が不可欠である。どちらも若くフレッシュな歌手向きの役柄だから，齢を重ねて老練になったからといって出演依頼があるわけではない。フィガロも同様で，明るいハイ・バリトンの声質と柔軟な歌唱，喜劇的な表情と演技に切れがないとバランスを欠く。それゆえ《セビーリャの理髪師》で認められれば世界の劇場に求められ，他のロッシーニ作品へのオファーも殺到するが，喜歌劇はオペラ・セーリアやロマンティック・オペラより一段低く見られることから，歌手たちが前記3役をシリアスな役柄への踏み台と考えても不思議はない。

　毎年100以上の都市で500回以上[20]も上演される《セビーリャの理髪師》は，世界で最も人気の高いオペラ・ブッファであるにもかかわらず，真に卓越した歌手を揃えるのが困難なため多くの上演でなお伯爵のアリアがカットされ（例，2014年オペラ・バスティーユと16年グラインドボーン音楽祭），ロジーナをソプラノ，ベルタをメッゾソプラノとする上演も後を絶たない。付録1に記したように，「喜劇としての楽しさ，声楽面の満足，演出の創意を高いレヴェルで統合することの難しさ」を克服する努力なくして，《セビーリャの理髪師》の未来はけっして明るいとは言えないのである。

　ローマで行われたこのオペラの初演200年記念公演（ローマ歌劇場。2016年2月11〜21日に8回）が観客の激しいブーイングを浴びたことも，それを裏付ける。ダブルキャストの初日の3役は前記アマル，ロチャ，サンペで，バジーリオ役イルデブランド・ダルカンジェロとバルトロ役シモーネ・デル・サヴィオも含めて現在望みうる最良のメンバーを揃えながら，演出家ダヴィデ・リヴェルモレが舞台をアメリカのホラー・コメディ『アダムスファミリー』のパロディにし，観客の反発を招いたのだ。リヴェルモレはロッシーニがこのオペラ

で「革命後のヨーロッパの悪魔祓いをした」と捉え，登場人物を蘇った死者のようなメイクと衣裳で演じさせた。その結果，最新の映像技術を駆使し，ギャグを散りばめ，歌手が立派に歌っても観客は満足せず，200年前の初日失敗に匹敵する騒ぎになったのである[21]。これもまた，《セビーリャの理髪師》200年史における事件と言って良いだろう。その一方，ペーザロのアッカデーミア・ロッシニアーナ（1989年にROFが創設したロッシーニ・アカデミー）で学んだ日本人の指揮者と若手歌手を中心に，望外の成果を上げた公演も2016年に行われている（日生劇場。指揮：園田隆一郎，演出：粟國淳[22]）。

　ここであらためて強調したいのは，現代は19世紀には問われなかったことが問われ，20世紀に許されたことが許容しがたい時代になったことである。楽譜の正しい解釈，正確な音程とフレージング，完璧なアジリタ歌唱，個性的で大胆なヴァリアツィオーネも現代の美的基準の一つとされるが，これは20世紀末までの上演で問題にされなかったのだ。その意味で現代の演奏に求められるハードルはかつてなく高く，初演200周年を迎えた2016年が新たな未来への出発点となるのを願わずにはいられない。

註

1　〈The Rossini Tenor〉〈Encore Rossini〉CD：Arabesque

2　1965年の来日コンサートでフィガロのカヴァティーナを歌った映像もある（NHK放送録画）。

3　1962年ブエノスアイレス，同年スタジオ録音（EMI），64年スカラ座，同年スカラ座モスクワ・ツアー，68年トリーノとフィレンツェ，69年ブエノスアイレス，83年MET，84年シカゴ。なお，スタジオ録音と特記した以外はライヴ録音（以下同）。

4　1959年ミュンヒェン，63年サンフランシスコ，65年スタジオ録音（Columbia），68年ザルツブルク，同年ニューヨーク，71年スタジオ録音（DG），72年映像版（DG／ユニバーサル），76年ミラーノ。

5　1980年マチェラータ，81年NHKホール，82年スタジオ録音（CBS Sony），同年ビルバオ，86年ワルシャワ，88年スタジオ録音（Decca），89年ニューヨーク（映像），96年ヴェローナ，2005年パルマ（映像）。

6　生年月日は諸説あるが，現在は1891年12月27日が有力とされる。

7　スペルビアのプロフィールはStanley Henigによる次のライナーノーツ参照。http://www.marstonrecords.com/supervia/supervia_liner.htm

8 1949年メキシコシティ，50年スタジオ録音（DG），56年スタジオ録音（Decca），63年東京文化会館。

9 次世代のメッゾソプラノ，クリスタ・ルートヴィヒ（Christa Ludwig, 1928- ）もロジーナを演じたが，ロッシーニ歌手としての功績は乏しい。

10 1964年ミラーノ，同年モスクワ，68年トリーノ。

11 1968年フィレンツェ，71年ニューヨーク，80年マチェラータ，82年スタジオ録音（Sony）

12 1960年ロンドン，62年オランダ・フェスティヴァル，64年スタジオ録音（Decca）65年ローマ，68年サンフランシスコ，69年ヴェネツィア，同年ブエノスアイレス，71年スタジオ録音（DG），72年ミラーノ（前年録音の映像化）

13 以下，メトロポリタン歌劇場における1883～1985年の上演と差し替え曲に関する情報は，*Annals of the Metropolitan Opera, The complete chronicle of performances and artists, 2-vols.*, New York, Metropolitan Opera Guild, 1989. に基づく。

14 Nellie Melba, *Melodies and Memories.*, New York, George H Doran, 1926., pp.168-169. 及びJoseph Wechsberg, *Red Plush and Black Velvet (The Story of Dame Nellie Melba and her Times).*, Widenfeld & Nicolson, London, 1962., pp.61-62.

15 原曲は歌劇《クラーリ（*Clari*）》（1828年）の楽曲。

16 Melody Marie Rich, *Pietro Cimara (1887-1967): His Life, His Work, and Selected Songs.*, The University of Texas at Austin, 2003., p.29. https://www.lib.utexas.edu/etd/d/2003/richmm032/richmm032.pdf

17 その間にもヴィーン国立歌劇場では差し替えの慣習が継続し，1957年と58年にはクリスタ・ルートヴィヒが《清教徒》のアリアを歌っている。

18 ホーンはこれに先立ち，1968年フィレンツェ上演のレッスンの場で《セミラーミデ》アルサーチェのアリアを歌った。

19 ロジーナ役はアメリカ人イザベル・レナード（Isabel Leonard, 1982- ）と日本人の脇園彩（1988- ），伯爵役はイタリア系アメリカ人ミケーレ・アンジェリーニ（Michele Angelini, ?- ），フィガロ役はアメリカ人ルーカス・ミーチェム（Lucas Meachem, ?- ）が挙げられる。

20 Operabaseによる2014年の上演は，世界108都市151公演で565回（2016年3月17日の検索結果。http://www.operabase.com/index.cgi?lang=it）。実際は，これを上回る数の上演があったと思われる。

21 初日の舞台がRAI 5でライヴ放送された。

22 2016年6月18／19日。アルマヴィーヴァ伯爵：中井亮一／山本康寛，ロジーナ：富岡明子／中島郁子，バルトロ：増原英也／久保田真澄，フィガロ：青山貴／上江隼人ほか。筆者は初日のみ観劇。

付録

| 付録1 | 映像ソフトにみる《セビーリャの理髪師》 |

　映像化されたロッシーニ《セビーリャの理髪師》は，1946 年制作のオペラ映画に
始まり，現在（2016 年 12 月）までの 70 年間に合計 16 の映像ソフトが発売されている
（特記した以外はすべて DVD。自主レーベルは付記参照）。そのどれもが喜歌劇としての面白
さを観る者に教えてくれるが，演出はもちろん，歌手たちの演技や歌唱も時代ごとに
さまざまである。本稿ではユニークな演出の 2002 年パリ・オペラ座の映像を起点に，
その特色を見ていこう。なお，映像ソフトは本文での言及順に番号を付して掲げ，歌
手は，ロジーナ，アルマヴィーヴァ伯爵，フィガロ，バルトロ，バジーリオの順に掲
載する。

▌出発点としての読み替え演出（①）

　ここで分析の出発点とする 2002 年パリ・オペラ座（オペラ・バスティーユ）の上演映
像は，映画監督でもある演出家コリーヌ・セローが劇の舞台をスペインのセビーリャ
からイスラム世界に移した点に最大の特色がある（①）。幕が上がるとそこは砂漠。遊
牧民の族長みたいなアルマヴィーヴァ伯爵，街が無いのに〈町の何でも屋〉を歌うフ
ィガロ……見ていて歯痒くなる舞台で，セビーリャが 8 〜 13 世紀にイスラム勢力の
支配を受けた歴史的事実はあっても，劇の時代設定に反するから最後まで違和感を拭
えない。

　歌手は伯爵役のロベルト・サッカを除いて全員ロッシーニ歌唱の水準を満たしなが
らも，歌の印象が薄い。衣装も含めた視覚面が，役柄，劇の設定，歌詞との間に絶え
ず齟齬をきたすのだ。服に携帯電話を幾つも付けたフィガロがなぜロジーナに手紙を
書かせ，飲酒が大罪のイスラム教圏でなぜ伯爵が酔っ払いの兵士に変装してバルトロ
の屋敷に入るのか？……などと疑問を呈しても仕方ない。すべては演出家による場所
の置き換えと小細工に起因する矛盾や錯誤なのである。インパクトのあるロジーナを
演じるジョイス・ディドナートも，ここでの歌唱はベストと言えない。伯爵の大アリ
アも歌われないが，後述するようにその有無は作品解釈や演奏の正否と係わるだけに

問題だ。

映像ソフト①

演出：コリーヌ・セロー
指揮：ブルーノ・カンパネッラ
演奏：パリ・オペラ座管弦楽団&合唱団
歌手：ジョイス・ディドナート（Ms）ロベルト・サッカ（T）
　　　ダリボール・イェニス（Br）カルロス・ショーソン
　　　（B）クリスティン・ジグムンドソン（B）他
収録：2002年4月パリ　Denon（国内盤）

演出は重要でも，歌手の素晴らしい歌と演技があれば粗末な舞台でも満足できる。有名歌手であってもロッシーニの高度な技巧に適応できなければミスキャストで，伯爵のアリアも在ると無いとでは大違い……それが《セビーリャの理髪師》なのである。以下，上演史のターニングポイントとなる諸問題も含めて検討してみよう。

初期の映像に観る20世紀半ばの演奏（②③）とゼッダ版の誕生（④）

　人気作品だけに上演映像は数多い。筆者の知る最も古い《セビーリャの理髪師》のそれは1946年制作のオペラ映画で，配役はフェッルッチョ・タリアヴィーニの伯爵，ティート・ゴッビのフィガロ，ネリー・コッラーディのロジーナである（Tespi Film 制作。マーリオ・コスタ監督。約90分の短縮版）。これは終戦後のイタリアで作られた最初のオペラ映画とあって，大きな反響を呼んだという。3人の主役は32〜33歳と若く，タリアヴィーニの甘く力強い歌声，ゴッビの若々しく活力に満ちたフィガロが素晴らしいが，残念なことに正規DVDは未発売となっている。

　続いて古いのが，1954年にイタリア放送協会（Radio Televisione Italiana）がテレビ放送用に制作したフィルムで，前記オペラ映画と共に20世紀前半の歌唱と演技を知る上で貴重なドキュメントとなっている（②，音と映像は別録。1954年4月23日初放送）。配役はアントニエッタ・パストーリのロジーナ，ニコラ・モンティの伯爵，ロランド・パネライのフィガロで，テレビ用のスタジオ・セットで撮影したため，人物を中心に映像処理が施されている。演出はオーソドックスなものだが，フィガロが登場のカヴァティーナを歌いながら自分のひげを剃るのは珍しい。モンティの甘美な歌声，溌剌

280

付録1　映像ソフトにみる《セビーリャの理髪師》

としたパネライの歌唱が印象的で，パストーリによるロジーナも 19 世紀末から続くコロラトゥーラ・ソプラノの伝統を感じさせる。当時の上演の慣例とは異なり，第 2 幕レッスンの場でロッシーニの原曲がきちんと歌われている点も評価したい。

映像ソフト②

演出：フランコ・エンリケ
指揮：カルロ・マリーア・ジュリーニ
演奏：イタリア放送協会管弦楽団&合唱団
歌手：アントニエッタ・パストーリ（S）ニコラ・モンティ（T）ロランド・パネライ（Br）マルチェッロ・コルティス（B）フランコ・カラブレーゼ（B）他
収録：1954 年　Immortal（海外盤）

　劇場での収録の最初は，2005 年に初 DVD 化された 1959 年ミュンヘンのキュヴィリエ劇場におけるバイエルン国立歌劇場のライヴで，半世紀前の上演のあり方を教えてくれる（③，ドイツ語歌唱）。キャストがすごい。伯爵は 29 歳のフリッツ・ヴンダーリヒ，フィガロは 30 歳のヘルマン・プライ，ロジーナが人気絶頂のエリカ・ケート，バジーリオがハンス・ホッターとあって，まさに宝の山だ。その歌唱と演技は 20 世紀半ばの最高レヴェルにあり，モノクロ映像&モノラル録音であってもクオリティは高く，舞台としても古臭さを感じさせない。

映像ソフト③

製作：ヘルベルト・リスト
指揮：ヨーゼフ・カイルベルト
演奏：バイエルン国立歌劇場管弦楽団&合唱団
歌手：エリカ・ケート（S）フリッツ・ヴンダーリヒ（T）ヘルマン・プライ（Br）マックス・プレープスト（B）ハンス・ホッター（B）他
収録：1959 年ミュンヘン　Deutsche Grammophon（海外盤。ドイツ語歌唱）

　ここまではオリジナルを逸脱した楽譜を用い，ロジーナもソプラノ・レッジェーロ

の持ち役とされ,〈今の歌声〉も半音高い移調ヴァージョン(ヘ長調)で歌われる。なにより時代を感じさせるのがコロラトゥーラ・ソプラノによる歌唱で,エリカ・ケートは夜の女王の最高音と同じハイFを連発するだけでなく,歌のレッスンの場にドニゼッティ《ドン・パスクワーレ》ノリーナのカヴァティーナ〈騎士はあのまなざしを〉を歌う。こうした声種の変更,移調,劇の文脈にそぐわぬアリアの挿入は,1960年代までの演奏の一般的傾向であると同時に旧時代の指標となっている。

　これに対し,新時代の幕を開けたのがアルベルト・ゼッダ校訂版を最初に用いたクラウディオ・アッバード指揮の全曲録音である(1971年 Deutsche Grammophon)。映像は1972年のジャン゠ピエール・ポネル演出(④)がこれに当たり,映像と音声が別録ながら,テレサ・ベルガンサの端正で味わい深い歌唱を通じてロジーナの本来の声種がメッゾソプラノであると納得させてくれる。伯爵役ルイージ・アルヴァの軽やかな声と滑らかなアジリタも,今日のロッシーニ・テノールの原点に位置する。ポネルの演出も緻密で,プライのフィガロ,エンツォ・ダーラのバルトロ,パオロ・モンタルソロのバジーリオ,さらにアッバードの指揮も相俟って,新生《セビーリャの理髪師》にふさわしい名演と言える(ただし,伯爵のアリアは歌われない)。

映像ソフト④

演出:ジャン゠ピエール・ポネル
指揮:クラウディオ・アッバード
演奏:ミラノ・スカラ座管弦楽団&合唱団
歌手:テレサ・ベルガンサ(Ms)ルイージ・アルヴァ(T)
　　　ヘルマン・プライ(Br)エンツォ・ダーラ(Br)パオロ・モンタルソロ(Br)他
収録:1972年ザルツブルク[映像]Deutsche Grammophon/ユニバーサル(国内盤)

旧時代の継続(⑤⑥)とバルトリの登場(⑦)

　1980年代にはマリリン・ホーンも頻繁にロジーナを歌ったが,世界の主流はなお,声種,解釈,アリアのカットにおいて旧時代のままだった。1976年ニューヨーク・シティ・オペラの上演映像(⑤)が一例で,ロジーナ役のベヴァリー・シルズがレッスンの場の原曲に続いてフルート独奏を伴う〈きらきら星変奏曲〉を延々と披露する

付録1　映像ソフトにみる《セビーリャの理髪師》

のだ。これはこれでとても面白いけれど，晩年のロッシーニがアデリーナ・パッティの歌うロジーナのアリアを聴き，「お嬢ちゃん，それは誰の曲？」と皮肉を言ったのを思い出す。マリア・ユーイングがロジーナを演じる1981年グラインドボーン音楽祭の上演映像も，ベルカント復興前のロッシーニ歌手払底の深刻さを物語る（⑥）。

映像ソフト⑤

演出：サラ・コールドウェル
指揮：サラ・コールドウェル
演奏：揮ニューヨーク・シティ・オペラ管弦楽団＆合唱団
歌手：ベヴァリー・シルズ（S）ヘンリー・プライス（T）アラン・タイタス（Br）ドナルド・グラム（Br）サミュエル・レイミー（B）他
収録：1976年11月ニューヨーク　Paramount（VHSビデオ）

映像ソフト⑥

演出：ジョン・コックス
指揮：シルヴァン・カンブルラン
演奏：ロンドン・フィルハーモニック管弦楽団，グラインドボーン合唱団
歌手：マリア・ユーイング（S／Ms）マックス＝ルネ・コソッティ（T）ジョン・ローンズリー（Br）クラウディオ・デズデーリ（Br）フェッルッチョ・フルラネット（B）他
収録：1981年8月グラインドボーン　小学館（国内盤）

そんな中，メッゾソプラノによるロジーナに新風を吹き込んだのがチェチーリア・バルトリで，1988年シュヴェツィンゲン音楽祭の上演映像は，彼女のまばゆいばかりの初々しさが最大の見どころである（⑦）。とはいえここでのバルトリはまだ22歳。その歌唱は万全とは言い難く，共演者にも恵まれていない。ミヒャエル・ハンペ演出の舞台は洗練され，装置も美しいけれど，泣き崩れるロジーナの背後で雨を降らせる嵐のシーンを除いて才気に乏しい。

283

> 映像ソフト⑦
>
> 演出：ミヒャエル・ハンペ
> 指揮：ガブリエーレ・フェッロ
> 演奏：シュトゥットガルト放送交響楽団，ケルン歌劇場合唱団
> 歌手：チェチーリア・バルトリ（Ms）デイヴィッド・キューブラー（T）ジーノ・キリコ（Br）カルロス・フェラー（Br）ロバート・ロイド（B）他
> 収録：1988年5月シュヴェツィンゲン　Arthaus（海外盤）

演出面での刷新（⑧⑨）

　1990年代の上演映像で目を引くのが，劇作家ダリオ・フォ演出による1992年ネーデルラント歌劇場である（⑧）。序曲の間にコンメーディア・デッラルテの人物やダンサー，着ぐるみの動物を登場させ，視覚的な面白さを追求する。持ち上げられた台の上で伯爵が歌い，ロジーナが糸巻きしながらアリアを歌うなど劇と関係のない動きをして煩わしいが，これもフォならではのトンデモ演出と言えよう。アルベルト・ゼッダの指揮，ジェニファー・ラーモアのロジーナ，シモーネ・アライモのバジーリオも秀逸だ。

> 映像ソフト⑧
>
> 演出：ダリオ・フォ
> 指揮：アルベルト・ゼッダ
> 演奏：ネーデルラント室内管弦楽団，ネーデルラント歌劇場合唱団
> 歌手：ジェニファー・ラーモア（Ms）リチャード・クロフト（T）デイヴィッド・マリス（Br）レナート・カペッキ（Br）シモーネ・アライモ（B）他
> 収録：1992年アムステルダム　世界文化社（国内盤）

　モダン・テイストの舞台では，グリシャ・アサガロフ演出の2001年チューリヒ歌劇場上演が出色（⑨）。フィガロはサイドカーのオートバイに乗って登場し，ヴェッセ

284

付録1　映像ソフトにみる《セビーリャの理髪師》

　リーナ・カサロヴァの超個性的なロジーナに加えて71歳のニコライ・ギャウロフのバジーリオも見ものである（さすがに声は衰えているが）。
　しかしながら、ここまで挙げたすべての上演で伯爵のアリア〈もう逆らうのをやめろ〉が歌われない。オリジナルに忠実な校訂版を作成したゼッダ自身が上演でカットしたのは解せないが、これはロッシーニ・テノール復興の遅れも一因であろう。ロジーナの適正な声種、正しいエディションの復活だけでなく、伯爵を歌うテノールによっても《セビーリャの理髪師》の今昔や演奏史の決定的な分岐点が存在するのである。

映像ソフト⑨

演出：グリシャ・アサガロフ
指揮：ネッロ・サンティ
演奏：チューリヒ歌劇場管弦楽団＆合唱団
歌手：ヴェッセリーナ・カサロヴァ（Ms）カルロス・ショーソン（T）マヌエル・ランサ（Br）ニコライ・ギャウロフ（B）他
収録：2001年4月チューリヒ　クリエイティヴ・コア（国内盤）

〈もう逆らうのをやめろ〉と伯爵役の存在感（⑩⑪⑫）

　ロッシーニのオペラの醍醐味が卓越した歌唱にあるなら、伯爵のアリアがカットされていいはずがない。そもそもリコルディ社の楽譜に一貫してこのアリアが載っているのだから、歌われて当然なのだ。にもかかわらず、現在もなおこれをカットする上演が主流である。それを歌う卓越したテノールが少ない、というだけではない。「《セビーリャの理髪師》の主人公は題名役のフィガロで、伯爵はヒロインのロジーナに続く第三のポジション」との先入観や誤解が障害になっているのだ。
　〈もう逆らうのをやめろ〉は指揮者エーリヒ・ラインスドルフが1958年に行った全曲録音でも歌われているが（RCA）、これは例外中の例外であり、舞台上演では1980年代にロックウェル・ブレイクの歌唱を通じて広く知られるようになった。ブレイクは、出演契約に「アリアを歌う」との項目を盛り込んで指揮者や劇場の求めるカットを拒否できたというから呆れる。要するに、歌手の能力と関係なしに、「最後のアリアは無くて当然」「伯爵は主役ではない」との誤解がまかり通っていたのであ

285

る。日本でも 1993 年に藤原歌劇団の招聘で初来日したブレイクが契約の際に「アリアを歌う」としたおかげで実現し，ダブルキャストの五郎部俊朗もこれを歌う機会を得たのであった。

　上演映像による〈もう逆らうのをやめろ〉も，ブレイクの歌う 1989 年メトロポリタン歌劇場ライヴが最初である（⑩）。レーオ・ヌッチのフィガロ，エンツォ・ダーラのバルトロと役者の揃った上演であるが，ロジーナが大スターのキャスリーン・バトルとあって旧時代のソプラノ・ヴァージョンに伯爵のアリアを追加しただけで終わっている。ラモン・ヴァルガスやブルース・フォードも 90 年代の上演でこのアリアを歌ったが，「主役は伯爵」との圧倒的印象を残すことはできなかった。

映像ソフト⑩

演出：ジョン・コックス
指揮：ラルフ・ヴァイケルト
演奏：メトロポリタン歌劇場管弦楽団＆合唱団
歌手：キャスリーン・バトル（S）ロックウェル・ブレイク（T）レーオ・ヌッチ（Br）エンツォ・ダーラ（Br）フェッルッチョ・フルラネット（B）他
収録：1989 年 2 月ニューヨーク　Deutsche Grammophon（海外盤）

　ここで理解しておきたいのは，台本作者チェーザレ・ステルビーニとロッシーニが卓越したテノールのマヌエル・ガルシアを前提に，劇作と音楽の双方で伯爵を主役に据えたという事実である。そのことは，両者の協議で短いフィナーレに先立ち「テノールの大アリア」を設ける決定がなされたことでも判る。短期間の作曲を余儀なくされたロッシーニが伯爵のアリアを書き下ろし，初演時の題名が《アルマヴィーヴァ，または無益な用心》だったのも伯爵が主役であることの証明で，そこに原作劇やパイジエッロとは異なるロッシーニ作品の独自性が見て取れる。

　それゆえ伯爵役に歌唱と演技の双方で最高のスター歌手を起用して初めて，《セビーリャの理髪師》の真価が明らかになる。アリアを歌えればいいのではない。すべての点でフィガロやロジーナを凌駕してこそ，伯爵は主役の位置を占めることができるのだ。それをなしたのが，現代ベルカント・テノールの最高峰フアン・ディエゴ・フローレスである。

　フローレスの出演した《セビーリャの理髪師》の上演映像は二つある。2005 年マ

付録1　映像ソフトにみる《セビーリャの理髪師》

ドリード王立劇場の上演（⑪）では最初の登場から圧倒的存在感を示し，カンツォーネ〈私の名を知りたければ〉の深い感情表現と〈もう逆らうのをやめろ〉の完璧な歌唱でも他の追随を許さない。共演者のマリア・バーヨ，ピエトロ・スパニョーリ，ブルーノ・プラティコ，ルッジェーロ・ライモンディは素晴らしい歌手で演技も達者だが，フローレスは表情，演技，歌唱のすべてにおいて彼らの上を行く。皮肉なのは，フローレスの相手役を務める女性歌手に若さや容姿でハンディが生じてしまうこと。バーヨもフローレスが伯爵でなければ，ここまでオバサン風に見えないだろう。

映像ソフト⑪

演出：エミリオ・サージ
指揮：ジャンルイージ・ジェルメッティ
演奏：マドリード王立劇場管弦楽団，マドリード合唱団
歌手：マリア・バーヨ（Ms）フアン・ディエゴ・フローレス（T）ピエトロ・スパニョーリ（Br）ブルーノ・プラティコ（Br）ルッジェーロ・ライモンディ（B）他
収録：2005年1月マドリード　Decca（国内盤）

その点でフローレスとのコンビにぴったりなのが，ジョイス・ディドナートである。2009年ロイヤル・オペラの上演映像（⑫）は，足を骨折した彼女が車椅子のまま出演したハプニングの記録でもあるが，優れた歌手は身体が不自由な状況にあっても立派に歌い演じられることの証明でもある。

映像ソフト⑫

演出：パトリス・コーリエ＆モーシュ・ライザー
指揮：アントニオ・パッパーノ
演奏：ロイヤル・オペラ管弦楽団＆合唱団
歌手：ジョイス・ディドナート（Ms）フアン・ディエゴ・フローレス（T）ピエトロ・スパニョーリ（Br）アレッサンドロ・コルベッリ（Br）フェルッチョ・フルラネット（B）他
収録：2009年7月ロンドン　Virgin Classics（海外盤）

287

パトリス・コーリエとモーシュ・ライザーの演出は斬新で，遊びすぎの部分もあるけれど，喜劇なら笑いの仕掛けが多くて構わない。とはいえ車椅子の使用で本来の演出とは異なり，色彩や舞台の美しさでも⑪のエミリオ・サージ演出が優り，フローレスの歌唱も同様である。ちなみにこのロイヤル・オペラ上演では前年成立したシカゴ大学の批判校訂版（ベーレンライター版）が使われ，シカゴ・リリック・オペラで行われた同エディションの披露公演でもディドナートがロジーナを演じている。

その他の上演映像にみる歌手選択の困難（⑬⑭⑮）

⑪⑫と同時期に収録された二つの上演映像にもふれておこう。

2005年パルマのレージョ劇場の上演映像（⑬）は，最高のフィガロ歌手がいまなおレーオ・ヌッチであることの証明である。聴衆の熱狂的な拍手に応え，〈町の何でも屋に道を開けろ〉を即座にアンコールしたのにも驚かされる。ロジーナ役のアンナ・ボニタティブスはヴィブラート過多が問題でもテクニックは抜群で，経験豊富な伯爵役ラウル・ヒメネスも安定した歌唱を繰り広げる。バルトロを歌うアルフォンソ・アントニオッツィの表情と演技も素晴らしい。演出家ベッペ・デ・トマジによる手の込んだ装飾的文様の背景や装置も含めてフローレスに代表される新たな《セビーリャの理髪師》と一線を画し，伝統を受け継いでなお新鮮な舞台が可能であることが判る。

映像ソフト⑬

演出：ベッペ・デ・トマジ
指揮：マウリツィオ・バルバチーニ
演奏：パルマ・レージョ劇場管弦楽団＆合唱団
歌手：アンナ・ボニタティブス（Ms）ラウル・ヒメネス
　　　（T）レーオ・ヌッチ（Br）アルフォンソ・アントニオッツィ（Br）リッカルド・ザネッラート（B）他
収録：2005年1月パルマ　Hardy（海外盤）

これに対し，2008年フェニーチェ劇場の上演映像（⑭）は現代におけるミスキャストの見本というべきもので，重めの声のフランチェスコ・メーリはアジリタが滑らかに転がらず，ロジーナ役のリナ・シャハムは本質的にカルメン歌手である。

付録1　映像ソフトにみる《セビーリャの理髪師》

> **映像ソフト⑭**
>
> 演出：ベーピ・モラッシ
> 指揮：アントニーノ・フォリアーニ
> 演奏：フェニーチェ歌劇場管弦楽団＆合唱団
> 歌手：リナ・シャハム（Ms）フランチェスコ・メーリ
> （T）ロベルト・フロンターリ（Br）ブルーノ・デ・シモーネ（Br）ジョヴァンニ・フルラネット（B）他
> 収録：2008年5月ヴェネツィア　Dreamlife（国内盤）

　この二つの上演では〈もう逆らうのをやめろ〉が歌われないが，これをカットするプロダクションが21世紀にふさわしいとは到底思えない。だが，問題はそこにとどまらない。演出，キャスト，指揮者の解釈に加え，経済的な要因も絡んで現代の上演は複雑な様相を呈しているからだ。新鋭指揮者アンドレア・バッティストーニ率いる2011年パルマ王立歌劇場の上演（⑮）はその典型というべきもので，ステーファノ・ヴィツィオーリ演出の舞台は絵を描いた背景幕や安普請の家などおおむね経費節約型の作りで，導入曲では衣装をつけたピットの奏者が舞台に上がって楽師を務める。抽象と具象の中間的な作りで，うず高く積んだ書籍をバルトロの部屋に持ち出すなど視覚的変化をつけながらも，全体の印象はそっけない。

> **映像ソフト⑮**
>
> 演出：ステーファノ・ヴィツィオーリ
> 指揮：アンドレア・バッティストーニ
> 演奏：パルマ・レージョ劇場管弦楽団＆同合唱団
> 歌手：ケテヴァン・ケモクリーゼ（Ms）ドミトリー・コルチャック（T）ルーカ・サルシ（Br）ブルーノ・プラティコ（Br）ジョヴァンニ・フルラネット（B）他
> 収録：2011年4月パルマ　Arthaus Musik（海外盤）

　歌手の所作や動きは緻密に計算され，演劇的にも観客を楽しませようとするけれど，ロジーナを歌うトビリシ生まれのケテヴァン・ケモクリーゼの発声が不安定で，〈今の歌声〉も音程がすべて微妙にずれている（中低音域の音のぶれは第2幕も同様）。伯爵役

289

ドミトリー・コルチャックも伸び悩みの感があり，アジリタのパッセージは巧みでも母音を開け放つ歌い方がやや下品。フィガロ役のルーカ・サルシがエネルギッシュな歌唱を繰り広げて存在感を示すものの，登場のカヴァティーナは声が上ずる。ジョヴァンニ・フルラネット演じる18世紀風のバジーリオも面白いが，それにも増して良いのがバルトロを歌うヴェテランのブルーノ・プラティコで，レチタティーヴォとパルランテの表現に個性が際立つ。

　24歳のバッティストーニは管弦楽の統率に優れた手腕を発揮するが，歌唱の緩急への即応力が弱い。ロッシーニの才気や陽気さとの相性も必ずしも良いとは言えず，テンポは快調でも音響に即物的で空疎な感触がつきまとう。最後の伯爵のアリアにおける部分的カットも適切な処理とは言い難く，基本的にヴェルディ指揮者のタイプであってロッシーニ指揮者ではない。合唱団のレヴェルの低さにも唖然とさせられる。これに対し，舞台左手前に陣取るレチタティーヴォ・セッコのフォルテピアノ奏者が洒脱な音楽を自由に付加し，演技にも関与して楽しませる。

　こうして種々の映像を観てあらためて思うのは，喜劇としての楽しさ，声楽面の満足，演出の創意を高いレヴェルで統合することの難しさである。歌と演技に達者な歌手を端役に至るまで完璧に揃えるも困難だから，隅から隅まで「最高！」と断言できる《セビーリャの理髪師》の上演映像は，残念ながらまだ存在していない。

▌付記：ROF自主レーベルの演奏会形式上演映像

　最新の上演映像に，2012年8月ロッシーニ・オペラ・フェスティヴァルの演奏会形式上演ライヴがある（⑯）。これは音楽祭の自主レーベルのため市場に出回らないが，アルベルト・ゼッダ校訂の全集版を使用し，ベルタとは別にリーザ役の歌手を起用した点でも貴重である。歌手は，横綱級の体型で圧倒的存在感のロジーナ役マリアンナ・ピッツォラートとバルトロ役ニコラ・アライモが共に豊かな歌と表現を繰り広げ，伯爵役のフアン・フランシスコ・ガテル，フィガロ役のマーリオ・カッシ，バジーリオ役のニコラ・ウリヴィエーリも健闘している。加えてゼッダ指揮の躍動感あふれる音楽が見事で，演技付きの演奏会形式ながら21世紀の模範的演奏として一見の価値がある。

付録1　映像ソフトにみる《セビーリャの理髪師》

映像ソフト⑯

演出：──
指揮：アルベルト・ゼッダ
演奏：ボローニャ歌劇場管弦楽団＆合唱団
歌手：キアーラ・アマル（Ms）フアン・フランシスコ・
　　ガテル（T）マーリオ・カッシ（Br）ニコラ・アライモ
　　（Br）ニコラ・ウリヴィエーリ（B-Br）他
収録：2011年8月22日ペーザロ　Rossini Opera Festival
　　（海外盤，PAL 仕様）

291

付録2　ロッシーニ・オペラ目録

* 題名とジャンルは簡略記載。

	題名，ジャンルと幕数	初演
1	**デメートリオとポリービオ** オペラ・セーリア，2幕	（1810年作曲）　1812年5月18日ローマ，ヴァッレ劇場
2	**結婚手形** ファルサ，1幕	1810年11月3日ヴェネツィア，サン・モイゼ劇場
3	**ひどい誤解** オペラ・ブッファ，2幕	1811年10月26日ボローニャ，コルソ劇場
4	**幸せな間違い** ファルサ，1幕	1812年1月8日ヴェネツィア，サン・モイゼ劇場
5	**バビロニアのチーロ** オペラ・セーリア，2幕	1812年3月14日フェッラーラ，コムナーレ劇場
6	**絹のはしご** ファルサ，1幕	1812年5月9日ヴェネツィア，サン・モイゼ劇場
7	**試金石** オペラ・ブッファ，2幕	1812年9月26日ミラーノ，スカラ座
8	**なりゆき泥棒** ファルサ，1幕	1812年11月24日ヴェネツィア，サン・モイゼ劇場
9	**ブルスキーノ氏** ファルサ，1幕	1813年1月27日ヴェネツィア，サン・モイゼ劇場
10	**タンクレーディ** オペラ・セーリア，2幕	1813年2月6日ヴェネツィア，フェニーチェ劇場
11	**アルジェのイタリア女** オペラ・ブッファ，2幕	1813年5月22日ヴェネツィア，サン・ベネデット劇場
12	**パルミラのアウレリアーノ** オペラ・セーリア，2幕	1813年12月26日ミラーノ，スカラ座
13	**イタリアのトルコ人** オペラ・ブッファ，2幕	1814年8月14日ミラーノ，スカラ座
14	**シジスモンド** オペラ・セーリア，2幕	1814年12月26日ヴェネツィア，フェニーチェ劇場
15	**イングランド女王エリザベッタ** オペラ・セーリア，2幕	1815年10月4日ナポリ，サン・カルロ劇場
16	**トルヴァルドとドルリスカ** オペラ・セミセーリア，2幕	1815年12月26日ローマ，ヴァッレ劇場
17	**セビーリャの理髪師**[1] オペラ・ブッファ，2幕	1816年2月20日ローマ，アルジェンティーナ劇場
18	**新聞** オペラ・ブッファ，2幕	1816年9月26日ナポリ，フィオレンティーニ劇場
19	**オテッロ** オペラ・セーリア，3幕	1816年12月4日ナポリ，フォンド劇場

付録2　ロッシーニ・オペラ目録

20	ラ・チェネレントラ オペラ・ブッファ，2幕	1817年1月25日ローマ，ヴァッレ劇場
21	泥棒かささぎ オペラ・セミセーリア，2幕	1817年5月31日ミラーノ，スカラ座
22	アルミーダ オペラ・セーリア，3幕	1817年11月9日ナポリ，サン・カルロ劇場
23	ブルグントのアデライデ オペラ・セーリア，2幕	1817年12月27日ローマ，アルジェンティーナ劇場
24	エジプトのモゼ オペラ・セーリア，3幕	1818年3月5日ナポリ，サン・カルロ劇場
25	アディーナ ファルサ，1幕	（1818年作曲）1826年6月12日 リスボン，サン・カルロス劇場
26	リッチャルドとゾライデ オペラ・セーリア，2幕	1818年12月3日ナポリ，サン・カルロ劇場
27	エルミオーネ オペラ・セーリア，2幕	1819年3月27日ナポリ，サン・カルロ劇場
28	エドゥアルドとクリスティーナ オペラ・セーリア，2幕	1819年4月24日ヴェネツィア，サン・ベネデット劇場
29	湖の女 オペラ・セーリア，2幕	1819年10月24日ナポリ，サン・カルロ劇場
30	ビアンカとファッリエーロ オペラ・セーリア，2幕	1819年12月26日ミラーノ，スカラ座
31	マオメット2世 オペラ・セーリア，2幕	1820年12月3日ナポリ，サン・カルロ劇場
32	マティルデ・ディ・シャブラン[2] オペラ・セミセーリア，2幕	1821年2月24日ローマ，アポッロ劇場
33	ゼルミーラ オペラ・セーリア，2幕	1822年2月16日ナポリ，サン・カルロ劇場
34	セミラーミデ オペラ・セーリア，2幕	1823年2月3日ヴェネツィア，フェニーチェ劇場
35	ランスへの旅 オペラ・ブッファ，1幕	1825年6月19日パリ，イタリア劇場
36	コリントスの包囲 トラジェディ・リリック，3幕	1826年10月9日パリ，オペラ座
37	モイーズ[3] オペラ，4幕	1827年3月26日パリ，オペラ座
38	オリー伯爵 オペラ，2幕	1828年8月20日パリ，オペラ座
39	ギヨーム・テル オペラ，4幕	1829年8月3日パリ，オペラ座

[1]　初演時の題名はアルマヴィーヴァ，または無益な用心
[2]　初演時の題名はマティルデ・シャブラン
[3]　初演時の題名はモイーズとファラオン

付録3　ロッシーニ略年譜

西暦	年齢	ロッシーニの生涯と主な作品
1792 年	0	2 月 29 日，ペーザロに生まれる。
1800 年	8	ボローニャでプリネッティに音楽を学ぶ。
1802 年	10	ルーゴに移住し，マレルビ神父に師事。
1806 年	14	ボローニャの音楽学校（リチェーオ・フィラルモーニコ）に入学。
1808 年	16	6 曲の弦楽四重奏曲を作曲し，早熟な才能を現す。
1810 年	18	《デメートリオとポリービオ》を習作（初演は 1812 年ローマ）。ヴェネツィアで《結婚手形》を初演してオペラ作曲家デビュー。
1811 年	19	ボローニャで《ひどい誤解》初演。
1812 年	20	ヴェネツィアで《幸せな間違い》《絹のはしご》《なりゆき泥棒》，フェッラーラで《バビロニアのチーロ》初演。《試金石》のミラーノのスカラ座初演で大成功を収める。
1813 年	21	ヴェネツィアで《ブルスキーノ氏》《タンクレーディ》《アルジェのイタリア女》，ミラーノで《パルミラのアウレリアーノ》初演。
1814 年	22	ミラーノで《イタリアのトルコ人》，ヴェネツィアで《シジスモンド》初演。
1815 年	23	ナポリの王立劇場音楽監督に就任し，同地で《イングランド女王エリザベッタ》，ローマで《トルヴァルドとドルリスカ》初演。
1816 年	24	ローマで《セビーリャの理髪師》，ナポリで《新聞》《オテッロ》初演。
1817 年	25	ローマで《ラ・チェネレントラ》《ブルグントのアデライデ》，ミラーノで《泥棒かささぎ》，ナポリで《アルミーダ》初演。
1818 年	26	ナポリで《エジプトのモゼ》《リッチャルドとゾライデ》初演。《アディーナ》を作曲（初演は 1826 年リスボン）。
1819 年	27	ナポリで《エルミオーネ》《湖の女》，ヴェネツィアで《エドゥアルドとクリスティーナ》，ミラーノで《ビアンカとファッリエーロ》初演。
1820 年	28	ナポリで《マオメット 2 世》初演。
1821 年	29	ローマで《マティルデ・ディ・シャブラン》初演。
1822 年	30	ナポリで《ゼルミーラ》初演。コルブランと結婚。ヴィーン訪問で大成功を収める。
1823 年	31	ヴェネツィアで《セミラーミデ》初演。冬にパリとロンドンを訪問して大歓迎を受ける。
1824 年	32	ロンドン滞在を経てパリに移り，王立イタリア劇場の監督に就任。
1825 年	33	パリの王立イタリア劇場で《ランスへの旅》初演。
1826 年	34	パリ・オペラ座で《コリントスの包囲》初演。

付録3　ロッシーニ簡略年譜

1827 年	35	母アンナ没。パリ・オペラ座で《モイーズとファラオン》初演。
1828 年	36	パリ・オペラ座で《オリー伯爵》初演。
1829 年	37	パリ・オペラ座で《ギヨーム・テル》初演。
1830 年	38	パリで七月革命勃発。新政府に契約を破棄されて訴訟を起こし，オペラの筆を折る。
1831 年	39	スペイン旅行。非公開の約束で《スタバト・マーテル》を作曲（翌年完成。初演は 1833 年マドリード）。
1832 年	40	社交界の寵児となり，美食家として名声を得る。オランプ・ペリシエが愛人となる。
1835 年	43	歌曲・重唱曲集《音楽の夜会》出版。
1836 年	44	フランス政府との裁判に勝訴して終身年金を獲得，ボローニャに戻る。
1837 年	45	コルブランと離婚。オランプを呼んでミラーノに音楽サロンを開く。
1839 年	47	ボローニャに定住して音楽学校の永久名誉院長に就任。父ジュゼッペ没。
1842 年	50	《スタバト・マーテル》第 2 稿をパリで初演，大成功を収める。
1845 年	53	前妻コルブラン没。翌年ペリシエと再婚。
1848 年	56	デモの群衆に罵倒されて恐怖をおぼえ，フィレンツェに逃れる（以後ボローニャを放棄し，フィレンツェに定住）。
1851 ～ 54 年	59 ～ 62	健康悪化。神経衰弱と不眠に苦しみ，自殺をほのめかす。
1855 年	63	パリに再移住し，徐々に健康を取り戻す。
1858 年	66	自宅に各界著名人を招く晩餐会と音楽の夜会を始め，後に《老いの過ち》と総題するピアノ曲と声楽小品の作曲開始。
1860 年	68	ヴァーグナーの訪問を受ける。パリ・オペラ座で《セミラミス》（《セミラーミデ》のフランス語版）が初演され，大成功を収める。
1863 年	71	ナポレオン 3 世よりレジョン・ドヌールを受勲。《小ミサ・ソレムニス》完成（翌年初演）。
1867 年	75	パリ万国博覧会で《ナポレオン 3 世とその勇敢なる民衆への讃歌》初演。
1868 年	76	パリ・オペラ座にて《ギヨーム・テル》500 回目の記念公演が行われる。11 月 13 日パシーにて死去。

295

参考文献

> * 本書の執筆に際して膨大な資料を参照したが，紙幅の関係ですべてを挙げるのは不可能なため約180点に絞り込んだ。ロッシーニ作品の楽譜，台本，イラスト，CD，DVD，図書館所蔵，インターネットのサイトについては本文と註を参照されたい。

I.《セビーリャの理髪師》(ロッシーニ／ボーマルシェ／パイジエッロ／モルラッキ)

ロッシーニ《セビーリャの理髪師》

- Giuseppe Radiciotti, *Gioachino Rossini: Il barbiere di Siviglia.*, Milano, Bottega di poesia, 1923.
- Guido Maggiorino Gatti, *Le Barbier de Séville de Rossini: Étude historique et critique-Analyse Musicale.*, Paris, Mellottée, 1925.
- Claudio Casini, *Iterazione circolarità e metacronia nel Barbiere di Siviglia.*[in *Bollettino del Centro Rossiniani di Studi*, Anno 1974., numero 2-3., Pesaro, Fondazione G.Rossini, 1975., pp.37-100.]
- Michel Pazdro, *L'œuvre à L'affiche* [in *Rossini, Le Barbier de Séville*, L'Avant Scène opéra., nov-déc.1981.]
- Gioachino Rossini, *Il barbiere di Siviglia*, ed. Philip Gossett, 2-vols., Roma, LIM, 1994. (P. Gossett, Introduction to Il barbiere di Siviglia / facsimile dell'autografo)
- *Gioachino Rossini, Il barbiere di Siviglia*, La Fenice prima dell'Opera 2004 6
- Bruno Cagli, *Amore e fede eternal.* [*Il barbiere di Siviglia*, programma del Rossini Opera Festival, 2005.]
- *Gioachino Rossini, Il barbiere di Siviglia*, La Fenice prima dell'Opera 2008 3
- Saverio Lamacchia, *Il vero Figaro o sia il falso factotum. Riesame del "Barbiere" di Rossini.*, Torino.EDT, 2008.

- *Il barbiere di Siviglia, Works of Gioachino Rossini, Vol.2.*, Edited by Patricia B.Brauner., Kassel etc., Bärenreiter, 2008.
- *Il barbiere di Siviglia, Edizione critica delle opera di Gioachino Rossini, I / 17.*, a cura di Alberto Zedda, Pesaro, Fondazione Rossini - Ricordi, 2009.
- Maurizio Modugno, *Discografia Rossiniana*, Parte terza. Le opere da *Torvaldo e Dorliska* a *Il barbiere di Siviglia*. [in *Bollettino del centro rossiniano di studi*, anno LIV., Pesaro, Fondazione G.Rossini, 2014., pp.137-165.]

[──以下，日本語文献]
- 水谷彰良「〈もう逆らうのをやめろ〉のロジーナ用ヴァージョン」（日本ロッシーニ協会紀要『ロッシニアーナ』第 20 号，2001 年）
- 水谷彰良「《セビリャの理髪師》──時代ごとに異なる上演と作品の受容」（藤原歌劇団公演プログラム，2011 年）改訂版「《セビーリャの理髪師》の変遷」：http://societarossiniana.jp/siviglia.fujiwara.pdf
- 水谷彰良「映像ソフトに観る《セビーリャの理髪師》」（『ロッシニアーナ』第 33 号，2012 年）増補版：http://societarossiniana.jp/barbiereDVDs.pdf
- 水谷彰良「ロッシーニ全作品事典（27）《セビーリャの理髪師》」（『ロッシニアーナ』第 34 号，2014 年）。改訂版：http://societarossiniana.jp/Barbiere.pdf
- 水谷彰良「《セビーリャの理髪師》レッスンの場の差し替えアリア／楽譜複製（1）ゾンタークが挿入した《ロードの変奏付きアリア》」（『ロッシニアーナ』第 34 号，2014 年）。増補改訂版：http://societarossiniana.jp/sashikae.aria-1.pdf
- 水谷彰良「《セビーリャの理髪師》の再検討──ロッシーニの作曲法とその特殊性」（『ロッシニアーナ』第 35 号，2015 年）
- 水谷彰良「《セビーリャの理髪師》レッスンの場の差し替えアリア／楽譜複製（2）カラドーリ夫人が挿入した《バグダッドの女奴隷》のアリア」（『ロッシニアーナ』第 35 号，2015 年）。改訂版：http://societarossiniana.jp/sashikae.aria-2.pdf
- 水谷彰良「大正〜昭和初期のロッシーニ声楽譜とその原本──〈Una voce poco fa〉の訳詞と原本。訳題「今の歌声」の起源」（『ロッシニアーナ』第 35 号，2015 年）。改訂版：http://societarossiniana.jp/Taisho-Showa.voce.pdf
- 水谷彰良「《セビーリャの理髪師》レッスンの場の差し替えアリア／楽譜複製（3）パーエル《ゴンドレッタのブロンド娘による変奏曲》」「楽譜複製（4）フンメル《ティロル風アリア，変奏付き》のアルボーニ・ヴァージョン」（『ロッシニアーナ』第 36 号，2016 年）。改訂版：http://societarossiniana.jp/sashikae.aria-3.pdf　及び

http://societarossiniana.jp/sashikae.aria-4.pdf
・水谷彰良「《セビーリャの理髪師》初演失敗の真実――証言と逸話，反響と流布の研究」（『ロッシニアーナ』第 36 号，2016 年）

ボーマルシェ『セビーリャの理髪師』

・Beaumarchais, *Le barbier de Séville, ou La précaution inutile.*, Paris, chez Ruault, 1775. （19 世紀の参照エディション：Paris, Laplace, Sanchez et Cie, 1876. / Paris, Librairie des Bibliophiles, 1882. / Paris, Chez A.Quantin, c.1884.）
・ボーマルシェ『セビーリャの理髪師』の邦訳：井上勇訳，聚英閣，大正 13 年／進藤誠一訳，岩波文庫，昭和 13 年／小場瀬卓三訳（『マリヴォー／ボーマルシェ名作集』白水社，1977 年）／鈴木康司訳，岩波文庫，2008 年
・鈴木康司『闘うフィガロ――ボーマルシェ一代記』大修館書店，1997 年
・水谷彰良「ボーマルシェの劇『セビーリャの理髪師』を観る」2009 年。改訂版（2013 年）：http://societarossiniana.jp/siviglia.beaumarchais.pdf

パイジエッロ《セビーリャの理髪師》

・Giovanni Paisiello, *Il barbiere di Siviglia*, Nuova edizione a cura di Mario Parenti (1960)., Milano, G.Ricordi, ristampa, 1978.
・Giovanni Paisiello, *Il barbiere di Siviglia*, edizione critica a cura di Francesco Paolo Russo., Laaber, Laaber-Verlag, 2001.
・*Giovanni Paisiello, Il barbiere di Siviglia*, La Fenice prima dell'Opera 2004 6 (http://www.teatrolafenice.it/media/libretti/43_2977barbiere_gp.pdf)

モルラッキ《セビーリャの理髪師》

・Francesco Morlacchi, *Il barbiere di Siviglia.* [Partitura manoscritta: Napoli, Biblioteca del Conservatorio S. Pietro a Majella / München, Bayerischen Staatsbibliothek]
・Biancamaria Brumana / Galliano Ciliberti / Nicoletta Guidobaldi, *Catalogo delle composizioni musicali di Francesco Morlacchi (1784-1841)* , "Historiae Musicae Cultores" Biblioteca 47, Firenze, 1987.
・Francesco Morlacchi, *Il barbiere di Siviglia.* (CD:Bongiovanni GB 2085/86-2) 1990.
・Galliano Ciliberti, *Morlacchi e i suoi rapporti con Rossini nel panorama musicale europeo*

della prima metà dell'Ottocento [in *Bollettino del centro rossiniano di studi*, anno XXXIII., Pesaro, Fondazione G.Rossini, 1993.]

・水谷彰良「さまざまな作曲家による《セビーリャの理髪師》──フランチェスコ・モルラッキ《セビーリャの理髪師》を中心に」(『ロッシニアーナ』第18号, 2000年)。改訂版：http://societarossiniana.jp/Morlacchi.pdf

II. ロッシーニ伝／ロッシーニ文献

▌ロッシーニ伝

・Stendhal, *Vie de Rossini*., Paris, Chez Auguste Boulland et Cie., 1824. ［邦訳あり：スタンダール『ロッシーニ伝』山辺雅彦訳, みすず書房, 1992年］

・Stendhal / Amadeus Wendt, *Rossinis Leben und Treiben*., Leipzig, Nachdr.der Ausg.1824.

・*Rossini e la musica, ossia Amena biografia musicale, almanacco per l'anno 1827* (anno 1)., Milano, Ant. Fort. Stella e figli, 1827.

・Antonio Zanolini, *Biografia di Giochino Rossini*., Paris, 1836.(Bologna, Nicola Zanichelli, 1875.)

・Jean van Damme, *Vie de Rossini, Célèbre compositeur, Membre de l'institut, Directeur du chant de l'Académie Royale de Musique, à Paris* [...], Anvers, Librairie nationale et étrangère, 1839.

・[*M.Rossini*] *Galerie des contemporains illustres, par un homme de rien*., Tome troisième, Paris, Au Bureau Central., 1841.

・Les Frères Escudier, *Rossini. Sa vie et ses oeuvres*., Paris, E.Dentu, 1854.

・Eduard Maria Oettinger, *Rossini, l'homme et l'artiste*., traduit de l'allemand par P.Royer., Bruxelles, Auguste Schnée, 1858.(Tome II)

・Eugène de Mirecourt, *Les Contemporains 29, Rossini*., Paris, Gustave Havard, 1855.

・Enrico Montazio, *Giovacchino Rossini* [I contemporanei italiani: Galleria nazionale del secolo XIX (39), Torino, Unione Tipografico -Editrice, 1862.

・[Anonimo] *Rossini*., Pesaro, Tipografia Fratelli Rossi, 1864.

・Alexis Jacob Azevedo, *G. Rossini, sa vie et ses œuvres*., Paris, Heugel, 1864.

・H. Sutherland Edwards, *The life of Rossini*., London, Hurst and Blackett, 1869.

・*Della vita privata di Giovacchino Rossini : memorie inedite del professore Filippo Mordani*.,

参考文献

Imola, Tip. d'Ignazio Galeati, 1871.
- Arthur Pougin, *Rossini: notes, impressions, souvenirs, commentaires.*, Paris, A.Claudin / Alf.Ikelmer et C.ie., 1871
- Lodovico Settimo Silvestri, *Della vita e delle opere di Gioachino Rossini : notizie biografico-artistico-aneddotico-critiche, compilate su tutte le biografie di questo celebre italiano e sui giudizi della stampa italiana e straniera intorno alle sue opera da Lodovico Settimo Silvestri.*, Milano, a spese dell'autore, 1874.
- Venturino Camaiti, *Gioachino Rossini. Notizie biografiche, artistiche e aneddotiche raccolte da V.Camaiti (ricordo del 3 maggio 1887)* ., Firenze, Tip. Coppini e Bocconi, 1887.
- Eugenio Checchi, Rossini., Firenze, G. Barbèra, 1922.
- Giuseppe Radiciotti, *Gioacchino Rossini: vita documentata, opere ed influenza su l'arte*, 3-vols., Tivoli, Arti Grafiche Majella di Aldo Chicca, 1927-29.
- Francis Toye, *Rossini: a Study in Tragi-Comedy.*, London, William Heinemann, 1934. (2- ed., 1954)
- Herbert Weinstock, *Rossini A Biography.*, New York, Alfred, A.Knopf, 1968.
- Giovanni Carli Ballola, *Rossini, L'uomo, la musica.*, Firenze, La Nuova Italia, 1992.
- Alan Kendall, *Gioacchino Rossini, the Reluctant Hero.*, London, Victor Gollancz 1992.
- Gaia Servadio, *Rossini.*, New York, Carroll and Graf, 2003.
- Richard Osborne, *Rossini, His Life and Works* (2-ed.)., Oxford University Press, 2007.
- Vittorio Emiliani, *Il furore e il silenzio, Vita di Gioachino Rossini.*, Bologna, Il Mulino, 2007.

▌ロッシーニ文献（書簡集含む）

- Geltrude Righetti-Giorgi, *Cenni di una donna già cantante sopra il maestro Rossini in risposta a ciò che nescrisse nella [e]state dell'anno 1822 il giornalista inglese in Parigi e fu riportato in una gazzetta di Milano dello stesso anno.*, Bologna, Sassi, 1823. [in Luigi Rognoni, Torino, Einaudi, 1977.2-ed, 1981.]
- Joseph d'Ortigue, *De la guerre des dilettanti, ou de la Révolution opérée par M. Rossini dans l'opéra françois.*, Paris, Ladvocat, 1829.(Repris, Le Balcon de l'Opéra., Paris, E. Renduel, 1833)
- Ferdinand Hiller, *Plaudereien mit Rossini.*, Kölnische Zeitung, 22 〜 30/10/1855.（現行版：Schriftenreihe der Deutschen Rossini Gesellschaft e V, Band 1., Stuttgart, 1993. 伊

301

語訳：Guido Johannes Joerg, *Gli scritti rossiniani di Ferdinand Hiller*. [in *Bollettino del centro rossiniano di studi*, AnnoXXXII., Pesaro, Fondazione G.Rossini, 1992.])

- Charles Doussault, *Rossini, Notes de Voyage d'un artiste.*, (*Revue de Paris*, 1 mars 1856)
- Guglielmo De Sanctis, *Gioacchino Rossini – Appunti di viaggio.* (Estratto dalla *Rivista Romana di Scienze e Lettere.*, Anno I. Fasc. 3. e 4., Roma, Tipografia di E.Sinimberghi, 1878)［邦訳あり：グリエルモ・デ・サンクティス『ジョアッキーノ・ロッシーニ旅の日記』冨沢佑貴訳（『ロッシニアーナ』第 35 号，2015 年)]
- *Lettere di G. Rossini., Raccolte e annotate per cura di G. Mazzatinti - F. e G. Manis.*, Firenze, G.Barbera Editore, 1902.
- Edmond Michotte, *Souvenirs personnels: la visite de R. Wagner à Rossini (Paris, 1860) .*, Paris, Fischbacher, 1906.
- Luigi Rognoni, *Rossini, con un'appendice comprendente lettere, documenti, testimonianze.*, Parma, Guanda, 1956.
- Philip Gossett, *The Operas of Rossini, Problems of Textual Criticism in Nineteenth- Century Opera.* (diss., Princeton University, 1970)
- Luigi Rognoni, *Gioacchino Rossini*, Torino, Einaudi, 1977., 2-ed, 1981.
- *La casa di Rossini, catalogo del museo.*, a cura di Bruno Cagli e Mauro Bucarelli, Modena, Coptip Industrie Grafiche, 1989.
- *Tutti i libretti di Rossini.*, a cura di M. Beghelli e N. Gallino, Milano, Garzanti, 1991.
- *Il testo e la scena*, a cura di Paolo Fabbri., Pesaro, Fondazione Rossini, 1994
- *Rossini à Paris.*, Musée Carnavalet (27 Octobre - 31 décembre 1992) [Catalogue rédigé par Jean-Marie Bruson]., Paris, Société des Amis du Musée Carnavalet, 1992.
- *Rossini 1792-1992; mostra storico-documentaria* [ed. Mauro Bucarelli], Perugia, Electa, 1992.
- *Il teatro di Rossini, Le nuove edizioni e la messinscena contemporanea.*, scritti di Bruno Cagli, Franco Mariotti···Note storico-critiche di Marco Spada., Milano, Ricordi, 1992.
- Gioachino Rossini, *Lettere e documenti, vol.I: 29 febbraio 1792 - 17 marzo 1822*, a cura di Bruno Cagli e Sergio Ragni, Pesaro Fondazione Rossini, 1992.
- Cia Carlini, *Gioacchino Rossini, lettere agli amici.*, Istituti Culturali della Città di Forlì, 1993.
- Paolo Fabbri, *Rossini nelle raccolte Piancastelli di Forlì.*, Lucca, LIM, 2001.
- Eduardo Rescigno, *Dizionario Rossiniano.*, Milano, Biblioteca universale Rizzoli, 2002.
- Reto Müller, *Gli scritti su Rossini di Edmond Michotte.*[in *Bollettino del Centro rossiniano*

参考文献

di studi., Anno XLIV., Pesaro, Fondazione G.Rossini, 2004.]
- Gioachino Rossini, *Lettere e documenti, IIIa:Lettere ai genitori.18 febbraio 1812 - 22 giugno 1830.*, a cura di Bruno Cagli e Sergio Ragni, Pesaro, Fondazione Rossini, 2004.
- Saverio Lamacchia, *La sceneggiatura preliminare del Barbiere di Siviglia: alcune osservazioni sul ritrovato manoscritto originale.*[in *Bollettino del centro rossiniano di studi*, anno XLVIII., Pesaro, Fondazione G.Rossini, 2008.]
- Hilary Poriss, *Changing The Score, Arias, Prima Donnas, and the Authority of Performance.*, New York, Oxford University Press, 2009.
- Federico Gon, *Le influenze su Rossini della musica di Haydn.*, Tesi di dottorato, 2013.

III. 19世紀の新聞，週刊・月刊誌／ローマの劇場と検閲

▍新聞，週間誌，月刊誌

＊ 紙誌名は略記。下限を 1900 年とした。詳細は本文と註参照。
- *Journal des débats.*, Paris, 1814-[1900].
- *Biblioteca teatrale, Tomo XII.*, Roma, 1815.[1816].
- *Diario di Roma.*, Roma, n.21., Marzo 1816.
- *Blackwood's Edinburgh Magazine.*, vol.XII., London, July-December, 1822.
- *Galignani's literary gazette* Paris, 1822.
- *The Museum of Foreign Literature and Science.*, vol.III., Philadelphia, July to December, 1823.
- *The Harmonicon, A Journal of Music.*, Loncon, 1823-1833.
- *Le Figaro.*, Paris, 1826-34. / 1835-40. / 1854-[1900].
- *Revue de Paris.*, Paris, 1829-45.
- *Revue des deux mondes.*, Paris, 1829-[1900]/
- *Il Barbiere di Siviglia.*, Milano, 1832-34.
- *Le Ménestrel.*, Paris, 1833-[1900].
- *La Mélodie.*, Paris, 1842-43.
- *Gazzetta musicale di Milano.*, Milano, 1842-62. / 1866-1902.
- *Le Journal des théâtres.*, Paris, 1843-45. / 1847.
- *Le Journal des coiffeurs.*, Paris, 1845.

303

- *La Sylphide.*, Paris, 1845.
- *Figaro-programme.*, Paris, 1856, 1858.
- *Le Monde illustré.*, Paris, 1857-1899.

ローマの劇場と検閲

- Alessandro Ademollo, *I teatri di Roma nel secolo decimosettimo.*, Roma, L.Pasqualucci, 1888.
- Giuseppe Radiciotti, *Teatro Musica e musicisti in Sinigaglia.*, Milano, Ricordi, 1893.
- Enrico Celani, *Musica e musicisti in Roma (1750-1850) .*, in *Rivista Musicale Italiana.*, Torino, Bocca, 1915. (vol.2)
- Carlo Di Stefano, *La Censura Teatrale in Italia (1600-1962) .*, Bologna, Cappelli, 1964.
- Mario *Rinaldi, Due secoli di musica al Teatro Argentina.*, Firenze, Leo Olschki, 3-vols., 1978.
- Stefania Severi, *I teatri di Roma.*, Roma, Newton & Compton, 1989.
- Annalisa Bini, *Echi delle prime rossiniane nella stampa romana dell'epoca.* [in. *Rossini a Roma – Rossini e Roma.*, Roma, Fondazione Marco Besso, 1992., pp.165-198.]
- Ornella Di Tondo, *La censura sui balli teatrali nella Roma dell'ottocento.*, Torino, UTET, 2008.
- Martina Grempler, *Das Teatro Valle in Rom 1727-1850: Opera buffa im Kontext der Theaterkultur ihrer Zeit.*, Kassel u.a., Bärenreiter, 2012.
- 水谷彰良「ローマ・オペラの特殊性─外国支配と教皇国家の検閲が変えた十九世紀のオペラ」(『ローマ 外国人芸術家たちの都』[西洋近代の都市と芸術 第 1 巻] 竹林舎，2013 年所収)

IV. 音楽・音楽家・オペラ事典／上演記録／歌手文献

音楽・音楽家・オペラ事典

- Francesco Regli. *Dizionario biografico: dei più celebri poéti ed artisti melo- drammatici, tragici e comici, maestri, concertisti, coreografi, mimi, ballerini, scenografi, giornalisti, impresarii, ecc. ecc.* che fiorirono in Italia dal 1800 al 1860., Torino, Coi tipi di E.

参考文献

Dalmazzo, 1860.
- *Dictionary of Music and Musicians.*, 4-vols, Macmillan and Co., 1879-89.
- *Dictionary of Music and Musicians.*, 2nd ed., 5-vols, Macmillan and Co., 1904-10.
- Carlo Schmidl, *Dizionario universale dei musicisti*, 2 + 1-vols., Milano, Sonzogno, 1937-38.
- Franz Stieger, *Opernlexikon.*, 11-vols, Tutzing, Hans Schneider, 1975-82.
- *The New Grove Dictionary of Music and Musicians.*, 2nd ed., Edited by Stanley Sadie and John Tyrrell. 20-vols., London, Macmillan, 1980.
- *The New Grove Dictionary of Opera.*, Edited by Stanley Sadie., 4-vols., London, Macmillan, 1992.
- *The New Grove Dictionary of Music and Musicians.*, 2nd ed., Edited by Stanley Sadie and John Tyrrell. 29-vols., London, Macmillan, 2001.

▌上演記録（抄）

- Alfred Loewenberg, *Annals of Opera 1597-1940.*, 3-ed., London, John Calder, 1978.
- Gianpiero Tintori, *Duecento anni di Teatro alla Scala., Cronologia opere-balletti-concerti, 1778-1977.*, Bergamo, Grafica Gutenberg, 1979.
- Leone Guido, *L'opera a Palermo dal 1653 al 1987 - vol. I - Dal 1653 al 1977 (escluso il Teatro Massimo).*, Palermo, Publisicula, 1988.
- *Annals of the Metropolitan Opera, The complete chronicle of performances and artists.*, 2-vols, New York, Metropolitan Opera Guild, 1989.
- A cura di Marcello Conati, *Contributo per una cronologia delle rappresentazioni di opera di Gioachino Rossini avvenute in teatri italiani dal 1810 all'anno teatrale 1823.* [in *Atti dei convegni lincei 110, La recezione di Rossini ieri e oggi.Roma 18-20 febbraio 1993*]., Roma, Accademia nazionale dei lincei, 1994.
- A cura di Roberto Verti, *Un almanacco drammatico, L'indice de'teatrali spettacoli 1764-1823.*, 2-vols, Pesaro, Fondazione Rossini, 1996.
- Jean Mongrédien, *Le Théâtre-Italien de Paris 1801-1831 chronologie et documents.*, 8-Vols., Lyon, Symétrie, 2008.
- 水谷彰良編「スカラ座におけるロッシーニ・オペラ上演記録（1812 ～ 1977 年)」改訂版：http://societarossiniana.jp/Rossini.Scala.pdf

歌手文献（抄）

- Gilbert [Louis] Duprez, *Souvenirs d'un chanteur.*, Paris, Calmann Lévy, 1880.
- Arthur Pougin, *Marie Malibran*, Paris, Plon, 1911.
- Nellie Melba, *Melodies and Memories.*, New York, George H Doran, 1926.
- Joseph Wechsberg, *Red Plush and Black Velvet (The Story of Dame Nellie Melba and her Times).*, Widenfeld & Nicolson, London, 1962.
- Bruce Brewer, *Il cigno di Romano – Giovanni Battista Rubini: a Performance Study.*, London, Journal of the Donizetti Society vol.4., 1980.
- Elizabeth Forbes, *Mario and Grisi, A Biography.*, London, Victor Gollancz, 1985.
- Thomas G.Kaufman, *Giulia Grisi - A Re-evaluation.*, London, Donizetti Society Journal vol.4., 1980.
- Thomas G.Kaufman, *Giorgio Ronconi.*, London, Donizetti Society Journal vol.5., 1984., pp. 169-206.
- Thomas G.Kaufman, *Giuseppe and Fanny Persiani*, Appendix C., London, Donizetti Society Journal vol.6., 1988., pp.139-149.
- Giorgio Appolonia, *Le voci di Rossini.*, Torino, Eda, 1992.
- John Frederick Cone, *Adelina Patti, Queen of Hearts.*, Portland, Amadeus Press, 1993.
- 水谷彰良『プリマ・ドンナの歴史 II ベル・カントの黄昏』東京書籍，1998 年
- James Radomski, *Manuel García (1775-1832), Chronicle of the Life of a bel canto Tenor at the Dawn of Romanticism.*, Oxford-New York, Oxford University Press, 2000.

V. 日本の上演と初期の音楽書／その他の文献

日本の上演と初期の音楽書（抄）

公演プログラム，チラシ，楽譜，上演脚本，図書館，アーカイヴについては第九の扉「日本における《セビーリャの理髪師》の受容」の本文と脚注を参照されたい。

- 石倉小三郎『西洋音樂史』東京博文館，明治 38 年
- 安藤弘『歌劇梗概』修文館，明治 39 年
- 細貝邦太郎／有沢潤 編『泰西音樂大家伝』中川書店，明治 40 年
- 柴田環『世界のオペラ』共益商社書店，明治 45 年

参考文献

- 大田黒元雄『歌劇大觀』改訂増補版，第一書房，大正 14 年
- 『カーピ伊太利大歌劇筋書』帝国劇場，大正 14 年
- 『カーピ伊太利大歌劇筋書』帝国劇場，大正 15 年
- 『カーピ伊太利大歌劇筋書』帝国劇場，昭和 2 年
- 三浦俊三郎『本邦洋楽変遷史』日東書院，昭和 6 年
- 堀内敬三『音樂五十年史』鱒書房，昭和 17 年
- 秋山龍英編著『日本の洋楽百年史』第一法規，1966 年
- 堀内敬三『音楽明治百年史』音楽之友社，昭和 43 年
- 『二期会史〈1952 ～ 1981〉』財団法人 二期会オペラ振興会，昭和 57 年
- 木村重雄『日本のオペラ史』財団法人日本オペラ振興会編，昭和 61 年
- 大笹吉雄『日本現代演劇史』大正・昭和初期篇，白水社，1986 年
- 増井敬二『浅草オペラ物語』音楽現代社，1990 年
- 増井敬二『日本オペラ史 ～ 1952』昭和音楽大学オペラ研究所編。水曜社，2003 年
- 関根礼子『日本オペラ史（下）1953 ～ 』昭和音楽大学オペラ研究所編。水曜社，2011 年
- 水谷彰良「日本におけるロッシーニ受容の歴史——明治元年から昭和 43 年まで（1868 ～ 1968 年）」『ロッシニアーナ』第 34 号，2014 年。増補改訂版：http://societarossiniana.jp/rossini.japan.pdf

▎その他の文献（抄）

- Stendhal, *Rome, Naples et Florence en 1817.*, Paris, Delaunay, Pelicier, 1817.［邦訳あり：スタンダール『イタリア紀行 1817 年のローマ，ナポリ，フィレンツェ』臼田紘訳，新評論，1990 年］
- *Bibliographie de la France : ou Journal général de l'imprimerie et de la librairie.*, Paris, Pillet et Ainé, 1819.
- Lady Morgan, *Italy.*, vol. 2 London, Henry Colburn & Co, 1821.
- Stendhal, *Promnades dans Rome.*, 2-vols, Paris, Delaunay, 1829.［邦訳あり：スタンダール『ローマ散歩 I・II』全 2 巻，臼田紘訳，新評論，1996 年及び 2000 年］
- *Les beautés de l'Opéra, ou Chefs-d'oeuvre lyriques.*, Paris, Soulié, 1845.
- *Beauties of the Opera and Ballet.* [Charles Heath]., London, David Bogue, 1845.
- *Essai d'une bibliographie générale du théâtre, ou Catalogue raisonné de la bibliothèque d'un amateur complétant le catalogue Soleinne.*, Paris, Treisse, 1861.

- Francesco Florimo, *La scuola musicale di Napoli e i suoi conservatorii.*, Napoli, 1882.
- Paul Landormy, *Histoire de la musique.*, Paris, Delaplane, 1910., nouv. éd.1923. ［邦訳 あり：柿沼太郎訳『西洋音樂史』十字屋樂器店，大正15年。服部竜太郎訳『西洋 音樂全史』アルス，大正15年］
- Ernest d'Hauterive, *Journal d'émigration du comte d'Espinchal publié d'après les manuscrits originaux.*, Paris, Perrin et Cie.1912.
- Camille Saint-Saëns, *Ecole buissonnière : notes et souvenirs.*, Paris, P.Lafitte & Cie, 1913.
- Guido Zavadini, *Donizetti, vita-musiche-epistolario.*, Bergamo, Istituto Italiano d'arti grafiche, 1948.
- シューマン『音楽と音楽家』吉田秀和訳，岩波文庫，1958年
- Stendhal, *Correspondance I 1800-1821.*, Bibliothèque de la Pléiade, Gallimard, 1968.
- Stendhal, *Voyages en Italie.*, Bibliothèque de la Pléiade, Gallimard, 1973.
- *Corresondance de Frédéric Chopin.*, Recueillie, révisée, annotée et traduite par Bronislas Édouard Sydow, en collaboration avec Suzanne et Denise Chainay, , Édition définitive, Revue et Corrigée., Paris, Richard Masse, 3-vols., 1981.
- リヒャルト・ヴァーグナー『わが生涯』山田ゆり訳，勁草書房，1986年
- ベルネ「パリからの手紙」前川道介訳（『ドイツ・ロマン派全集』第19巻『詩人た ちの回廊 日記・書簡・回想集』国書刊行会，1991年所収）
- Theodore Fenner, *Opera in London, Views of the Press 1785-1830.*, Carbondale and Edwardsville, Southern Illinois University Press, 1994.
- ジョン・オシエー『音楽と病　病歴にみる大作曲家の姿』菅野弘久訳，りぶらりあ 選書／法政大学出版局，1996年
- A cura di Michele Porzio, *Verdi, Lettere 1835-1900.*, Milano, Arnoldo Mondadori, 2000.
- A cura di Riccardo Allorto e Francesca Seller., *Canti popolari e popolareschi nelle trascrizioni dell' Ottocento.*, Milano, Casa Ricordi, 2001.
- Melody Marie Rich, *Pietro Cimara (1887-1967): His Life, His Work, and Selected Songs.*, The University of Texas at Austin, 2003.
- A cura di Carmelo Neri, *Vincenzo Bellini, Nuovo Epistolario (1819-1835) .*, Palermo, Agorà, 2005.

あとがき

　本書は，2016 年に初演 200 年を迎えたロッシーニの歌劇《セビーリャの理髪師》を歴史的見地から多角的に検証する試みである。名作として上演され続けるこの喜歌劇が数奇な運命を経て現在に至ることは序文に述べたとおりで，本書はベーシックな作品解説を入口に，ボーマルシェ原作のオペラ化のプロセス，初演地ローマの特殊性，劇場と初演歌手，ロッシーニの特殊な作曲法，歌のレッスンの場の差し替えアリア，初演失敗の背景，時代ごとに異なる上演と歌手の変遷を追い，19 世紀の図像や日本における受容も交えて「《セビーリャの理髪師》200 年史」としたものである。

　音楽，文学，演劇の総合芸術であるオペラには，膨大な研究領域がある。名作として親しまれる一個の作品もそれ自体が重要な研究テーマであり，《セビーリャの理髪師》に関しても海外で音楽学的な解析，台本研究，演劇的視点での分析が行われている。だが，盲点もある。一つのオペラを楽譜であれ台本であれ一個の完成品として捉えると，上演されて初めて生命を吹き込まれ，絶えず姿を変えるオペラの本質が見落とされてしまうのだ。《セビーリャの理髪師》の場合も最初の再演で題名，音楽，歌詞，構成が変更されて流布が始まり，21 世紀に二つの批判校訂版が現れてなお，原典とは異なる様式で上演・享受されている。それゆえ，歴史的な視座での変遷を知らずに「生きた芸術」としての本質を理解しえない。世界で最初に書かれるこの「《セビーリャの理髪師》200 年史」において日本の受容史が 1 章をなすのも，明治元年から 100 年間にロッシーニ作品が《セビーリャの理髪師》しか上演されなかった事実にロッシーニ再評価の遅れと歪んだ歴史の一端が象徴的に表れているからである。

　オペラ史，歌手史，ロッシーニをライフワークとする筆者は，過去 20 年間に多数の論考を発表してきたが，本書を前提にした集中的な《セビーリャの理髪師》研究を 2011 年から行い，その成果は順次日本ロッシーニ協会紀要『ロッシニアーナ』に掲載済みである。当初の計画ではロッシーニのオペラ・ブッファに関する序論，劇場別の上演記録，ディスコグラフィの掲載も予定したが，大部になるため断念し，10 の論考を有機的に構成して一書にまとめた。章ご

309

とに僅かな情報の重複を残したが，これは独立したテーマを持つ各章が単独に読まれることを前提にした配慮とご理解いただきたい（註も章ごとに置き，出典や文献を明示した）。なお，索引に関しては「日本における《セビーリャの理髪師》の受容」だけでも膨大な人名が出てくることから断念した。その点ご容赦いただきたい。

本書を出版いただきました水声社社主の鈴木宏氏，同社をご紹介いただいた明治大学の永倉千夏子先生，編集と校正の労をとられた廣瀬覚氏，ならびに日本ロッシーニ協会を支える会員諸氏に，この場を借りて心から御礼申し上げます。

2016年12月末日 東京にて　　　　　　　　　　　　　　　水谷 彰良

著者紹介

水谷 彰良（みずたに・あきら）
1957年東京に生まれる。音楽・オペラ研究家。日本ロッシーニ協会会長。主な著書に、『プリマ・ドンナの歴史』（全2巻。東京書籍, 1998年）,『消えたオペラ譜』（2003年）,『サリエーリ——モーツァルトに消された宮廷楽長』（2004年。第27回マルコ・ポーロ賞受賞）,『新 イタリア・オペラ史』（2015年, 共に音楽之友社）, 主な共著に,『新編 音楽中辞典』（2002年）,『新編 音楽小辞典』（2004年。共に音楽之友社）,『ローマ 外国人芸術家たちの都』（竹林舎, 2013年）などがある。

ロッシーニ《セビーリャの理髪師》
名作を究める十の扉

2017年1月30日第1版第1刷印刷　2017年2月10日第1版第1刷発行

著者	水谷彰良
発行者	鈴木宏
発行所	株式会社 水声社
	東京都文京区小石川 2-10-1　いろは館内
	郵便番号 112-0002
	電話 03-3818-6040　FAX 03-3818-2437
	郵便振替 00180-4-654100
	URL http://www.suiseisha.net
組版・装幀	滝澤和子
印刷・製本	ディグ

ISBN 978-4-8010-0208-1
乱丁・落丁本はお取り替えいたします。